Christian Graf von Krockow

Warnung vor Preußen

Siedler

Buch

»Die Warnung vor Preußen kommt nicht von außen, sondern von innen. Ich stamme aus Preußen. Meine Vorfahren haben, so weit sich denken läßt, dem preußischen Staat Offiziere und Beamte gestellt. Ich bin noch in einer Welt aufgewachsen, die bis zuletzt, bis 1945, ganz und gar preußisch geprägt war.«

Christian Graf von Krockow

Christian Graf von Krockow betrachtet Preußen, die Welt seiner Herkunft, seit langem mit gebrochener Zuneigung. Denn er sieht die Gefahren, die von Preußen für Deutschland immer ausgegangen sind. Doch bei seiner »Warnung« geht es ihm nicht um Vergangenheitsbewältigung, sondern um die Gegenwart und die Zukunft: In welchen Traditionen lebt Preußen seit 1945 fort? Was bedeutet der Geist des Vergangenen für das wiedervereinigte Deutschland? Welche Möglichkeiten und welche Gefahren bergen die »preußischen« Tugenden wie Pflichterfüllung, Gesetzestreue und Opferbereitschaft? Politischer Essay und historische Betrachtung verbinden sich in diesem Buch zu einer brillanten Lektüre.

Autor

Christian Graf von Krockow, geboren 1927 in Pommern, war von 1961 bis 1969 Professor für Politikwissenschaft in Göttingen, Saarbrücken und Frankfurt/Main und arbeitet seither als freier Wissenschaftler und Autor. Mit seinen Büchern zur preußischen und deutschen Geschichte zählt Krockow zu den führenden deutschen Publizisten. Veröffentlichungen u.a.: »Die Reise nach Pommern«, »Begegnung mit Ostpreußen«, »Bismarck«, »Die Stunde der Frauen«, »Der deutsche Niedergang«.

Inhalt

im Zwiespalt zwischen Bürgeropposition und
Staatstreue · Die Überparteilichkeit wird zur
Lebenslüge des Obrigkeitsstaates · Das Ethos
der Beamten vor seinen konfessionellen Hinter-
gründen · Luthertum, Obrigkeit und Berufsarbeit · Calvinismus »von oben« oder: Der Staat
als sittliche Aufgabe und als Großunterneh-
men · Pietismus als Beamtenreligion

Vorbemerkung 1993

Mit großem Aufwand und mit einiger Rührung wurde soeben das tausendjährige Potsdam gefeiert. Das aber ist keine Stadt wie hundert andere. Es ist ein Symbol, wie sonst allenfalls noch Weimar: das Symbol Preußens. Dessen große Könige, Friedrich Wilhelm I. und Friedrich II., kehrten schon 1991 feierlich heim. Wir selbst können ungehindert, im buchstäblichen wie im übertragenen Sinne, Preußen wieder erfahren, sogar dort, wo es für Jahrzehnte völlig verriegelt war, in Königsberg und dem nördlichen Ostpreußen. Auf ganz unvermutete, beinahe dramatisch aktualisierte Weise gilt darum der Satz, mit dem dieses Buch 1981 begann: Preußen rückt uns näher.

Und wie mag es erst sein, wenn Regierung und Parlament aus dem idyllischen Bonn nach Berlin umgezogen sein werden? Wird die politische Atmosphäre, das deutsche Gemeinwesen überhaupt sich nicht anders, östlicher und eben damit womöglich preußischer darstellen als die rheinische Gründung Konrad Adenauers, die wir bisher gekannt haben?

Noch in einem weiteren Sinne verdient Preußen unsere Aufmerksamkeit. Es war – wie die alte Bundesrepublik und die DDR – ein Staat auf deutschem Boden, aber kein Nationalstaat. Doch es gründete diesen Nationalstaat, um in ihm dann unterzugehen. Im Untergang allerdings vererbte es der Gründung seine Institutionen, seine Führungsschichten, seinen Geist oder Ungeist, seine Tugenden oder Untugenden. Eben damit hat es Deutschlands demokratische Entwicklung verhindert.

Denn Preußen war ein Obrigkeitsstaat. Die preußische »Flucht nach vorn« zur nationalen Einheit bewirkte daher eine nachhaltige Wiederaufwertung des alten Staates, der im triumphalen Nachweis seiner Leistungstüchtigkeit und militärischen Schlagkraft diese Einheit herbeizwang. Um es unmißverständlich zu sagen: In Bismarcks fatalem Geniestreich einer preußischen Reichsgründung war das deutsche Verhängnis des 20. Jahrhunderts angelegt.

Dies aussprechen heißt keineswegs, Bewundernswertes herabzusetzen. Erst recht geht es nicht um die unsinnige Behauptung, daß Friedrich der Große und Bismarck die Vorgänger Hitlers gewesen seien. In seiner klassischen Zeit des 18. Jahrhunderts war Preußen in vieler Hinsicht ein beispielhafter Staat. Es entwicklelte sich nicht nur zur Militärmacht, sondern auch zum Rechtsstaat von Rang. Dank Preußen – nicht dank Weimar – wurde der Aufstieg durch Bildung zu einer deutschen Realität, und von Preußen her wurde für ein Jahrhundert die Weltgeltung deutscher Wissenschaft begründet. Wer im übrigen den »Geist von Potsdam« beschwört, sollte nicht nur an den unsäglichen »Tag von Potsdam« im Jahre 1933 erinnern, sondern ebenso oder erst recht an das Edikt von 1685: Es hieß die Flüchtlinge aus der Fremde willkommen und bot ihnen Heimat; für zwei Jahrhunderte ist Brandenburg-Preußen zu einer europäischen Zitadelle der Toleranz geworden, gleich nach oder neben den Niederlanden.

Aber jede Größe birgt zugleich die Gefahr der Erstarrung. Mit den Machtmitteln seiner Leistungstüchtigkeit gerüstet, war und blieb Preußen der vormundschaftliche Staat, der sich auch dann behauptete und eine freiheitliche Entwicklung blockierte, als seine Zeit eigentlich abgelaufen war. Es entstand jener Widerspruch zwischen organisatorischer und wirtschaftlich-technischer Modernität auf der einen Seite, politischer Verspätung auf der anderen Seite, der die neuere deutsche Geschichte so spannungsreich und am Ende katastrophal gekennzeichnet hat.

Wichtig ist es daher, daß wir unterscheiden lernen, nicht zuletzt in der Abfolge der Epochen. Eine Verherrlichung Preußens, die nur die brandenburgische Frühzeit, die großen Könige des 18. Jahrhunderts oder das Reformzeitalter nach 1807 im Auge hat, ist ebenso unhistorisch wie die Verdammung, die in allem schon den »Tag von Potsdam« angelegt sehen will. Dieses Buch aber beginnt mit der Spätzeit, bei Bismarck und seiner

Reichsgründung; es will zeigen, wie Preußen durch sein Erbe den Nationalstaat verdarb, in dem es sich verlor.

Wenn wir es heute mit den Problemen unserer inneren Einigung zum zweiten deutschen Nationalstaat zu tun haben, dann wird das Unterscheiden erst recht wichtig: 1989/90 ging es nicht, wie 1870/71, um den Triumph, sondern um den Sturz eines Obrigkeitsstaates und seiner selbsternannten Vormünder. Endlich ist hierzulande gelungen, was bisher noch nie gelang: die Begründung des Gemeinwesens aus dem Freiheitswillen, der Zivilcourage seiner Bürger. Wie wir damit umgehen, sorgsam oder achtlos, ist die Schicksalsfrage unserer Zunkunft.

Wer indessen gerade jetzt Preußen zurückrufen möchte, der macht unkenntlich, was den zweiten deutschen Versuch als Möglichkeit auszeichnet. Ihn ins preußische Erbe zurückwünschen heißt ihn verwünschen, ihn ins Unheil zurückstoßen. Übrigens gilt das auch, nur gleichsam seitenverkehrt, für die Unheilsbeschwörer, die in der Einigung unserer Tage schon wieder unseren Wahn von der Weltmacht, unseren Irrweg bis nach Auschwitz programmiert sehen.

Hier wie dort geht es nicht wahrhaft um Geschichte, sondern um eine Versteinerung ihrer Idole, sei es im Überschwang oder in den Ängsten einer rückwärtsgewandten Erstarrung. Vor beidem zu warnen und die Chance erkennen zu helfen, die uns zufiel, ist zur unerwartet wichtigen Aufgabe dieses Buches geworden, wenn es nach zwölf Jahren unverändert neu erscheint.

Christian Graf von Krockow

Vorwort

Preußen rückt uns näher. Politiker rühmen preußische Tugenden. Gelehrte und Publizisten schreiben Bücher über Preußen. Tagungen werden dem Thema gewidmet. Die große Ausstellung in Berlin hebt Preußisches ins Rampenlicht.

Das alles wirkt seltsam genug. Denn der preußische Staat ist unwiederbringlich dahin. Viele seiner alten Kernprovinzen gehören heute zu Polen oder zu Rußland. Die Menschen, die einst dort lebten, wurden in alle Winde zerstreut. Mit ihnen sterben ihre Mundarten, Traditionen, Erinnerungen. Doch sogar in den Erinnerungen der Geflüchteten geht es kaum mehr um Preußen, das ja nicht das Gebiet und die politische Ordnung eines Stammes, nicht »Heimat« war. Daher gibt es ostpreußische, pommersche und schlesische, aber keine preußischen Landsmannschaften.

Politisch war schon seit 1871 das Deutsche Reich zur eigentlichen Handlungs- und Schicksalseinheit geworden. Preußen geriet gleichsam in den Schatten seiner eigenen Gründung und fiel ihr schließlich zum Opfer.

Hellsichtige Zeitgenossen haben das geahnt. So schrieb schon Fontane: »Die Auferstehung Deutschlands wird schwere Opfer kosten. Das schwerste unter allen bringt Preußen. Es stirbt. Jeder andere Staat kann und mag in Deutschland aufgehen; gerade Preußen muß darin untergehen.«[1] Wilhelm I. hat es nicht anders gesehen. Am Vorabend deutschen Triumphes, der Kaiserkrönung von Versailles, bekannte er Bismarck unter Tränen: »Morgen ist der unglücklichste Tag meines Lebens. Da tragen wir das preußische Königtum zu Grabe.« Tatsächlich war schon sein Enkel im Bewußtsein stolzer Untertanen nur noch »der Kaiser«.

In den Wirren der Weimarer Republik mag das sozialdemokratische Preußen noch eine stabilisierende Rolle gespielt haben; sie war 1932 mit Papens »Preußenschlag« am Ende. Als dann die Sieger des

Zweiten Weltkriegs 1947 Preußen zugleich für schuldig und für aufgelöst erklärten, begingen sie nur noch Leichenschändung.

Auch die beiden neuen Staatsgründungen auf deutschem Boden standen unter anderen Vorzeichen. Es wirkt symbolträchtig, daß Konrad Adenauer und Walter Ulbricht, der katholische Rheinländer und der kommunistische Sachse, die die Anfänge der Bundesrepublik und der DDR so weitgehend prägten, kaum etwas miteinander gemein hatten – außer ihrer Abneigung gegenüber Preußen. Vom einstigen Vorsitzenden des Preußischen Staatsrats Adenauer wird anekdotisch berichtet, daß, wann immer er im Schlafwagen nach Berlin fuhr und der Zug die Elbe überquerte, er sich im Bett umdrehte, bekreuzigte und murmelte: »Jetzt beginnt Asien«.

Diese Geschichte mag erfunden sein. Nicht erfunden ist eine andere: 1950 führt Paul Löbe, der ehemalige Reichstagspräsident, Otto Braun, der zwischen 1920 und 1932 fast ununterbrochen preußischer Ministerpräsident gewesen war, durch den Deutschen Bundestag. Er begegnet seinem Nachfolger, dem Präsidenten des Bundestages Hermann Ehlers, und es entspinnt sich der folgende Dialog: »Darf ich bekannt machen«, sagt Löbe, »dies ist der Ministerpräsident Braun!« »Angenehm, sehr angenehm«, erwidert Ehlers mit gewinnendem Lächeln. »Ach, Herr Braun, ... ich weiß im Augenblick nicht... In welchem Bundesland sind Sie doch Ministerpräsident?«[2]

Ehlers wurde 1904 in Berlin geboren. Er war also in der großen Zeit Otto Brauns, des »ungekrönten Königs von Preußen«, kein Kind mehr und hätte es besser wissen sollen. Um so drastischer belegt die Geschichte, wie sehr in den frühen Jahren der Bundesrepublik alles Preußische vergessen, um nicht zu sagen: verdrängt worden war. Allenfalls belächelte Außenseiter – wie Hans Joachim Schoeps – haben damals an Preußen erinnert.

Warum aber steht jetzt eine Wiederentdeckung Preußens bevor? Es gibt dafür deutliche Anlässe und weniger deutliche Gründe. Den Anlaß liefert vor allem die Berliner Preußenausstellung. Bei ihr mögen Gesichtspunkte der Konkurrenz eine Rolle gespielt haben: Süddeutschland hatte mit Ausstellungen, wie sie den Staufern oder Kaiser Karl IV. gewidmet waren, strahlende Erfolge errungen, wie zuvor schon und ständig das Rheinland mit seinen Erinnerungen an die Römer. So schien es nun einfach an der Zeit, auch für den Norden und Osten Deutschlands Akzente zu setzen.

Ein Konkurrenzverhältnis zur DDR kam hinzu. Dort zeichnen sich ja ebenfalls veränderte Auffassungen ab: Preußen gilt nicht länger bloß als finsterer Hort der Reaktion, des Junkertums, des Militarismus, sondern zunehmend werden positive, progressive Züge hervorgehoben. Das zeigt sich in Aufsätzen und Büchern[3] bis hin zu populären Fernsehserien – um von der Nationalen Volksarmee gar nicht erst zu reden, deren Uniformen und Paraden so preußisch wirken und die als höchste Auszeichnung einen Scharnhorst-Orden verleiht.

Freilich werfen Bilder von Preußen, wie immer sie aussehen mögen, ganz andere Fragen auf als die süd- oder westdeutschen Unternehmungen. Denn vom Abglanz mittelalterlicher Kaiser oder gar von den Römern führt kein direkter Weg in die politische Gegenwart. Man kann deshalb Ausstellungen rein historisch aufbauen und genießen; sie bereiten sozusagen kulinarisches Behagen. Preußen dagegen gehört zu unserem politischen Erbe; es steckt in den Fundamenten unserer politischen Kultur. So ist es unvermeidbar, daß mit der Berliner Ausstellung sich politische Interessen verbinden und daß Kontroversen sich an ihr entzünden.

Gräbt man tiefer, so stößt man auf eine Frage, die noch kaum gestellt, geschweige denn zureichend beantwortet worden ist. Sie lautet: Hat uns die Nachkriegsentwicklung nicht in gewissem Sinne auf eine Situation wie vor der Reichsgründung von 1871 zurückgeworfen? Ist damit nicht so etwas wie eine »preußische« Konstellation neu geschaffen worden?

Für die Bundesrepublik und für die DDR gilt – wie einst für Preußen –, daß sie gewichtige Staaten auf deutschem Boden, aber *keine Nationalstaaten* sind. Teils verdeckt, teils sichtbar tragen zwar beide einen nationalen Anspruch mit sich, aber ob und wie er eingelöst werden kann, bleibt offen. Ironisch könnte man sagen: Indem die Alliierten erst Preußen den Totenschein ausstellten und dann Deutschland teilten, sind sie in eine Lage geraten wie Goethes Zauberlehrling, der sich auf seinen unheimlichen Gehilfen mit der Axt stürzt, um dann auszurufen:

> *Wahrlich, brav getroffen!*
> *Seht, er ist entzwei!*
> *Und nun kann ich hoffen,*
> *Und ich atme frei!*

> *Wehe, wehe!*
> *Beide Teile*
> *Stehn in Eile*
> *Schon als Knechte*
> *Völlig fertig in die Höhe!*
> *Helft mir, ach! ihr hohen Mächte!*

Sogar die alte außenpolitische Konstellation scheint in mancher Hinsicht sich neu zu stellen. Für die kleine Großmacht Preußen gab es durch alle Wechselfälle der Bündnisse und Gegnerschaften hindurch zwei »natürliche« Rivalen: Österreich und Frankreich. Im Kampf wider deren Vormacht waren dagegen Großbritannien und Rußland die gegebenen Verbündeten. Und diesen Mächten erschien wiederum Preußen als geeignetes Instrument, um das Gleichgewicht in Europa zu wahren.

Mit der Reichsgründung, für die nicht zufällig die Siege über Österreich und Frankreich die entscheidenden Stationen markieren, änderten sich die Größenordnungen der Macht und damit die Konstellationen. Die alten Rivalen waren fortan keine gleichrangigen Gegner mehr. Die vermeintliche oder wirkliche

Bedrohung des europäischen Gleichgewichts ging jetzt von dem neuen Reich, vom deutschen Nationalstaat aus, vor allem seit dem Generationswechsel, der 1890 mit Bismarcks Entlassung vollzogen wurde.

In den Worten Max Webers aus dem Jahre 1895: »An unserer Wiege stand der schwerste Fluch, den die Geschichte einem Geschlecht als Angebinde mit auf den Weg zu geben vermag: das harte Schicksal des politischen Epigonentums ... Entscheidend ist auch für unsere Entwicklung, ob eine große Politik uns wieder die Bedeutung der großen politischen Machtfragen vor Augen zu stellen vermag. Wir müssen begreifen, daß die Einigung Deutschlands ein Jugendstreich war, den die Nation auf ihre alten Tage beging und seiner Kostspieligkeit halber besser unterlassen hätte, wenn sie der Abschluß und nicht der Ausgangspunkt einer deutschen Weltmachtpolitik sein sollte.«[4] Ähnliche Gedanken findet man vielfach. So heißt es bei Paul Rohrbach in seinem weitverbreiteten Buch »Der deutsche Gedanke in der Welt«: »Sedan und die deutsche Kaiserproklamation von Versailles waren zwei große Momente in der deutschen Geschichte, aber ihr höchster Wert bestand für uns doch nicht darin, daß sie die Einheit und das Reich geschaffen hatten, sondern darin, daß die Einigung uns noch gerade rechtzeitig den Zugang zum Wettbewerb der Weltvölker um die Gestaltung des Weltschicksals eröffnet hat.«[5]

Was »Weltmacht« für Deutschland und die Deutschen eigentlich bedeuten sollte, blieb allerdings undeutlich genug – und erwies sich vielleicht eben deshalb als so verführerisch. Das Streben nach dem Ungreifbaren, diese seltsam ziellose Dynamik, mußte aber das Reich in einen schicksalsschweren Gegensatz zu den großen Randmächten Europas treiben, wobei seit dem Ersten Weltkrieg hinter Großbritannien zugleich die neue atlantische Macht der Vereinigten Staaten auf den Plan trat. An diesem Doppelgegensatz zu der großen Kontinentalmacht und der großen atlantischen Macht ist das Deutsche Reich gescheitert und schließlich zerbrochen. Seine beiden Nachfolgestaaten jedoch sind nun, polarisiert, wieder als Verbündete – und zwar als die jeweils wichtigsten – an die Führungsmächte von Ost und West angeschlossen worden.

Überdenkt man Glanz und Katastrophe des deutschen Nationalstaates in den kaum fünfundsiebzig Jahren seines Bestehens, so läßt sich eigentlich der Frage gar nicht mehr ausweichen, ob nicht das deutsche Geschick, wie es nun einmal in der Mitte Europas und zwischen den Weltmächten angesiedelt ist, in einer verdoppelten »preußischen« Ordnung besser aufgehoben sein könnte als in jeder nur denkbaren Form von nationalstaatlicher Einheit. Dabei könnte im *Aufheben* durchaus auch etwas von jener Dreisinnigkeit mitschwingen, die Hegel dem Begriff gegeben hat und die das Abschaffen, das Bewahren und das Hinaufheben auf eine neue, höhere Stufe zugleich meint. In der Perspektive unserer Nachbarn nimmt es sich ohnehin so aus. Sie empfinden Erleichterung, seit es das Deutsche Reich nicht mehr gibt. Dennoch sehen sie uns selbstverständlich als *die Deutschen*, die wir auch vor der Reichsgründung schon waren und die wir bleiben werden. Müßten wir nicht lernen, es ähnlich zu sehen?

Die Frage nach der preußischen Situation vor der Reichsgründung drängt sich aber noch aus einem anderen Grunde auf. Denn in unserer Selbsterforschung tasten wir uns Schritt für Schritt zurück in die Geschichte. In einer ersten Nachkriegsphase ging es, verständlich genug, um »Zeitgeschichte«: Wie konnte Hitler zur Macht gelangen? Was machte die nationalsozialistische Gewaltherrschaft möglich? Warum zerbrach die Widerstandskraft der Weimarer Republik im Sturm der Weltwirtschaftskrise, dem andere westliche Länder sich doch gewachsen zeigten?[6]

In einer zweiten Phase, die in den sechziger Jahren begann[7], fand das Kaiserreich immer stärkere Aufmerksamkeit. Hinter allen Umbrüchen des 20. Jahrhunderts wurde Kontinuität sichtbar; es stellte sich heraus, daß viele Weichen für das Kommende schon in der Zeit zwischen 1871 und 1914 gestellt worden waren.

Müssen wir indessen nicht noch einen weiteren Schritt wagen? Der deutsche Nationalstaat war Preußens Werk. Und indem Preußen in den Schatten seiner Gründung trat, hat es ihr doch seine Institutionen, seine geistigen und gesellschaftlichen Prägungen, seine Probleme vererbt. Vielleicht hat sich dabei sogar eine seltsame Zweideutigkeit, eine Art von Dialektik ergeben: Gerade weil Preußen sich immer mehr den Blicken und dem Bewußtsein entzog, konnte es untergründig seine Wirksamkeit behaupten – bis auf den heutigen Tag. Und es mag dahin kommen, daß man Preußisches rekonstruiert, restauriert, ohne daß man erkennt, worum es sich handelt und worauf man sich einläßt.

Dies jedenfalls ist die These, die hier geprüft und belegt werden soll. Sie gilt im positiven wie im negativen Sinne – und wiederum für beide deutsche Staaten. Zunächst im positiven Sinne: Die DDR, die ja das alte Kerngebiet Preußens, die Mark Brandenburg, das historische Stadtzentrum Berlins und Potsdam umfaßt, zieht offensichtlich Gewinn aus dem preußischen Sinn für eine Staatlichkeit, die als Organisations- und Leistungstüchtigkeit von »oben« her, als auferlegte Obrigkeit durchgesetzt wird. So erweist sich die DDR trotz all der besonderen Belastungen, denen sie ausgesetzt war und in ihrem Rivalitätsverhältnis zur Bundesrepublik ausgesetzt bleibt, als der erfolgreichste unter allen Staaten des »real existierenden Sozialismus«, die im europäischen Vorfeld der Sowjetunion seit 1945 entstanden sind.

Aber gilt ähnliches nicht auch für die Bundesrepublik? Gewiß: Ihr Schwergewicht liegt außerhalb des alten Preußens, und dessen westliche Gebiete haben sich stets nur widerstrebend mit dem Staat aus dem Osten abgefunden, wie nicht nur das Beispiel Adenauers belegt.[8] Ahnungsvoll hatte deshalb schon Walther Rathenau geschrieben: »Ein politischer Kollektivismus, eine nationale Gemeinschaft – die mit bloßer Heimatliebe, Stammesgemeinschaft und örtlicher Interessiertheit nicht verwechselt werden darf – ist

15

in Deutschland nirgends und niemals erwachsen als in Preußen und durch Preußen... Vergleicht das Heilige Römische Reich und das Deutsche Reich: Was bleibt? Preußen. Vergleicht Österreich und Deutschland: Was bleibt? Preußen. Zieht Preußen von Deutschland ab: Was bleibt? Der Rheinbund. Ein verlängertes Österreich. Eine klerikale Republik.«[9]

Wenn das nicht wahr geworden ist, wenn die Bundesrepublik zu einem kraftvollen Staat eigener Prägung und Leistungstüchtigkeit herangewachsen ist, dann verdankt auch sie dies wesentlich ihrem preußischen Erbe. Man darf ja nicht vergessen, daß jeder vierte Bürger Westdeutschlands ein Flüchtling ist oder von Flüchtlingen abstammt. Diese Menschen kamen überwiegend aus den ehemals preußischen Gebieten. Unter ihnen waren wiederum die einstigen Führungsschichten besonders stark vertreten. Nahezu alle Angehörigen und Abkömmlinge der höheren Beamtenschaft Preußens und des von Preußen geprägten Reiches sind nach Westen gewandert. Und die Bundesrepublik hat sich beeilt, die hergebrachten – also preußischen – »Grundsätze des Berufsbeamtentums« zu restaurieren. Nebenher bemerkt hat sich damit, gleichsam im Zeitraffer-Verfahren, der Aufbau der Bundesrepublik ähnlich vollzogen wie der Aufstieg Preußens, der doch seit der Epoche des Großen Kurfürsten und besonders des Edikts von Potsdam, 1685, ohne das Einströmen von Flüchtlingen – vor allem der Hugenotten – kaum denkbar gewesen wäre.

Im Text Walther Rathenaus heißt es freilich zugleich: »Es ist wahr: Durch die Deklamation des bösen Gewissens, des feudal-militaristischen Gewissens sind Preußens Tugenden abgenutzt und entwertet worden. Es graut uns, immer wieder vom kategorischen Imperativ zu hören, wenn die Bürokratie gemeint ist, von der altpreußischen Einfachheit, wenn Junkerrechte verteidigt werden, von der sachlichen Monarchie, wenn die Freiheit erstickt und der Pöbel ausgesperrt werden soll.« Preußens intensive Staatlichkeit erweist sich eben nicht nur als Gewinn, sondern auch und vor allem als

Problem. Der Staat als Selbstzweck, Pflichterfüllung als Ersatzreligion, die zähe und dank überragender Leistungstüchtigkeit weithin erfolggekrönte Privilegien-Verteidigung, aber Widerstand gegen Aufklärung als Weg zur Mündigkeit, bornierte Überheblichkeit, Selbstbewußtsein durch Rangordnung, Herrschaft und Hierarchie, Abwehr westlicher Ideale politischer Freiheit, Mißtrauen gegen kritische Liberalität und Intellektualität: dies alles und wohl noch manches mehr gehört zum Thema.

Wenn nun einerseits die Bundesrepublik Deutschland kein Nationalstaat ist und sich damit in einer »preußischen« Lage befindet, wenn dieser neue Staat andererseits mehr als er weiß vom preußischen Erbe übernommen hat – und wenn vielleicht diese beiden Umstände sich noch wechselseitig verstärken: dann muß die Situation Preußens vor der Reichsgründung für uns von höchstem Interesse sein. Eben diese Situation aber könnte sich als sehr problematisch erweisen. War nicht Preußens Reichsgründung womöglich auch so etwas wie eine *Flucht nach vorn* aus innerer Auswegslosigkeit? Falls sie das war, hat sie indessen auf längere Sicht nichts gelöst, vielmehr die Auswegslosigkeit nur in eine neue Form gebracht. Nicht bloß Preußen wurde zerstört, sondern schließlich auch der Nationalstaat, den es in seinem »triumphalen Selbstmord« geschaffen hatte.

Eine naive Preußen-Rezeption jedenfalls, die am Abglanz der Geschichte sich erfreut und dabei ein preußisches Staatsbewußtsein und preußische Tugenden uns anempfehlen möchte, dürfte mehr Gefahren schaffen als bannen. Naivität mag für Völker mit einem glücklichen, ungebrochenen Geschichtsverlauf statthaft sein; sie ist es nicht in einem so schwierigen Vaterland wie dem unseren.

In diesem Sinne ist der Titel des vorliegenden Buches zu verstehen: *Warnung vor Preußen*. Es geht nicht um Schuld und nicht um Abrechnung, schon gar nicht um jene Konstruktionen, die Preußens große Könige oder Bismarck für Hitler verantwortlich machen wollen. Aber es geht um kritische, selbstkritische Aufklärung. Nur so, durch Aufklärung, läßt sich vermeiden, daß wir in neue Ausweglosigkeiten geraten; nur so läßt sich das tragfähige Geschichtsbewußtsein schaffen, nach dem so oft und oft so vordergründig gerufen wird. Und nur so werden wir das Selbstbewußtsein gewinnen, das den Herausforderungen der Zukunft standhält.

Am Ende dieser Überlegungen sei es gestattet, daß der Autor für einen Augenblick von sich selbst redet. Die Warnung vor Preußen kommt nicht von außen, sondern von innen. Ich stamme aus Preußen. Meine Vorfahren haben, so weit sich denken läßt, dem preußischen Staat Offiziere und Beamte gestellt. Ich bin noch in einer Welt aufgewachsen, die bis zuletzt, bis 1945, ganz und gar preußisch geprägt war. Auch danach noch nannte mein Stiefvater meine Mutter liebevoll: »meine Preußin«. Sie war es und blieb es bis in ihr hohes Alter. Und je älter ich selber werde, desto mehr entdecke ich in mir preußische Neigungen und Abneigungen, etwa die Achtung vor der Leistung, die durch Selbstdisziplin bestimmt wird, oder den Widerwillen gegenüber allen Spielarten von Wehleidigkeit. So wird die Warnung vor Preußen preußisch bestimmt: als Versuch, etwas über das Tragende und das Gefährdende der Herkunft zu erfahren.

1.　Ein preußischer Briefwechsel

Im Jahre 1857 führte der preußische Gesandte beim Deutschen Bundestag in Frankfurt, Otto von Bismarck, einen Briefwechsel mit dem General Leopold von Gerlach. In seinen »Gedanken und Erinnerungen« hat Bismarck diesen Briefwechsel absichtsvoll aufgenommen[1]; er ist in der Tat bedeutungsvoll genug. Denn es geht in ihm um die Grundlagen der preußischen Politik, ja aller Politik überhaupt. Und man kann von ihm her die Probleme Preußens am Vorabend der Reichsgründung aufdecken: Probleme, die sich auch auf Preußens Gründung entscheidend ausgewirkt haben. Deshalb sei dieser Briefwechsel hier in seinen Kernpassagen wiedergegeben.

Der heute nur noch den Historikern vertraute Leopold von Gerlach war Adjutant des Königs, Friedrich Wilhelms IV., und zugleich dessen vertrauter Berater. Zusammen mit seinem Bruder, dem Gerichtspräsidenten Ernst Ludwig von Gerlach, und anderen bildete er die »Kamarilla« des Königs; heute pflegt man von einem Küchenkabinett zu sprechen. Alle diese Männer waren gläubige Christen, durch eine pietistische Erweckungsbewegung hindurchgegangen, die übrigens auch Bismarck nicht unberührt gelassen hatte. Der Kabinettsminister des Königs, der fromme General von Thile, wurde in halbem Respekt und halbem Spott »Bibelthile« genannt.

Doch »die Besonderheit der preußischen Erweckungsbewegung, die sich vor allem beim Landadel durchgesetzt hatte, bestand im tatkräftigen Verfechten der Überzeugung, daß das Christentum den Aufbau des Reiches Gottes in der Welt zum Auftrag habe, da das Christentum mehr sei als eine Lebensform persönlicher Frömmigkeit.«[2] Politik sollte vom Glauben, vom christlichen Gewissen bestimmt werden. Nur unter dieser Bedingung erschien sie als legitim – wie

19

auch das buchstäblich verstandene Gottesgnadentum des Herrschers.

Bismarck hat seinem Briefpartner in den »Gedanken und Erinnerungen« ein Denkmal gesetzt[3]: Leopold von Gerlach war »eine edle Natur von hohem Schwung, doch frei von dem Fanatismus seines Bruders, des Präsidenten Ludwig von Gerlach, im gewöhnlichen Leben bescheiden und hilflos wie ein Kind, in der Politik tapfer und hochfliegend, aber durch körperliches Phlegma gehemmt. Ich erinnere mich, daß ich in der Gegenwart beider Brüder, des Präsidenten und des Generals, veranlaßt wurde, mich über den ihnen gemachten Vorwurf des Unpraktischen zu erklären und das in der folgenden Weise tat: ›Wenn wir drei hier aus dem Fenster einen Unfall auf der Straße geschehn sehn, so wird der Herr Präsident daran eine geistreiche Betrachtung über unsern Mangel an Glauben und die Unvollkommenheit unsrer Einrichtungen knüpfen; der General wird genau das Richtige angeben, was unten geschehen müsse, um zu helfen, aber sitzen bleiben; ich würde der einzige sein, der hinunter ginge oder Leute riefe, um zu helfen.‹ So war der General der einflußreichste Politiker in der Kamarilla Friedrich Wilhelms IV., ein vornehmer und selbstloser Charakter, ein treuer Diener des Königs, aber geistig vielleicht ebenso wie körperlich durch das Schwergewicht seiner Person an der prompten Ausführung seiner richtigen Gedanken gehindert. An Tagen, wo der König ungerecht oder ungnädig für ihn gewesen war, wurde in der Abendandacht im Hause des Generals wohl das alte Kirchenlied gesungen:

> *Verlasse Dich auf Fürsten nicht,*
> *Sie sind wie eine Wiege.*
> *Wer heute Hosianna spricht,*
> *Ruft morgen crucifige.*

Aber seine Hingebung für den König erlitt unter diesem christlichen Erguß seiner Verstimmung nicht die mindeste Abschwächung. Auch für den seiner Meinung nach irrenden König setzt er sich voll mit Leib und Leben ein, wie er schließlich seinen Tod dadurch fast eigenwillig herbeiführte, daß er hinter der Leiche seines Königs bei Wind und sehr hoher Kälte stundenlang in bloßem Kopfe, den Helm in der Hand, folgte. Dieser letzten formalen Hingebung des alten Dieners für die Leiche seines Herrn unterlag seine schon lange angegriffene Gesundheit; er kam mit der Kopfrose nach Hause und starb nach wenigen Tagen. Durch sein Ende erinnert er an das Gefolge eines altgermanischen Fürsten, das freiwillig mit ihm stirbt.«

Ein nobler Nachruf. Der Tod zu Beginn des Jahres 1861 ersparte es freilich dem General, wie sein Bruder zum erbitterten Gegner der Politik des Reichsgründers zu werden, obwohl ein Gegensatz der Prinzipien schon im Briefwechsel von 1857 wetterleuchtete. Es geht dabei um den Begriff der *Revolution,* vor allem im Mantel des *Bonapartismus,* als dem Kontrapunkt zur *Legitimität,* von der es in den »Gedanken und Erinnerungen« vorweg heißt, das Wort sei »in dem modernen Sinne von Talleyrand geprägt und 1814 und 1815 mit großem Erfolge und zum Vorteil der Bourbonen als eine täuschende Zauberformel benutzt worden«. Bismarck war durch seinen Umgang mit Napoleon III. in den Verdacht bonapartistischer Neigungen geraten. Deshalb schrieb er am 2. Mai 1857 an Gerlach:

»So einstimmig wir in Betreff der innern Politik sind, so wenig kann ich mich in Ihre Auffassung der äußern hineinleben, der ich im allgemeinen den Vorwurf mache, daß sie *die Realitäten ignoriert.* Sie gehn davon aus, daß ich einem vereinzelten Manne, der mir imponiere, das Prinzip opfere. Ich lehne mich gegen Vorder- und Nachsatz auf. Der Mann imponiert mir durchaus nicht. Die Fähigkeit, Menschen zu bewundern, ist in mir nur mäßig ausgebildet, und (es ist) vielmehr ein Fehler meines Auges, daß es schärfer für Schwächen als für Vorzüge ist ... Was aber das von mir geopferte Prinzip betrifft, so kann ich mir das, was Sie damit meinen, konkret nicht recht formulieren und bitte Sie, diesen Punkt in einer Antwort wieder aufzunehmen, da ich das Bedürfnis habe, mit Ihnen prinzipiell nicht auseinander zu gehn. Meinen Sie damit ein auf *Frankreich und seine Legitimität* anzuwendendes Prinzip, so gestehe ich allerdings, daß ich dieses meinem *spezifisch preußischen Patriotismus vollständig* unterordne; Frankreich interessiert mich nur insoweit, als es auf die Lage meines Vaterlandes reagiert, und wir können Politik nur mit *dem Frankreich* treiben, welches vorhanden ist, dieses aber *aus den Kombinationen nicht ausschließen.* Ein legitimer Monarch wie Ludwig XIV. ist ein ebenso feindseliges Element wie Napoleon I. . . . So zählt mir Frankreich, ohne Rücksicht auf die jeweilige Person an seiner Spitze, nur als ein Stein und zwar ein unvermeidlicher in dem Schachspiel der Politik, ein Spiel, in welchem ich nur *meinem* Könige und *meinem* Lande zu dienen Beruf habe. Sympathien und Antipathien in betreff auswärtiger Mächte und Personen vermag ich vor meinem Pflichtgefühl im auswärtigen Dienste meines Landes nicht zu rechtfertigen, weder an mir noch an andern; es ist darin der Embryo der Untreue gegen den Herrn oder das Land, dem man dient. Insbesondere aber, wenn man seine stehenden diplomatischen Beziehungen und die Unterhaltung des Einvernehmens im Frieden danach zuschneiden will, so hört man m. E. auf, Politik zu treiben und handelt nach persönlicher Willkür. Die Interessen des Vaterlandes dem eignen Gefühl von Liebe und Haß gegen Fremde unterzuordnen, dazu hat meiner Ansicht nach selbst der König nicht das Recht, hat es aber vor Gott und nicht vor mir zu verantworten, wenn er es tut, und darum schweige ich über diesen Punkt.

Oder finden Sie das Prinzip, welches ich geopfert habe, in der Formel, daß ein *Preuße stets ein Gegner Frankreichs sein müsse?* Aus dem Obigen geht schon hervor, daß ich den Maßstab für mein Verhalten gegen fremde Regierungen nicht aus stagnierenden Antipathien, sondern nur aus der Schädlichkeit oder Nützlichkeit für Preußen, welche ich ihnen beilege, entnehme. In der Gefühlspolitik ist gar keine Reziprozität, sie ist eine ausschließlich preußische Eigentümlichkeit; jede andre Regierung nimmt lediglich ihre Interessen zum Maßstab ihrer Handlungen, wie sie dieselben auch mit rechtlichen oder gefühlvollen Deduktionen drapieren mag. Man akzeptiert *unsre* Gefühle, beutet sie aus, rechnet darauf, daß sie uns nicht gestatten, uns dieser Ausbeutung zu entziehn, und behandelt uns danach...«

Es folgt eine Abrechnung mit der Plan- und Tatenlosigkeit preußischer Politik, und es heißt dann:

»Ich wundere mich, wenn es bei uns noch Diplomaten gibt, denen der Mut, einen Gedanken zu haben, denen die sachliche Ambition, etwas leisten zu wollen, nicht schon erstorben ist, und ich werde mich ebenso gut wie meine Kollegen darin finden, einfältig meine Instruktion zu vollziehn, den Sitzungen beizuwohnen und mich der Teilnahme für den allgemeinen Gang unsrer Politik zu entschlagen; man bleibt gesünder dabei und verbraucht weniger Tinte.

Sie werden wahrscheinlich sagen, daß ich aus dépit (Verdruß), weil Sie nicht meiner Meinung sind, schwarz sehe und raisonniere wie ein Rohrspatz; aber ich würde wahrlich ebensogern meine Bemühungen an die Durchführung fremder Ideen wie eigner setzen, wenn ich nur überhaupt welche fände. So weiter zu vegetieren, dazu bedürfen wir eigentlich des ganzen Apparates unsrer Diplomatie nicht. Die Tauben, die uns gebraten anfliegen, entgehn uns ohnehin nicht; oder doch, denn wir werden den Mund schwerlich dazu aufmachen, falls wir nicht grade gähnen. Mein Streben geht ja nur dahin, daß wir solche Dinge zulassen und nicht von uns weisen, welche geeignet sind, bei den Kabinetten in Friedenszeit den Eindruck zu machen, daß wir uns mit Frankreich nicht schlecht stehn, daß man auf unsre Beistandsbedürftigkeit gegen Frankreich nicht zählen und uns deshalb drücken darf und daß uns, wenn man unwürdig mit uns umgehn will, alle Bündnisse offen stehn. Wenn ich nun melde, daß diese Vorteile gegen Höflichkeit und gegen den Schein der Reziprozität zu haben sind, so erwarte ich, daß man mir entweder nachweist, es seien keine Vorteile, es entspreche vielmehr unsern Interessen besser, wenn fremde und deutsche Höfe berechtigt sind, von der Annahme auszugehn, daß wir gegen Westen unter allen Umständen feindlich gerüstet sein müssen und Bündnisse, eventuell Hilfe, dagegen bedürfen, und wenn sie diese Annahme als Basis ihrer gegen uns gerichteten politischen Operationen ausbeuten. Oder ich erwarte, daß man andere Pläne und Absichten hat, in deren Kombination der Anschein eines guten Vernehmens mit Frankreich nicht paßt. Ich weiß nicht, ob die Regierung einen Plan hat (den ich nicht kenne), ich glaube es nicht; wenn man aber diplomatische Annäherungen einer großen Macht nur deshalb von sich abhält und die politischen Beziehungen zweier großen Mächte nur danach regelt, ob man Antipathien oder Sympathien für Zustände und Personen hat, die man doch nicht ändern kann und will, so drücke ich mich mit Zurückhaltung aus, wenn ich sage: Ich habe dafür kein Verständnis als Diplomat und finde mit der Annahme eines solchen Systems in auswärtigen Beziehungen das ganze Gewerbe der Diplomatie bis auf das Konsularwesen hinunter überflüssig und tatsächlich kassiert.«

Entschiedene Worte, in denen schon die Herausforderung anklingt. Gerlach antwortet am 6. Mai:

»Ihr Brief vom 2. hat auf der einen Seite mir eine große Freude gemacht, da ich daraus sehe, daß es Ihnen am Herzen liegt, mit mir in Einigkeit zu bleiben oder zu kommen, woraus sich die meisten Menschen wenig machen, auf der andern Seite aber auch zum Widerspruch und zur eignen Rechtfertigung aufgefordert.

Zunächst bilde ich mir ein, doch immer noch im innersten Grunde mit Ihnen einig zu sein. Wäre das nicht der Fall, so würde ich mich auf eine gründliche Widerlegung nicht einlassen, indem eine solche doch zu nichts führen könnte. Haben Sie das Bedürfnis, mit mir prinzipiell nicht auseinander zu gehen, so liegt es uns doch zunächst ob, dieses Prinzip aufzusuchen und sich nicht an Negationen zu halten, wie z. B. ›Ignorieren von Realitäten‹, ›Ausschließen von Frankreich aus den politischen Kombinationen‹. Ebensowenig dürften wir das gemeinschaftliche Prinzip in dem ›preußischen Patriotismus‹, ›in der Schädlichkeit und Nützlichkeit für Preußen‹, ›in dem ausschließlichen Dienst des Königs und des Landes‹ finden, denn das sind Dinge, die sich von selbst verstehen und bei denen Sie doch auf die Antwort gefaßt sein müssen, daß ich diese Dinge in meiner Politik noch besser und mehr als in der Ihrigen und in jeder andern zu finden glaube. Mir ist aber das Aufsuchen des Prinzips gerade deshalb von der größten Wichtigkeit, weil ich, ohne ein solches gefunden zu haben, alle politischen Kombinationen für fehlerhaft, unsicher und in hohem Grade gefährlich halte, wovon ich mich in den letzten zehn Jahren und gerade durch den Erfolg überzeugt habe...

Das Prinzip, was durch die Revolution, welche die Tour durch Europa machte, der europäischen Politik gegeben wurde, ist das nach meiner Meinung bis heute gültige. Es war wahrlich nicht unpraktisch, dieser Auffassung treu zu bleiben. England, was dem Kampfe gegen die Revolution bis 1815 treu blieb und sich durch den alten Bonaparte nicht beirren ließ, stieg zur höchsten Macht; Österreich kam nach vielen unglücklichen Kriegen dennoch gut aus der Fechtschule; Preußen hat schwer an den Folgen des Baseler Friedens (1795) gelitten und nur durch 1813–1815 sich rehabilitiert...

Mein politisches Prinzip ist und bleibt der Kampf gegen die Revolution. Sie werden Bonaparte nicht davon überzeugen, daß er nicht auf der Seite der Revolution steht. Er will auch nirgends anders stehen, denn er hat davon seine entschiedenen Vorteile. Diese Stellung Bonapartes ist eine ›Realität‹, die Sie nicht ›ignorieren‹ können. Daraus folgt aber keineswegs, daß man nicht höflich und nachgiebig, anerkennend und rücksichtsvoll gegen ihn sein, nicht, daß man sich zu bestimmten Dingen mit ihm verbinden kann. Wenn aber mein Prinzip wie das des Gegensatzes gegen die Revolution ein richtiges ist, und ich glaube, daß Sie es auch als ein solches anerkennen, so muß man es auch in der Praxis stets festhalten, damit, wenn die Zeit kommt, wo es praktisch wird, und diese Zeit muß kommen, wenn das Prinzip richtig ist, diejenigen, die wie vielleicht bald Österreich und auch England es anerkennen müssen, dann wissen, was sie von uns zu halten haben. Sie sagen selbst, daß man sich auf uns nicht mehr verlassen kann, und es ist doch nicht zu verkennen, daß nur der zuverlässig ist, welcher nach bestimmten Grundsätzen und nicht nach schwankenden Begriffen von Interessen usw. handelt. England und auf seine Art Österreich waren von 1793 bis 1813 völlig zuverlässig und fanden daher immer Verbündete trotz aller Niederlagen, welche die Franzosen ihnen beibrachten.«

Ohne näher auf Gerlachs Argumente einzugehen, schreibt Bismarck dem General wenige Tage später, am 11. Mai:

»Berliner Nachrichten sagen mir, daß man mich am Hofe als Bonapartisten bezeichnet. Man tut mir Unrecht damit. Im Jahre 50 wurde ich von unsern Gegnern verräterischer Hinneigung zu Österreich angeklagt, und man nannte uns die Wiener in Berlin; später fand man, daß wir nach Juchten rochen, und nannte uns Spree-Kosaken. Ich habe damals auf die Frage, ob ich russisch oder westmächtlich sei, stets geantwortet, ich bin preußisch, und mein Ideal für auswärtige Politik ist die Vorurteilsfreiheit, die Unabhängigkeit der Entschließungen von den Eindrücken der Abneigung oder der Vorliebe für fremde Staaten und deren Regenten. Ich habe, was das Ausland anbelangt, in meinem Leben nur für England und seine Bewohner Sympathie gehabt und bin stundenweis noch nicht frei davon; aber die Leute wollen sich ja von uns nicht lieben lassen, und ich würde, sobald man mir nachweist, daß es im Interesse einer gesunden und wohldurchdachten preußischen Politik liegt, unsre Truppen mit derselben Genugtuung auf die französischen, russischen, englischen oder österreichischen feuern sehn. In Friedenszeiten halte ich es für mutwillige Selbstschwächung, sich Verstimmungen zuzuziehn oder solche zu unterhalten, ohne daß man einen praktischen politischen Zweck damit verbindet, und die Freiheit seiner künftigen Entschließungen und Verbindungen vagen und unerwiderten Sympathien zu opfern...«

Am 21. Mai antwortet Gerlach halb schon resigniert, halb im Vorwurf:

»Bei meiner Differenz mit Ihnen kommt mir oft der Gedanke, daß ich mit meinen Ansichten veraltet bin und daß, wenn ich auch meine Politik nicht unrichtig finden kann, es doch vielleicht nötig ist, es mit einer andern zu versuchen, die zunächst durchgemacht und überwunden werden muß. 1792 war Massenbach für die französische Allianz und schrieb darüber mitten im Kriege eine Abhandlung, von 1794 war Haugwitz für das Defensiv-System oder für die Neutralität usw. Der revolutionäre Absolutismus ist seinem Wesen nach erobernd, da er sich im Innern nur halten kann, wenn rundum alles so wie bei ihm ist... Nun noch eine Parallele. 1812 waren Gneisenau, Scharnhorst und wenige andere gegen die französische Allianz, die bekanntlich durchgesetzt und durch ein Hilfskorps zur Realität wurde. Der Erfolg sprach für die, welche die Allianz gewollt hatten. Ich würde doch sehr gern bei Gneisenau und Scharnhorst gestanden haben. 1813 war Knesebeck für den Waffenstillstand, Gneisenau dagegen, ich damals als 22jähriger Offizier entschieden dagegen und getraue mir, des Erfolges ungeachtet, zu beweisen, daß ich recht hatte. Victrix causa diis placuit, victa Catoni (Die siegreiche Sache gefiel den Göttern, die besiegte dem Cato) hat auch eine Bedeutung...«

Daraufhin holt Bismarck in seinem Brief vom 30. Mai noch einmal groß und grundsätzlich aus:

»Bei Beantwortung Ihrer beiden letzten Briefe bin ich unter dem Drucke des Gefühls der Unvollkommenheit des menschlichen Ausdrucks, besonders des schriftlichen; jeder Versuch, sich klar zu machen, ist der Vater neuer Mißverständnisse; es ist uns nicht gegeben, den ganzen Menschen zu Papier oder über die Zunge zu bringen, und die Bruchstücke, welche wir zu Tage fördern, können wir andere nicht grade so wahrnehmen lassen, wie wir sie selbst empfunden haben, teils

27

wegen der Inferiorität der Sprache gegen den Gedanken, teils weil die äußern Tatsachen, auf die wir Bezug nehmen, sich selten zwei Personen unter gleichem Lichte darstellen, sobald der eine nicht die Anschauung des andern auf Glauben und ohne eignes Urteil übernimmt ...«

Man könne Louis Napoleon nicht als den alleinigen Repräsentanten der Revolution hinstellen und ihn als solchen bekämpfen wollen, denn:

»Wie viele Existenzen gibt es noch in der heutigen politischen Welt, die nicht in revolutionärem Boden wurzeln? Nehmen Sie Spanien, Portugal, Brasilien, alle amerikanischen Republiken, Belgien, Holland, die Schweiz, Griechenland, Schweden, das noch heut mit Bewußtsein in der glorious revolution von 1688 fußende England; selbst für das Terrain, welches die heutigen deutschen Fürsten teils Kaiser und Reich, teils ihren Mitständen, den Standesherrn, teils ihren eignen Landständen abgewonnen haben, läßt sich kein vollständig legitimer Besitztitel nachweisen, und in unserm eignen staatlichen Leben können wir der Benutzung revolutionärer Unterlagen nicht entgehn. Viele der berührten Zustände sind eingealtert, und wir haben uns an sie gewöhnt ...

Aber selbst dann, wenn die revolutionären Erscheinungen der Vergangenheit noch nicht den Grad von Verjährung hatten, daß man von ihnen sagen konnte, wie die Hexe im Faust von ihrem Höllentrank: ›Hier hab' ich eine Flasche, aus der *ich selbst* zuweilen nasche, die auch nicht mehr im mind'sten stinkt‹, hatte man nicht immer die Keuschheit, sich liebender Berührung zu enthalten; Cromwell wurde von sehr antirevolutionären Potentaten ›Herr Bruder‹ genannt und seine Freundschaft gesucht, wenn sie nützlich erschien; mit den Generalstaaten waren sehr ehrbare Fürsten im Bündnis, bevor sie von Spanien anerkannt wurden. Wilhelm von Oranien und seine Nachfolger in England galten, auch während die Stuarts noch prätendierten, unsern Vorfahren für durchaus koscher, und den Vereinigten Staaten von Nordamerika haben wir schon in dem Haager Vertrage von 1785 ihren revolutionären

Ursprung verziehn. Der jetzige König von Portugal hat uns in Berlin besucht, und mit dem Hause Bernadotte hätten wir uns verschwägert, wenn nicht zufällige Hindernisse eintraten.

Wann und nach welchen Kennzeichen haben alle diese Mächte aufgehört, revolutionär zu sein? Es scheint, daß man ihnen die illegitime Geburt verzeiht, sobald wir keine Gefahr von ihnen besorgen, und daß man sich alsdann auch nicht prinzipiell daran stößt, wenn sie fortfahren, ohne Buße, ja mit Rühmen sich zu ihrer Wurzel im Unrecht zu bekennen.

Ich sehe nicht, daß vor der *französischen* Revolution ein Staatsmann, sei er auch der christlichste und gewissenhafteste, auf den Gedanken gekommen wäre, sein gesamtes politisches Streben, sein Verhalten zu äußern wie zur innern Politik dem Prinzip des ›Kampfes gegen die Revolution‹ unterzuordnen und die Beziehungen seines Landes zu andern lediglich an *diesem* Probierstein zu prüfen; und doch waren die Grundsätze der amerikanischen Revolution und der englischen Revolution, abgesehn von dem Maße des Blutvergießens und dem nach dem Nationalcharakter sich verschieden gestaltenden Unfug mit der Religion, ziemlich dieselben wie diejenigen, welche in Frankreich die Unterbrechung der Kontinuität des Rechtes herbeiführten. Ich kann nicht annehmen, daß es vor 1789 nicht einige ebenso christliche und konservative Politiker, ebenso richtige Erkenner des Bösen gegeben hätte, als wir sind, und daß die Wahrheit eines von uns als Grundlage *aller* Politik hinzustellenden Prinzips ihnen entgangen sein sollte ...«

Im übrigen gelte:

»Der Trieb zum Erobern ist England, Nordamerika, Rußland und andern nicht minder eigen als dem napoleonischen Frankreich, und sobald Macht und Gelegenheit dazu sich finden, ist es auch bei der legitimsten Monarchie schwerlich die Bescheidenheit oder die Gerechtigkeitsliebe, welche ihm Schranken setzt ...

Schlagen Sie mir eine andre Politik vor, und

ich will sie ehrlich und vorurteilsfrei mit Ihnen diskutieren; aber eine passive Planlosigkeit, die froh ist, wenn sie in Ruhe gelassen wird, können wir in der Mitte von Europa nicht durchführen; sie kann uns heut ebenso gefährlich werden, wie sie 1805 war, und wir werden Amboß, wenn wir nichts tun, um Hammer zu werden. Den Trost des ›victa causa Catoni placuit‹ kann ich Ihnen nicht zugestehn, wenn Sie dabei Gefahr laufen, unser gemeinsames Vaterland in eine victa causa hineinzuziehn...«

In einer erneuten Entgegnung versucht Gerlach noch einmal deutlich zu machen, warum er den Bonapartismus für schlechthin verderblich hält und den Kampf gegen ihn zum Prinzip erhebt. Es handelt sich, wie er an anderer Stelle mit besonderer Klarheit ausgedrückt hatte[4], um eine »Tyrannei der ärgsten Art, indem der Caesar völlig schrankenlos regiert; denn Gott gegenüber hat er keine Verantwortung, er verdankt ja seine Herrschaft dem Volke, also seinem anerkannten Verdienste, aber nicht seinem Gott; dem Volk gegenüber hat er auch keine Verantwortung, er hat ja alle Rechte des Volkes absorbiert und in sich aufgenommen. In dieser Duplizität liegt eben das Diabolische dieses Caesarism oder Bonapartism«.

Bismarck notiert in den »Gedanken und Erinnerungen« nur noch: »Ich hatte keinen Grund, durch eine Replik die an sich ziellose Korrespondenz fortzusetzen.«

2. Ideenpolitik und Realpolitik – Alternativen der Ausweglosigkeit

In der Debatte zwischen Bismarck und Gerlach sprechen nicht nur der Glanz der Sprache und die Kraft der Argumente für Bismarck. Mächtiger als alles andere spricht vielmehr der Erfolg.

Seit seiner Ernennung zum Ministerpräsidenten im Herbst 1862 brauchte Bismarck weniger als ein Jahrzehnt, um Preußen aus der Stagnation, in die es seit dem siegreichen Ausgang der Napoleonischen Kriege versunken war, triumphal herauszuführen. Der Prinzipienkonflikt mit dem Liberalismus und mit dem Abgeordnetenhaus, der sich an der Heeresreform entzündet hatte, wurde überwunden und durch drei kurze und siegreiche Kriege hindurch das Deutsche Reich begründet.

Der überlebende der Brüder Gerlach, Ernst Ludwig, geriet angesichts dieser Erfolge rasch in bedrückende Isolation. Sein Protest gegen die antiösterreichische Machtpolitik, die unter dem Vorwand der Reform den Deutschen Bund zerstörte[1], und gegen den preußischen Länderraub des Jahres 1866 haben ihn von der konservativen Partei getrennt, die er zusammen mit Friedrich Julius Stahl 1848 selbst begründet hatte. Preußen annektierte Hannover, Kurhessen, Nassau und Frankfurt am Main und zerstörte damit das konservative Legitimitätsprinzip. Bitter notierte Gerlach die schäbigen Rechtfertigungen, die er von seinen bisherigen christlich-konservativen Freunden zu hören bekam: »Preußen hat immer genommen, wo es hat kriegen können.« »Das sind die Traditionen des großen Kurfürsten und des großen Königs, dabei muß es auch ferner bleiben.« »Es ist uns ja auch immer gut bekommen, zum Beispiel die Wegnahme Schlesiens.« »Die

31

Machtverhältnisse müssen eben zum Austrag kommen.« »Aufs Recht kommt es nicht an, sondern auf die Macht.«[2]

Folgerichtig beendete Gerlach seine politische Laufbahn bei den »Reichsfeinden«, als Hospitant des Zentrums. Doch was er mit seiner christlichen Gewissenspolitik eigentlich meinte, wurde schon gar nicht mehr verstanden. Während des Kulturkampfes, des Konflikts zwischen Staat und katholischer Kirche, warnte er in einer Rede im Abgeordnetenhaus davor, daß die Allmacht eines Machtstaates ohne höhere Bindung schließlich zur Staatszerstörung führen müsse: »Die Staatsomnipotenz ist ein Leugnen Gottes, also auch des Eides. Damit fällt der Zeugeneid, der Fahneneid, der Amtseid, der Krönungseid.«[3] Der stenographische Bericht verzeichnete daraufhin »stürmische Heiterkeit«. Aber wer, außer diesem preußischen Cato, hätte denn im Jahre 1873 an Verhältnisse denken können, wie sie sechs Jahrzehnte später – *nur* sechs Jahrzehnte später – in Deutschland sich entwickeln sollten![4]

Über den reißenden Stimmungswechsel und die beherrschenden Stimmungen in der Zeit der Reichsgründung kann man sich, unter anderem, bei dem Historiker Heinrich von Sybel unterrichten. Als Mitglied des preußischen Abgeordnetenhauses war Sybel noch in den Jahren 1862 bis 1864 ein scharfer Gegner Bismarcks gewesen. Doch schon im Norddeutschen Reichstag vollzog er die Wendung mit, die dann die Nationalliberalen zu einer »staatstragenden« Partei machte. Und im Januar 1871 schrieb er nach der Meldung über die Kapitulation von Paris: »Meine Augen gehen immer herüber zu dem Extrablatt, und die Tränen fließen mir über die Backen. Wodurch hat man die Gnade Gottes verdient, so große und so mächtige Dinge erleben zu dürfen? Und wie wird man nachher leben? Was zwanzig Jahre der Inhalt alles Wünschens und Strebens gewesen, das ist nun in so unendlich herrlicher Weise erfüllt! Woher soll man in meinen Lebensjahren noch einen neuen Inhalt für das weitere Leben nehmen?«[5]

Sybel half sich, indem er ein Standwerk preußisch-deutscher Selbstbewunderung schuf: »Die Begründung des deutschen Reiches durch Wilhelm I.« – sieben Bände.[6] Man versteht die sarkastische Notiz Jacob Burckhardts, es würden künftig wohl alle Darstellungen der neueren Geschichte »auf 1870/71 orientiert« werden, »bis die ganze Weltgeschichte von Adam an siegesdeutsch angestrichen« sei.[7]

Ein späterer und eher nachdenklicher Historiker, Friedrich Meinecke, ist dem Gegensatz der Auffassungen über Politik und Staat nachgegangen und hat in seinem Buch »Weltbürgertum und Nationalstaat«[8] ihre Entwicklung beschrieben. Die eine, ältere Auffassung nimmt allgemeine, menschheitlich vorbildliche Ideen der wahren, gerechten Ordnung zur Richtschnur; sie wird von *universalistischen* Prinzipien bestimmt. Der konkrete Staat wird danach beurteilt, ob er die Prinzipien verwirklicht oder verfehlt, und der einzelne Bürger, der sich an den menschheitlichen Idealen orientiert, ist nicht so sehr Staats- als vielmehr Weltbürger. Die andere, neuere Auffassung nimmt dagegen die wirkliche, praktisch vorhandene politische Ordnung und die Macht des Staates zu ihrem Maß: die Macht des Staates, der sich im Machtkampf mit anderen Staaten durchsetzt und behauptet. Der Bürger wird dabei patriotisch – oder nationalistisch – auf die Ordnung und Staatsmacht ausgerichtet, der er zugehört; er wird von ihr politisch »integriert«. Dies ist das *realistische* Prinzip.

Als eine fortschreitende Umorientierung vom Universalismus zum Realismus hat Meinecke denn auch die Geschichte des politischen Denkens in Preußen und Deutschland während des 19. Jahrhunderts dargestellt. Er beschreibt, wie der »wahre« – realistische – Staatsbegriff noch bei Fichte und Wilhelm von Humboldt, ja selbst bei Stein und Gneisenau nicht erreicht wird, weil stets noch die Ideen einer übergeschichtlichen, notwendigen und allgemeinen Vernunftsordnung spuken. Weiter führen schon die romantische Entdeckung der »Schönheit« des Individuums

Staat bei Novalis und der Organismusbegriff bei Adam Müller. Als die eigentlichen »Befreier« des Staates erscheinen aber schließlich *Hegel, Ranke* und *Bismarck*.[9] Hegel entwickelt den Gedanken des Machtstaates noch unter der Hülle seines spekulativen Systems; Ranke vollendet die gedankliche Entwicklung, indem er das »System« abstreift und die naturrechtliche Vorstellung vom »besten Staat« endgültig überwindet. Jede Ordnung, die besteht, ist »unmittelbar zu Gott«. Ranke begründet auch die vom Gedanken des Machtstaates aus notwendige Lehre vom Primat der auswärtigen Politik.[10] Bismarck aber, auf diesen theoretischen Vorabeiten gründend, führt die Machtpolitik praktisch durch und verschafft durch deren Erfolg den Überzeugungen Hegels und Rankes allgemeine Anerkennung.

Vieles an dieser Konstruktion mag als brüchig, jedenfalls als sehr gewagt erscheinen. Besonders die Darstellung Hegels bleibt problematisch und vage. Doch sie steht keineswegs allein. So hat – unter Berufung auf Meinecke – Hermann Heller den Machtstaatsgedanken bei Hegel entdeckt und gedeutet. Dabei erscheint Hegel einerseits als »der erste, der den Weg von ›Blut und Eisen‹ schon im Jahre 1801 gewiesen hat«, und andererseits »kann man ohne große Übertreibung behaupten, daß Bismarck das getan hat, was Hegel und seine Jünger aussprachen«.[11]

Große oder kleine Übertreibungen mögen manchmal unserem Verständnis auf die Sprünge helfen, und gute Karikaturen können verborgene Charakterzüge sichtbar machen. Hier aber werden Hegels Felsenmelodien doch wohl zur Unkenntlichkeit verzerrt. Indessen bleibt richtig, daß die »realistische« Auffassung im Laufe des 19. Jahrhunderts sich mehr und mehr durchsetzte. Höchst einflußreich war August Ludwig von Rochaus Schrift »Grundsätze der Realpolitik«, die zuerst 1853 erschien. (In unserem Jahrhundert ist dann über die Brücke erzwungener Emigration der politische Realismus in die Vereinigten Staaten ausgewandert, wo er von dem in Deutschland geborenen Hans J. Morgenthau neu entwickelt wurde. Morgenthau aber war der Lehrer Henry Kissingers, der dann bei Metternich und Bismarck Orientierung suchte.[12])

Einige Zeit nach Rochau kann Heinrich von Treitschke es dann als »ernsthafte praktische Erfahrung« bezeichnen, »daß das Wesen des Staates zum Ersten Macht, zum Zweiten Macht und zum Dritten nochmals Macht ist«.[13] Die letzten Folgerungen aus dieser Erfahrung hat kurz vor dem Ersten Weltkrieg Erich Kaufmann gezogen. Der Sinn des Staates ist für ihn »Machtentfaltung, ist der Wille, sich in der Geschichte zu behaupten und durchzusetzen«.[14] Um der Macht willen ist die völlige Unterordnung der Staatsbürger unter den Staatszweck notwendig. Denn »Machtentfaltung ist nur möglich durch die Belebung sämtlicher physischer und moralischer Energien. Von dem Machtgedanken aus wird der Staat zum Wohlfahrtsstaat und zum höchsten sittlichen Institut. Weil seine Organisation und seine Ordnung Machtorganisation und Machtordnung sein will, kann er zur obersten Gemeinschaft, zur Gemeinschaft schlechthin werden: denn nur weil er zu seinem Wesen und Bestande die höchste Kraftentfaltung braucht..., weil eine eigentümliche, sozusagen prästabilierte Harmonie besteht zwischen Machtstreben und sittlicher Kraftanstrengung, kann er das eigentümliche Wesen werden, das überall die Macht will und eben darum das Höchste will.«[15]

Diese eigentümliche prästabilierte Harmonie zwischen Macht und Sittlichkeit erhebt freilich die Macht und den Erfolg im Machtkampf zum Maßstab der Sittlichkeit.

Indem die staatliche Machtentfaltung aber am unmißverständlichsten im Kriege zum Ausdruck kommt, ergibt sich konsequent »der siegreiche Krieg« als »das soziale Ideal«: »der siegreiche Krieg als das letzte Mittel zu jenem obersten Ziel« der Machtentfaltung.[16] »Im Kriege offenbart sich der Staat in seinem wahren Wesen, er ist seine höchste Leistung, in dem seine Eigenart zur vollsten Entfaltung kommt. Hier hat er zu bewähren, daß ihm die Weckung und Zusammenfassung aller Kräfte gelungen ist, daß die höchsten Forderungen, die er stellt, auch wirklich erfüllt werden, und daß das Letzte seinem Bestehen in der Weltgeschichte geopfert wird ... Je stärker diese Anforderungen und Leistungen werden, und je weiter und komplizierter sie sich bis in alle Verästelungen des Lebens hinein erstrecken, um so mehr wird der Krieg zu einer wirklichen Berechtigungs- und Leistungsprobe des ganzen Staates.«[17]

Auch die Beziehungen der Staaten untereinander werden vom puren Machtprinzip bestimmt. Kaufmann bringt das auf die Formel: »Nur der, der kann, darf!« – was anders gewendet doch wohl heißt: »Wer kann, der darf auch!« Nachdem der Krieg dann wenige Jahre später mit einer Niederlage statt mit dem Siege endete, hatte die Ironie mit solchen Formulierungen natürlich leichtes Spiel.[18] Aber es geht ja nicht so sehr um die Formeln eines deutschen Gelehrten, für den die Tragödie erst noch folgen sollte[19], als vielmehr um die Folgerichtigkeit und die Folgen politischer Auffassungen, denen Kaufmann nur besonders prägnant Ausdruck verlieh.[20] Und daher konnte auch aus der Niederlage, solange der »realistische« Ansatz seine Herrschaft behauptete, nur die eine Konsequenz gezogen werden: daß der deutsche Staat, daß das deutsche Staatsdenken noch zu sehr in vormodernen oder in »bürgerlichen« Idealen und Vorurteilen befangen gewesen war und daß es nunmehr darauf ankomme, den Machtgedanken ganz ohne Vorbehalt, als totalen zu verwirklichen. Der Ausgang ist bekannt: die Selbstzerstörung des deutschen Nationalstaates, die auf den Schaden noch die Schande lud.

Offensichtlich ergibt, wie die Brüder Gerlach es ahnten, der kurzfristige Erfolg einen moralisch ebenso wie praktisch fragwürdigen Maßstab. Aber auch später hat es an warnenden Stimmen keineswegs gefehlt. So hat etwa Ernst Troeltsch kurz nach der Jahrhundertwende in seiner Studie »Politische Ethik und Christentum«[21] nachdenklich beschrieben, wie es um das politische Denken der nun bestimmenden, »wilhelminischen« Generation bestellt war. Er hat zugleich die Einflüsse aufgezeigt, die diese Generation prägten:

»Die Auffassung von Staat und Gesellschaft steht heute im Zeichen des Realismus. Ethische und kulturelle Ziele des Staates, wie sie die von Kant, Fichte und Hegel erzogene Generation verehrte, gelten als doktrinäre Kunstwerke der Studierstube oder als abstrakte Prinzipienreiterei. Auch juristische Deduktionen des Staates und die Ableitung seiner Tätigkeit oder Aufgaben aus seinem Rechtsbegriff sind des gleichen Fehlers verdächtig. Schon die Frage nach dem Wesen des Staates scheint nach Staats-Metaphysik zu schmecken. Uns ist der Staat vor allem ein Erzeugnis der Macht, die im Kampfe menschlicher Interessen sich so oder so bildet, und die Staatsleitung vor allem die Kunst, die jeweilige Lage klug und rasch mit den ihr entsprechenden Mitteln zur Behauptung und Ausbreitung der Staatsmacht zu benutzen... Die Geheimnisse der Politik sind die Geheimnisse der Kunst, Macht zu bilden, zu befestigen, auszubreiten, gegen drohende Veränderungen zu schützen, aber nicht die Geheimnisse einer Staatstheorie und einer politischen Ethik... Wie hat uns als jungen Studenten seiner Zeit das Herz geklopft, wenn uns Heinrich v. Treitschke mit seiner glühenden Rhetorik so den Staat beschrieb und die ethischen und juristischen Doktrinäre des Staatsbegriffes mit wenig wählerischem Spotte übergoß. Mit einer Art Wollust der Entsagung haben wir auf die dem jugendlichen Sinn so nahe liegenden theoretischen und ethischen Ideale verzichtet und mit dem nicht minder jugendlichen Bedürfnis, irgend etwas gründlich zu verachten, haben wir in unseren Gesprächen seinen Spott noch zu überbieten gesucht.«

Im Hintergrund dieses »Realismus« stand allerdings, noch weitaus wirksamer als Treitschkes Rhetorik, der schlechthin überwältigende Eindruck Bismarckscher Erfolgspolitik. Und so sah Troeltsch den Kern der Erziehung durch Bismarck gerade darin, »daß das Wesen des Staates Macht ist, daß er sein festes Knochengerüst hat an einem schlagfertigen Heere; daß er der beständig drohenden Gefahr von außen und innen nur durch ebenso vorsichtigen als rücksichtslosen Machtgebrauch begegnen kann, und daß hierfür nichts so hinderlich ist, wie die Prinzipien und die Theorie . . .« Bismarck hat in seinem »Handeln und in seinem Programm die vollendete Prinzipienlosigkeit betätigt; ethische Mächte und Grundsätze bald benutzt und zu Hilfe gerufen, bald beiseite geworfen und verhöhnt. Es ist ein Ideal der Vorurteilslosigkeit und Unbefangenheit, das alles nur dem einen politischen Grundgedanken der dauernden, jedem Gegner überlegenen Macht unterordnet. Und dieses Ideal ist uns nach den langen Jahren politischen Elends, theoretischer Staatsideale, pathetischer Resolutionen und unfruchtbarer Forderungen der öffentlichen Zeitungsmeinung als der ungeheure Fortschritt erschienen, der uns die ersten Lebensbedingungen des Staates erst zum Verständnis gebracht hat.« So ist die Prinzipienlosigkeit »unter uns selbst zur Theorie geworden, die wir wohl auch mit etwas Nietzscher Herrenmoral oder Darwinistischem Kampf ums Dasein versetzen, und die sich nur allzu leicht mit den Idealen der kurzangebundenen Schneidigkeit oder der bureaukratischen Amtshoheit verbinden, von denen der Nachwuchs der regierenden Klassen weithin erfüllt ist«.

Die Schlußfolgerung liegt nahe: Der preußisch-deutsche Weg in die Macht- und Erfolgspolitik war ein verhängnisvoller Irrweg. Ebenso liegt es nahe, sich mit geschärfter Aufmerksamkeit wieder einer Ideen- und Prinzipienpolitik nach der Art der Brüder Gerlach zuzuwenden – dem »anderen Preußen«, wie Hans Joachim Schoeps es genannt hat.

In den Worten von Schoeps: »Das Durchtrumpfen des bloßen Machtstandpunktes war 1866 und 1870 von Erfolg begleitet, 1939 jedoch nicht. Daher ist es auch vom ›Erfolg‹ her geurteilt sehr zweideutig, wer letzten Endes recht gehabt hat: der Machtpolitiker Bismarck oder der ›reaktionäre‹ Verfechter der Heiligen Allianz.«[22] Von den Erfahrungen des 20. Jahrhunderts aus betrachtet sollte jedenfalls der Satz Ernst

Ludwig von Gerlachs Verständnis finden: »Es ist richtiger, mit einer guten Sache unterzugehen, als mit einer schlechten zu prosperieren.«[23] Und fast prophetisch klingen die Worte des unbeugsamen Mannes vom Beginn des Schicksalsjahres 1870: »Jetzt also steht Europa nicht mehr auf dem Boden der Verträge von 1815, sondern, wie seit 1866 die dreiste Phrase lautet, auf dem ›Boden der Erfolge und Tatsachen‹, auf demselben Boden, auf dem der erste Napoleon stand und recht fest zu stehen wähnte, als er den einen Fuß in Moskau und den andern in Spanien hatte. Aber dieser Boden ist, wie sich damals zeigte und jetzt wieder zeigt, bröcklich wie die Tatsachen selbst, kein Wunder, daß er wankt. Nur Wahrheit, Gerechtigkeit und Treue gewähren einen festen Boden für den Frieden.«[24]

Aber auch der Boden, auf dem die altpreußischen Konservativen standen, erwies sich als nicht mehr tragfähig. Es war der Boden oder vielleicht mehr noch die Bodenlosigkeit einer harten und engen, im Grund ganz und gar reaktionären und letzten Endes borniert auswegslosen Interessenvertretung. Zwar meint Schoeps: »Die Konservative Partei der Jahre zwischen Olmütz und Krimkrieg war eine reine Weltanschauungspartei, die Ideenpolitik nach festen Prinzipien betrieb und der der Triumph des ideellen Prinzips wichtiger war als die Machtstellung und das Prestige des eigenen Staates.«[25] Aber das ist bestenfalls die halbe und vordergründige Wahrheit, auf Widerruf gedeckt vom christlichen Glaubensernst im Kreise der Gerlachs oder von der schillernden Ideenwelt eines »sittlichen Reiches« bei Friedrich Julius Stahl. Die Reinheit der Weltanschauungen wird ohnehin von der Wirklichkeit selten bestätigt. Und seltsam genug muß es wirken, wenn ausgerechnet die Männer im inneren Kreis des politischen Einflusses gegen die Machtinteressen und gegen das Prestige des eigenen Staates sich wenden. In liberalen Kreisen der sogenannten »Wochenblattpartei« kam deshalb, zum ersten aber nicht zum letzten Mal in der deutschen Geschichte, das Wort von den »Novemberverrätern« auf.[26]

Nein: Die tiefere Wahrheit wird erst von den verborgenen, aber bestimmenden Interessen her sichtbar. Auch Schoeps deckt sie auf, wenn er sagt: »Soziologisch gesehen handelte es sich bei den Konservativen im Kern um eine Organisation des ostelbischen Adels... Da der Adel für seine politischen und sozialen Ideen am patriarchalischen Modell der Gutsherrschaft orientiert blieb, fand ein wirkliches Umdenken der alten Ideen in die moderne gesellschaftliche Situation nicht statt.«[27] In der Tat ging es um die Verteidigung überkommener Privilegien in Staat und Gesellschaft. Daher nahmen alle ideellen Vorstellungen romantisch rückwärtsgewandte Züge an. Kaum zufällig ist der Kreis der Gerlachs stark von Carl Ludwig von Hallers altständisch-patriarchalischer Staatsauffassung[28] beeinflußt worden. Was man also dem »Prinzip Revolution« entgegenstellte, war »im tiefsten Grunde... der feudale Ständestaat des ausgehenden Mittelalters in der Gestalt, die sich auf dem flachen Lande der altpreußischen Provinzen als territorialstaatliche Tradition bis in die Tage Gerlachs erhalten hatte«.[29]

Ernst Ludwig von Gerlach ist vielen seiner Zeitgenossen als ein Mann der Widersprüche erschienen. Wie der witzige Graf Eugen Röder es ausdrückte: »Er badet sich im Widerspruch seiner selbst und trocknet sich dann mit einem Paradox ab.«[30] Doch diese Widersprüchlichkeit war objektiv in den Verhältnissen angelegt; wie der Historiker Erich Marcks es beschrieben hat: »Die konservativen Ultras, Staatsmänner und Parteimänner haben in dem Konflikt mit Österreich die Rücksicht auf die Politik, die doch einmal die Politik ihres Staates war, manchmal indiskret ganz übersprungen und den internationalen Gegner behandelt, als sei er der Parteigenosse, die eigene Regierung, als sei sie lediglich eine ihnen gleichgeordnete Partei. Doch barg sich hinter dieser Verletzung der Staatspflicht, die unleugbar ist, in sonderbarer Verquickung der Gegensätze gerade ein gut Stück Staatsgesinnung.«[31] Diese sonderbare Verquickung löst sich, sobald man auf die Interessen sieht: Eine dynamische Politik Preußens wäre nur in Verbindung oder zum mindesten im Kompromiß mit der freiheitlichen und nationalen bürgerlichen Fortschrittsbewegung möglich gewesen. Eben dies aber erschien als abgründige Bedrohung der überkommenen Privilegien.

Als dann Bismarcks Macht- und Erfolgspolitik einen anderen Ausweg und eine besser begründete Verteidigungsmöglichkeit anbot, konnte man – konsequent genug – auf die romantischen Dekorationen verzichten. Schmerzlich berührt schreibt Schoeps über die konservative Partei: »Nach 1866 war sie nicht mehr die Partei Gerlach – Stahl. Nach ihrer Aussöhnung mit dem machtstaatlichen Prinzip und ihrer vollkommenen Einordnung in das Bismarckreich wurde sie rasch immer mehr zu einer feudal betonten sozialreaktionären Interessengruppe mit einem imperialistischen Programm.«[32] Keineswegs: Die Partei blieb, was sie immer schon war. Nur die Umstände wechselten, und mit ihnen fiel die romantische Charaktermaske.

Wo es um die praktischen Bedingungen der Machtbehauptung ging, konnte übrigens auch Ernst Ludwig von Gerlach wenig romantisch die Dinge beim Namen nennen. So in der monatlichen »Rundschau« der Kreuzzeitung vom März 1851: »Ohne das Institut des Lieutenants – so spottete neulich eine revolutionäre Zeitung – könnte nach der Meinung der Kreuzzeitungs-Partei der Preußische Staat nicht bestehen. Wir bekennen uns freudig zu dieser verspotteten Meinung. Die Lieutenants sind fundamentaler als die Kammern. Ohne die Lieutenants, die bei kurzem Solde und geringem Avancement nichts weiter fordern als das in ihren Familien seit vielen Generationen einheimische Vorrecht, sich, sowie ein Krieg ausbricht, in Massen totschießen zu lassen, ohne solche Lieutenants ... kann die preußische Armee nicht bestehen. Sie muß eben, um Preußisch und um Armee zu bleiben, das Brot des Königs von Preußen essen und nicht das Brot der 2. Kammer.«

Dies läßt schon vorausdenken an das berühmt-berüchtigte Wort des Oldenburg-Januschau, wenige Jahre vor dem Ersten Weltkrieg im Reichstag gesprochen: »Der König von Preußen und der deutsche Kaiser muß jeden Moment imstande sein, zu einem Leutnant zu sagen: Nehmen Sie zehn Mann und schließen Sie den Reichstag!«[33] Es läßt auch an den Reim aus dem Jahre 1848 denken:

Gegen Demokraten
Helfen nur Soldaten.[34]

Sie haben geholfen. Darum konnte Gustav von Schmoller im Rückblick auf die oktroyierte und revidierte preußische Verfassung von 1850 befriedigt feststellen: »Die Grundpfeiler des preußischen Staates, Krone, Armee und Beamtentum, von welcher die beiden letzteren in der Verfassung fast ignoriert sind, blieben infolge ihrer historisch erworbenen Stellung und tatsächlichen Macht doch auch innerhalb der Verfassung von solchem Einfluß, daß sie bald wieder die ihnen zukommende Leitung übernehmen und so Preußen vor den Irrtümern einseitiger Theorien von Volkssouveränität und Parlamentarismus, an denen fast alle europäischen Staaten kranken, bewahren konnten.«[35]

Der Kampf um das Heer gehört denn auch zu den großen Hintergrundsthemen der preußischen Geschichte im 19. Jahrhundert. Er endete stets mit dem Sieg der konservativen, den Obrigkeitsstaat tragenden Kräfte: 1819 mit der Entlassung der Reformer, darunter Hermann von Boyens, des Vaters der allgemeinen Wehrpflicht und der Landwehr, in den sechziger Jahren mit dem Triumph Roons und Bismarcks. Aber schon die Tatsache, daß dem Heer eine solche Schlüsselstellung für die Machtbehauptung zufiel, demonstriert zugleich die Ausweglosigkeit der konservativen Prinzipienpolitik. Denn wo man nur noch mit Hilfe der militärischen Gewalt sich behaupten kann, steht man gegen die geschichtliche Entwicklung auf verlorenem Posten. Wie Talleyrand es einmal zu Napoleon gesagt haben soll: »Die Bajonette, Sire, taugen zu allem, nur nicht, sich darauf zu setzen.«

Der konservativen Prinzipienpolitik stand

die bürgerliche Fortschrittsbewegung gegenüber, die nicht weniger prinzipienbestimmt zum Parlamentarismus und damit zur politischen Mit- oder gar Selbstbestimmung drängte. Gewiß: Diese Bewegung war 1848 gescheitert. Die Unfähigkeit, sich aus eigenem Vermögen durchzusetzen, war ihr in der Konfrontation mit den realen Machtverhältnissen nachdrücklich genug – und, wie sich zeigen sollte, mit dauernder Wirkung – demonstriert worden. Dennoch schien ihr auf längere Sicht der Sieg zu gehören, einfach deshalb, weil die allgemeine wirtschaftliche und gesellschaftliche Entwicklung für sie wirkte.

Preußen trat aus dem langen Schatten seiner Armut heraus. Es sprengte die Fesseln eines rückständigen Agrarlandes. Zwar als 1815 der Wiener Kongreß die Rheinlande preußisch machte, konnte der Kölner Bankier Abraham Schaaffhausen noch ironisch sagen: »Da heiraten wir aber in eine arme Familie.«[36] Aber um die Jahrhundertmitte traf das schon kaum mehr und der Tendenz nach immer weniger zu. Die Epoche der stürmischen Industrialisierung hatte begonnen. Sie ließ die Städte wie den bürgerlichen Wohlstand sprunghaft anwachsen und machte damit den ostelbischen Adel zu einer – mindestens relativ – absinkenden Schicht.[37]

Der preußische Staat hat mit seiner aufgeklärten und fortschrittlichen Verwaltung diese Entwicklung selbst nach Kräften vorbereitet und gefördert. Die Leistungen etwa der bedeutenden und oft langjährigen Oberpräsidenten in den Provinzen wie Schön, Sack, Bassewitz, Merckel und Vincke[38] oder des Finanzministers Friedrich von Motz auf dem Wege zum Deutschen Zollverein[39] haben staatsmännisches Format. Dabei war die fortschrittliche Wirtschaftspolitik im Grunde nichts als folgerichtig: Die Macht des Staates, auch und gerade seine militärische Macht, hing ja wesentlich von seiner wirtschaftlichen Kraft ab. Das hatte man in Preußen seit je gewußt und entsprechend gehandelt. Unter den Bedingungen des 19. Jahrhunderts aber mußte sich der Sachverhalt immer direkter und unmißverständlicher zugunsten der bürgerlichen Gesellschaft auswirken.

Es standen sich also gewissermaßen zwei Heerlager gegenüber: hier der alte Staat, wohlverwaltet, gestützt auf die Schlagkraft seiner Armee – dort das Bürgertum, unaufhaltsam emporgetragen von der wirtschaftlichen Entwicklung, dennoch unfähig, sich aus eigener Kraft politisch durchzusetzen. Diese beiden Heerlager erwiesen sich je auf ihre Weise als mächtig und ohnmächtig zugleich. Beide brauchten einander und begegneten sich doch in Angst und in Abscheu.

Erst wenn man diese Paradoxien der preußischen Auswegslosigkeit sich vor Augen führt, kann man ganz ermessen, was Bismarcks virtuose Realpolitik für alle Beteiligten bedeutete. Sie erschien jedenfalls im Rückblick als die schlechthin einzige, rettende Möglichkeit. Und daher verhalf sie mit ihrem Erfolg dem politischen »Realismus« zur praktisch unumstrittenen Herrschaft. Dem Bürgertum schenkte sie die ersehnte nationale Einheit und immerhin den konstitutionellen Kompromiß der Reichsverfassung. Der alte Staat aber erlebte mit seinen Siegen eine nachhaltige Wiederaufwertung; seine zentralen Institutionen und die Instrumente seiner Machtbehauptung waren fortan ernsthafter Anfechtung entzogen.

So sieht es in seinem Rückblick Friedrich Meinecke: In den Ideen der Revolution und der Restauration, der bürgerlichen Fortschrittsbewegung und der Heiligen Allianz stießen zwei universalistische Prinzipien verhängnisvoll aufeinander. Sie waren »zuletzt wie ein Gift, das der Körper wieder ausscheiden mußte, wenn er wieder natürlich funktionieren wollte«.[40] Der »Arzt« aber, der nach den theoretischen Vorarbeiten Hegels und Rankes das Gift aus dem kranken Körper herauszwang, war Bismarck. Er erscheint auch gegenüber dem Liberalismus der Paulskirche als Heilender. Denn er brach das »parlamentarische Vorurteil«, es sei ein Verfassungsstaat nur als Parlamentsherrschaft denkbar.[41] Damit setzte er das wahrhaft politische Bewußtsein gegen alle unpolitischen Träumereien durch.

Ein seltsamer Widerspruch liegt bei Meinecke allerdings darin, daß er die Politisierung im Gedanken des nationalen Machtstaates auf die eigentlich un- oder vorpolitischen Vorstellungen vom Volksgeist und von der Kulturnation gründen will.[42] Aber der Widerspruch liegt tiefer in der Sache. Der Politisierung im Machtstaatsgedanken kommt eben *zugleich* eine entpolitisierende, eine neutralisierende Funktion zu: Die alten, erstarrten Fronten der »Ideenpolitik« sollen aufgelöst werden.

Sehr aufschlußreich ist in diesem Zusammenhang die Entwicklung des Souveränitätsbegriffs. Denn er bezeichnet ja einen Willensträger in seiner Eigenschaft als »höchster universaler Entscheidungseinheit in einer bestimmten Herrschaftsordnung«.[43] Zugleich deutet er auf die *Legitimität* dieser höchsten Entscheidungseinheit hin.[44] Damit scheint er grundsätzlich zwei Auffassungen möglich zu machen: eine, die mit den Ideen der Restauration zusammengehört, und eine, die in den Konsequenzen der bürgerlichen Revolutionen liegt – Souveränität von »oben« oder Souveränität von »unten«, Souveränität des Fürsten von Gottes Gnaden oder Souveränität des Volkes.[45]

In diesem Gegensatz spiegeln sich wieder die unversöhnlichen Prinzipien, die in der besonderen preußisch-deutschen Lage des 19. Jahrhunderts schiere Ausweglosigkeit bedeuteten. Einen Kompromiß suchte schon der Artikel 57 der Wiener Schlußakte von 1815 in der Unterscheidung zwischen einer – beim Fürsten verbleibenden – »Substanz« der Staatsmacht und der »Ausübung« dieser Macht, in der die Fürsten an die Mitwirkung der Stände gebunden werden konnten.[46]

Als Lösung bot sich schließlich der Begriff der *Staatssouveränität* an. Der Staat schiebt sich vermittelnd zwischen den Fürsten und das Volk – oder besser gesagt: er stellt sich als höheres Drittes über beide. Der Begriff taucht zuerst in der Rechtsphilosophie Hegels auf und kommt in der späteren deutschen Staatsrechtslehre zu fast unumschränkter Herrschaft.[47] Er fällt allerdings durch seine eigenartige, eigentlich unpolitische

Abstraktheit auf: Wenn Souveränität die Einheit der höchsten Entscheidungsmacht meint, dann muß sofort die Frage sich stellen, wer denn der konkrete Willensträger dieser Macht ist. Mit dem Begriff der Staatssouveränität wird die Frage offensichtlich nicht beantwortet, sondern nur umgangen und verschleiert.[48] Es sei denn, man erhebt den Staat zu einem Über-Menschen, zu einer höchsten und letzten Lebensidee, auf die der konkrete Machtträger sich dann jeweils beruft.

»Der ganze Weltteil«, heißt es bei Friedrich Christoph Dahlmann, »droht sich jetzt in Gebiete der Volksherrschaft und der absoluten Fürstengewalt zu spalten. Ich lebe nun des Glaubens, daß das deutsche Volk vor allen anderen Völkern berufen ist, diese verderblichen Extreme durch Gewissenhaftigkeit und Tiefsinn zu versöhnen.«[49]

Wie immer man nachträglich über Gewissenhaftigkeit und Tiefsinn urteilen mag: Die Zeit war jedenfalls reif für Bismarcks listenreichen Ausweg aus der preußischen Weglosigkeit. Ein kluger Beobachter hat das schon im November 1862, also wenige Wochen nach dem Dienstantritt des neuen Ministerpräsidenten, notiert: »Wenn Herr von Bismarck der Regierung, an deren Spitze er steht, den Impuls zu einer kühnen, fortwirkenden, unwiderruflichen Tat in der deutschen Frage geben kann, so wird in wenigen Tagen vergessen sein, was er noch heute und gestern gesprochen, getan und zugelassen hat. Dann ist es mit der Reaktion zu Ende, aber auch mit der Opposition. Unter anfänglichem Widerstreben wird lawinenartig durch die deutschen Provinzen der Ruf einer Nation sich fortpflanzen, welche durch die Reden zur Verzweiflung gebracht ist ... Die deutsche Nation wird jubelnd rufen: Eine Diktatur für einen Mann!«[50]

Und wer konnte dann im Jubel der Reichsgründung schon ahnen oder mochte es zugeben, daß dieser bismarckisch-preußische Ausweg aus Preußen an seinem Ende in eine neue, nun deutsche Ausweglosigkeit münden würde?

3. Großmacht ohne Staatsidee

Die preußisch-deutschen Ausweglosigkeiten geben Anlaß zu vielen Fragen. Lagen für den Konflikt zwischen »Macht« und »Idee« andere Lösungen bereit? Wenn es sie gab, warum wurden sie dann nicht verstanden und nicht ergriffen? Wo also lag der Ursprung des Verhängnisses? Und was waren die Voraussetzungen und die Folgen im Bereich der Einstellungen und Verhaltensweisen – altmodischer und preußischer ausgedrückt: der Tugenden oder Untugenden? Kann man von der preußischen Ausgangslage her Probleme und Irrwege der neueren deutschen Geschichte aufklären?

Bismarcks nationale Gründung ist als »Großmacht ohne Staatsidee« beschrieben worden.[1] Tatsächlich ging es bei der nationalen Einigung ja zugleich oder sogar vor allem anderen um die Einigung des Obrigkeitsstaates mit dem Bürgertum; aus dieser *inneren* Einigung bezog die äußere ihre Überzeugungskraft. Trotz aller gegenteiligen Bekundungen, denen die kriegerischen Begleiterscheinungen den Stoff lieferten, stand daher die Reichsgründung durchaus im Zeichen des Primats der inneren Politik.[2] Aber wie zu zeigen war, beruhte die innere Einigung auf der Überwindung, Ausklammerung, um nicht zu sagen: der Verdrängung einer Ideen- und Prinzipienpolitik, wie sie im Zeichen des Gegensatzes zwischen »Revolution« und »Restauration« die Jahrzehnte vor Bismarcks »Flucht nach vorn« beherrscht hatte.

Die *geistige* Bewegung, welche der vieldeutigen »Aufhebung« der »Ideenpolitik« vorgearbeitet hat und die durch den Triumph der »Realpolitik« dann ihrerseits gefördert wurde, läßt sich vor allem an der Entwicklung des historischen Denkens sichtbar machen. Es ist kein Zufall, daß das historische Denken im 19. Jahrhundert eine so große Bedeutung gewann, daß

Historikern weit über ihre fachlichen Leistungen hinaus eine Meinungs-Führerschaft auch im politischen Felde zuwuchs wie nie zuvor oder seither, so daß schließlich »Bildung« praktisch mit geschichtlicher Bildung gleichgesetzt wurde.

Dieses historische Denken entwickelte sich in einer deutlich polemischen Frontstellung. Sie richtet sich gegen jede Art von philosophischer Geschichtskonstruktion aus dem *Allgemeinen*. Hegel zum Beispiel behauptet noch, daß alle Geschichtsepochen eingeordnet sind in den Gang einer übergreifenden logischen Notwendigkeit der geistigen Entwicklung. »Ich aber behaupte«, sagt Ranke im »Politischen Gespräch«[3], gegen ihn gewandt: »Jede Epoche ist unmittelbar zu Gott, und ihr Wert beruht gar nicht in dem, was aus ihr hervorgeht, sondern in ihrer Existenz selbst, in ihrem unmittelbaren Selbst.« Das heißt: Jede Epoche, jede geschichtliche Gestalt hat nicht nur, wie für Hegel, ein relatives, sondern ein absolutes Eigenrecht. Eine jede ist unableitbar.

In ähnlichem Sinne hat Friedrich Julius Stahl – in vieler Hinsicht noch ein Schüler Hegels und dabei der Ideologe der Konservativen – die Frontstellung bezeichnet, wenn er sagt: »Die Philosophie, welche nur anerkennt, was aus der Vernunft folgt, kann auch die Quelle des Ethos nirgends anders als in der Vernunft suchen. Darin besteht das Naturrecht... Die Vernunft, welche das Ethos folgern soll, bedarf nun aber eines Grundbegriffs, aus welchem sie es folgere, der, wie sich von selbst versteht, ihr nach aller Abstraktion noch übrig sein muß. Nach dem subjektiv rationalistischen Standpunkte des Naturrechts ist dieser Begriff das Dasein des Denkenden, die menschliche Natur. In der Wirklichkeit ist diese Natur immer eine bestimmte, bestimmt durch Individualität, Umgebung, Schicksal, Zeit, Materie, kurz durch Geschichte. In solcher Bestimmung hat sie aber keine logische Notwendigkeit.«[4]

Im historischen Denken, das schließlich in den Historismus mündet, erscheint als grundlegend die Kategorie der *Individualität*.[5] Auch sie wird negativ und polemisch bestimmt. Denn sie besagt, daß geschichtliche Erscheinungen von einer generalisierenden Betrachtungsweise nicht angemessen erfaßt und nicht von universalen Prinzipien her konstruiert werden können. »Ohne neuen Anfang kann man aus dem Allgemeinen gar nicht in das Besondere gelangen. Das Real-Geistige, welches in ungeahnter Originalität dir plötzlich vor Augen steht, läßt sich aus keinem höheren Prinzip ableiten... Aus der allgemeinen Theorie gibt es keinen Weg zur Anschauung des Besonderen.« Entsprechend gilt: »Nicht außerhalb des Staates liegt seine Idee; in ihm selber wird sie gefunden.«[6] Individuum est ineffabile[7] – ein unerklärbares Wunder. Wo man die Geschichte an allgemeinen Normen mißt, da strahlt man sie nur gleichsam von außen an und vergewaltigt so die Eigen-Art ihrer Erscheinungen in unvermeidbarem Mißverstehen.

In einer »kopernikanischen Wende« kehrt damit der Historismus die traditionelle Betrachtungsweise um. Er durchschaut die allgemeinen Ideen und angeblich unverrückbaren Prinzipien als naive Verabsolutierungen des eigenen Standpunktes, den er so als immer nur relativen, durch den geschichtlichen Wandel bedingten entlarvt.[8] Nicht von außen her bewerten und mißverstehen, sondern von innen her erleuchten in möglichst weitgehender Auslöschung des eigenen Wesens und in der Erfüllung mit dem fremden, das ist Rankes berühmtes Programm.[9]

Eine zweite Grundkategorie ergänzt die der Individualität: *Entwicklung.* Auch sie wird zunächst einmal negativ bestimmt. Denn sie besagt, daß Geschichte nicht aus allgemeinen Gesetzen abgeleitet und erklärt werden kann. Letzten Endes kann Geschichte überhaupt nicht erklärt, sondern als menschlicher Lebensprozeß nur im Miterleben verstanden werden.[10] Sie ist eine Bewegung des immer Neuen, der schöpferischen – oft heißt es auch: der »organischen« Erneuerung.

Überdenkt man diese Auffassungen vor ihrem politischen Hintergrund, so liegt es natürlich nahe

zu sagen: Der moderne Staat, vor allem der Nationalstaat ist nun einmal die Organisationsform des Besonderen im Gegensatz zu allen übergeordneten, womöglich gar menschheitlichen Prinzipien. Der nationale
Gedanke betont doch das Eigene und Einmalige einer
Nation in der Abgrenzung gegen das Andersartige,
Fremde anderer Nationen. Und der nationale Staat
muß sich deshalb als selbständige Macht ebenso begründen, wie er geistig die Prägung einer geschichtlich
entwickelten Individualität braucht, die vorab durch
Sprache und Kultur bestimmt wird. Eine Ideenpolitik,
wie sie die Brüder Gerlach vertraten, mußte also im
Siegeszug des Nationalismus so folgerichtig unterlie-
gen, wie seinerseits Ernst Ludwig von Gerlach noch
1870 von seinem Standpunkt aus konsequent erklärt
hatte, es sei »absurd, die Nationalität zum obersten
Prinzip der Staatenbildung zu machen«.[11]

Besagt dies nicht, daß der Nationalstaat
immer und unabwendbar »ohne Staatsidee« sein muß,
daß »Ideenpolitik« überhaupt nur als vor- oder nachna-
tionale möglich ist? Nein, keineswegs. Der Vergleich
mit außerdeutschen Entwicklungen zeigt nämlich, daß
der Gegensatz eine eher künstliche Konstruktion darstellt, die aus einer spezifisch deutschen Blickfeldveren-
gung hervorgeht. Sieht man jedenfalls die »klassischen« Fälle des nationalen Selbstbewußtseins in Westeuropa und Amerika sich an, so läßt sich durchweg eine
Art von Dialektik oder eine Paradoxie erkennen.

Auf der einen Seite findet man große, ja
einmalige geschichtliche Ereignisse, Erhebungen, Kriege, Revolutionen und Siege, die dem nationalen Bewußtsein fortan als Bezugspunkt dienen: die Erhebung
der Eidgenossen, der Freiheitskampf der Niederlande
gegen Habsburg-Spanien, Magna Charta oder glorrei-
che Revolution in England und die große Revolution in
Frankreich, Unabhängigkeitserklärung, Unabhängig-
keitskrieg und Verfassungsgebung in den Vereinigten
Staaten. Auf der anderen Seite tritt aber als Inhalt des
Nationalbewußtseins jeweils eine Idee, ein *politischer
Humanismus* auf den Plan, der den nationalen Rahmen

mit menschheitlichem Anspruch sprengt. Urtümliche Freiheit, Toleranz und Gewissensfreiheit, parlamentarische Repräsentation, die Proklamation der Menschenrechte, Freiheitssicherung durch Gewaltenteilung: alles Prinzipien, die den Anspruch erheben, nicht nur hier und heute, sondern absolut und universal gültig zu sein. Die Nationen haben solche Prinzipien entdeckt, erkämpft, in die Welt gebracht, um sie in ihr gewissermaßen als Statthalter zu vertreten. Es ergibt sich, mit anderen Worten, ein Bild der guten, der moralischen, der *gerechten Gesellschaft* schlechthin, die nur in dieser einen, auserwählten Nation ihren geschichtlichen Ort, ihre im dramatischen Gründungsakt symbolisierte Verwirklichung gefunden hat. Und eben aus dem Bewußtsein, das Gute und Wahre, das Moralische und Gerechte, das Allgemeingültige zu vertreten, erwächst der Stolz, das politische Selbstbewußtsein der Nationen.

Das Beispiel der Vereinigten Staaten mag den Sachverhalt näher veranschaulichen. »Das amerikanische Selbstbewußtsein«, schreibt Hans Kohn, »beruht auf dem Bewußtsein der Verschiedenartigkeit von anderen Nationen – verschieden aber *nicht* darin, daß diese Nation eine einmalige und einzigartige Erscheinung darstellt, sondern dadurch, daß sie als erstes Volk den *allgemeinen* Zug der menschlichen Entwicklung zu einer besseren, vernunftgemäßen Ordnung, zu größerer individueller Freiheit und zu grundsätzlicher Gleichberechtigung mit größtmöglicher Annäherung an die Vollkommenheit verwirklicht hat.«[12]

Aus dem Gefühl der Vorbildlichkeit der eigenen Ordnung erwächst dabei zugleich ein Bewußtsein besonderer, menschheitlicher Verpflichtung. Ihr hat Thomas Jefferson Ausdruck verliehen, wenn er sagt: »Wir fühlen, daß uns Verpflichtungen auferlegt sind, die über den Bereich unserer eigenen Gesellschaft hinausreichen. Es ist unmöglich, daß wir nicht empfinden, wie wir für die gesamte Menschheit handeln, daß wir durch Umstände, die anderen versagt, uns aber gewährt wurden, die Pflicht auferlegt bekommen haben, in der Praxis zu versuchen, welchen Grad von

Freiheit und Selbstverwaltung eine Gesellschaftsordnung ihren individuellen Mitgliedern anvertrauen darf.«[13] Und Jefferson wird nicht müde, es zu wiederholen: »Wir leben und werden als gültiger Beweis dafür betrachtet, daß eine Regierungsform, die so geartet ist, daß sie dauernd auf dem Gemeinwillen ihrer Mitglieder beruht, praktisch durchführbar ist... Deshalb haben wir als Mitglieder der universalen Menschheitsgesellschaft, der wir hoch und verantwortlich verpflichtet sind, die heilige Aufgabe..., den Glauben, welchen wir der Menschheit eingeflößt haben, nämlich daß ein Vernunftregiment besser ist als eine Gewaltherrschaft, nicht wieder zu zerstören.«[14]

Gegen die in Deutschland auf der Lauer liegenden Mißverständnisse ist es wichtig zu betonen, daß ein so begründetes Nationalbewußtsein gerade nicht »historisch« ist in dem Sinne, daß es mit den Besonderheiten des geschichtlichen Schicksals, der Kultur oder Sprache eine unübersteigbare Grenze zu anderen Nationen aufrichten will. Sondern in dem Traditionsbewußtsein seiner Sendung richtet es sich zugleich zur *Zukunft*. Um nochmals Jefferson zu zitieren: »Jene mittelalterliche Idee, wonach wir nach rückwärts schauen sollen anstatt vorwärts, um den Geist der Menschen zu bessern, und zu den Aufzeichnungen unserer Vorfahren Zuflucht nehmen sollen auf der Suche nach dem, was in der Regierung, in der Religion und in der Wissenschaft das Beste sei, ist wohl derer wert, die sie uns vorgeschlagen haben und deren Zwecken sie auch entsprechen würde. Aber dieses Land wird solche Ideen nicht dulden.«[15]

Ein Nationalismus nach amerikanischem Muster ist gewiß nicht frei von Ambivalenz. Denn er neigt zu einem Missionsbewußtsein, das unter Umständen Kreuzzugscharakter annehmen kann, um andere – die Unerlösten – der eigenen Segnungen teilhaftig werden zu lassen. Im Gegenzug entsteht ein Isolationismus, um das Errungene vom Bösen einer durch und durch verdorbenen Umwelt freizuhalten – und besonders leicht eben eine eigentümliche Ambivalenz von Isola-

tionismus und Kreuzzugsstimmung. Dabei geht die iso-
lationistische Tradition zunächst Hand in Hand mit der
Offenheit für Einwanderer, gewissermaßen mit der
Missionierung nach innen. In dem Maße dagegen, in
dem die Einwanderung nachläßt oder gesperrt wird und
die »frontier«, die innere »offene Grenze« verschwin-
det, wenden sich die Vereinigten Staaten mit missiona-
rischem Eifer nach außen. Da aber nur Böswillige sich
der Missionierung widersetzen, kann es im Extremfall
dahin kommen, daß man in der Panzerung des guten
Gewissens die Bekehrung mit Gewalt betreibt – und
jene, die sich durch die Hartnäckigkeit ihres Widerstandes als Menschheitsfeinde zu erkennen geben, »in die
Steinzeit zurückbombt«.

Wie unheilschwanger dieser Vorgang aber
auch sein mag, es löst sich jedenfalls der Anschein des
Gegensatzes zwischen dem Besonderen und dem Allgemeinen. Und es zeigt sich eine tiefere Zusammenge-
hörigkeit, ja ein Bedingungsgefüge: Nationalbewußtsein und Nationalstolz haben gerade darin ihre Grundlage, daß man im Besonderen das Allgemeine wieder-
erkennt.

Die Reihe der Beispiele ließe sich noch um
einige Varianten vermehren. Besonders merkwürdig
und einer genaueren Untersuchung wert sind die Fälle,
in denen religiöser und kirchlicher Universalismus einen Beitrag zur Formung und Selbstbehauptung der
Nationen geleistet hat, wie in Irland und in Polen.
Wahrscheinlich müßte man auch den Weg der Juden
zum Staate Israel in diesem Zusammenhang überden-
ken. Immer erneut beweist sich die Paradoxie, daß die
nationale Sonderung um so kräftiger und tragfähiger
ist, je mehr sie sich mit universalen Momenten verbindet.

Das gilt sicher auch für die wichtigste und
folgenreichste Paradoxie des 20. Jahrhunderts, die in
mancher Hinsicht das Gegenstück zu der älteren amerikanischen darstellt: für den Sowjetpatriotismus. Und
gerade in diesem Falle läßt sich die innere Folgerichtigkeit mit Händen greifen: Die Sowjetisierung Rußlands

vollendete sich als Zerstörung aller überkommenen Verhältnisse mit der forcierten Industrialisierung unter Stalins Führung. Was aber Stalin vollzog, hatte schon Lenin mit seiner Frage »Wer – wen?« angekündigt: »Entweder untergehen oder die fortgeschrittenen Länder auch ökonomisch einholen und überholen... Untergehen oder mit Volldampf vorwärtsstürmen. So wird die Frage von der Geschichte gestellt.«[16] Denn Rußland, noch kaum industrialisiert, war doch in den Sog der höher entwickelten Länder geraten; seine Zurückgebliebenheit war ihm durch verlorene Kriege massiv genug demonstriert worden. Vor die Wahl gestellt, diesen Zustand entweder auf unbestimmte Zeit hinzunehmen oder die industrielle Entwicklung um jeden Preis nachzuholen, entschied es sich, verständlich genug, für das letztere.

Folgerichtig fiel der Entschluß zur beschleunigten Industrialisierung auf eigenem Wege und aus eigener Kraft mit der Ausstoßung der »linksabweichlerischen«, internationalistischen Opposition zusammen, die vor allem Trotzki verkörperte. Und gerade deshalb folgten ihm so viele »konservative« Entwicklungen, die dem »Liberalismus« der zwanziger Jahre ein Ende bereiteten, wie in der Familienpolitik, in der Pädagogik, in der Kunst und hinsichtlich der altneuen gesellschaftlichen Rangordnung. Ganz besonders aber wird so die Widerstandskraft des Regimes in dem tödlichen Kampf verständlich, der für die sowjetische Geschichtsschreibung in Erinnerung an den »Vaterländischen Krieg« von 1812 nicht zufällig der »Große Vaterländische Krieg« heißt. Gerade der Entschluß zur forciert nachholenden Industrialisierung, der so schwere Opfer vom ganzen Volk forderte und einen umfassenden »Abschied von der bisherigen Geschichte« erzwang, hatte das nationale Schicksal mit dem der »marxistischen« Führung und ihrer universalen Heilslehre verbunden. Denn ohne diese Verbindung, ohne deren Verheißung und Erklärung des Sinnes der Opfer hätte die ungeheure Aufgabe schwerlich bewältigt und die Probe des großen Krieges kaum bestanden werden können. Sehr bezeichnend, aber mehr noch im Sinne eines universalistischen Patriotismus als in dem des Marxismus, erklärte Malenkow nach dem Kriege zurückblickend: »Den vom Volk isolierten und ihm entfremdeten herrschenden Klassen des zaristischen Rußlands fehlte der Glaube an die schöpferischen Kräfte des russischen Volkes. Sie hielten es für ausgeschlossen, daß sich Rußland aus eigener Kraft von seiner Rückständigkeit befreien könnte.«[17]

Angesichts des universalen Anspruchs der Ideologie wird die Tragfähigkeit des Sowjetpatriotismus zwar noch heute von manchen westlichen Beobachtern abgeleugnet und zur bloßen Propaganda erklärt. Aber er ist eigentlich nicht paradoxer als der Patriotismus der alten westlichen Nationen, wenn er ausgerechnet im revolutionären Abschied von der bisherigen Geschichte zum Stolz auf diese Geschichte zurücklenkt, wenn er beispielsweise, wie in Amerika orientiert am Maßstab der Fortschrittlichkeit, den Zaren Peter als »den Großen« unbefangen einbezieht und liebevoll die Denkmäler der Vergangenheit restauriert. Hier wie in den »klassischen« westlichen Fällen schließen patriotisches Selbstbewußtsein und der Anspruch auf Realisierung der guten, gerechten, menschheitlich vorbildlichen Gesellschaft einander nicht aus, sondern sie stützen, ja sie bedingen sich.

So entsteht zugleich Tradition. Auch Revolution oder Unabhängigkeitskampf und Tradition schließen sich nicht aus.[18] Im Gegenteil: Für die Modernität tragfähige Traditionen entstehen offenbar gerade damit, daß überkommene Gewalt abgeschüttelt, alter Autorität der Gehorsam aufgekündigt wird, daß man symbolträchtig den Herrscher, den König tötet oder vertreibt und den Bann seiner Macht zerbricht. Man denke an die Tell-Saga der Eidgenossen, an die Niederlande, in denen das Haus Oranien die Ablösung von der spanischen Krone und Kirche symbolisiert, an die Vertreibung der Stuarts in der englischen »glorreichen« Revolution, an die feierliche Lossagung von der Tyrannei Georgs III. in der amerikanischen Unabhängigkeitserklärung, an den Bastillesturm und die Hinrichtung Ludwigs XVI. in Frankreich, an die russische Revolution.

Um den Realitätsgehalt der Gründungsmythen mag es manchmal windig genug bestellt sein. Aber nicht darauf kommt es in erster Linie an, sondern auf die Begründung einer *Tradition der Modernität,* die dann die Vergangenheit mit der Gegenwart und der Zukunft verbindet und so auch im Krisenfalle Orientierung ermöglicht.

Im Beispiel: Als 1940 nach dem deutschen Sieg über Frankreich das Schicksal der Schweiz auf des Messers Schneide zu stehen schien, versammelte der damalige eidgenössische Oberbefehlshaber, General Guisan, seine Truppenkommandanten auf dem Rütli, um hier, am mythisch geheiligten Ort, mit ihnen eine feierliche Verpflichtung zur bedingungslosen Verteidigung im Falle eines deutschen Einmarsches einzugehen – oder besser gesagt zu erneuern. Wo – so fragt man sich unwillkürlich – sollten wohl bei entsprechendem Anlaß deutsche Generale sich versammeln? Womöglich würden sie irgendwo in den Nebeln des Teutoburger Waldes sich verirren, um nie wieder aufzutauchen. Oder sollten sie etwa in der ehemaligen Bendlerstraße oder am Sarge Friedrichs des Großen zusammenkommen? Aber wenn man junge Offiziere der Bundeswehr befragt, dann wissen sie meist gar nicht, was mit der »Bendlerstraße« eigentlich gemeint ist oder wo der Sarg des Preußenkönigs sich heute befindet.

Gewiß: Einst feierte man den »Sedanstag«, den einzigen wirklich populären nationalen Gedenktag, den es in Deutschland je gab. Aber das ist lange her. Und im Unterschied zu den Ursprungsmythen und nationalen Gedenktagen anderer Völker signalisierte dieser Tag – wie auch die Kaiserproklamation von Versailles – eben keine politische Idee, kein Prinzip der befreiten, gerechten, menschheitlich vorbildlichen Gesellschaft, sondern einzig den Triumph des alten, militärisch mächtigen Staates im Glanz seiner siegreichen Waffen. Woran lag dies?

Der Hinweis auf die deutsche Situation am Vorabend der Reichsgründung reicht zur Antwort nicht aus. Denn das Problem der Großmacht ohne Staatsidee ist älter – und deshalb in Wahrheit noch auswegloser, als es nur im Blick auf die Reichsgründung sich darstellt. Es ist preußisch, und es wird von Preußen seiner deutschen Gründung nur vererbt. Es gehört dabei zu Preußen nicht erst um die Mitte des 19. Jahrhunderts, sondern seinem Wesen nach, von Anfang an, auch oder gerade in seiner »klassischen« Zeit im 18. Jahrhundert. Nur macht es sich erst im 19. Jahrhundert als Problem bemerkbar.

Der Sachverhalt ist dadurch überdeckt worden, daß die borussische Geschichtsschreibung Preußen im Nachhinein eine »Idee«, das heißt eine deutsche Mission angedichtet hat. Doch diese Mission gab es nicht. Im Gegenteil: Preußen wuchs heran, arbeitete und kämpfte sich empor im Zerfallsprozeß des alten Reiches, den es mit seinen Kriegen gegen Österreich noch beförderte. Bedeutsam genug war sein Königtum, das ihm den Namen gab, außerhalb der alten Reichsgrenzen angesiedelt. Zugleich war Preußen kein »natürliches«, allmählich arrondiertes Stammesland, sondern ein seltsam zerrissenes, durch und durch künstliches, durch Erbschaften und im Krieg zusammengebrachtes Gebilde.

Diese Künstlichkeit erwies sich als ebenso belastend wie als nützlich. Preußen konnte eigentlich nur zerfallen oder als moderner Verwaltungs- und Militärstaat bestehen. So gewann es im Kampf um seine Durchsetzung und Behauptung im Vergleich zu anderen Territorien eine überlegene Organisationsqualität und Leistungstüchtigkeit.

Der Vorteil zeigt sich schon im Kampf gegen die Macht der Stände, die auf dem Wege zum modernen Staat überall erst gebrochen werden mußte. In Preußen gab es zwar seit der Reformation keine Eigenmacht der Kirche mehr, und die Städte waren spätestens seit dem Dreißigjährigen Krieg in Ohnmacht, Überschuldung und Mißwirtschaft versunken.

Aber es gab den Adel. In manchen Gebieten – zum Beispiel in Hannover und in Mecklenburg – hat er die Entwicklung moderner Staatsqualitäten erfolgreich verhindert, in Mecklenburg bis 1918. Polen ist an seiner Adelsherrschaft zugrunde gegangen. Auch die brandenburgischen Kurfürsten und noch die preußischen Könige bis hin zu Friedrich Wilhelm I. mußten sich mit den Ansprüchen ihrer Landstände mit wechselndem Erfolg herumschlagen. Doch es kam ihnen schließlich zugute, daß sie es mit vielen und verschiedenartigen Territorien und damit Landständen zu tun hatten. Diese standen ihnen isoliert gegenüber und konnten so nacheinander und je für sich von der zusammengefaßten fürstlich-staatlichen Macht überwältigt und unterworfen werden, bis sie in den Dienst des Gesamtstaates gezogen wurden, der ihnen dafür ihre materiellen Interessen garantierte.

Aber was war der Sinn, das Ziel des preußischen Staates? Worin bestand *seine Idee?* Man findet keine Antwort, denn es gab keine. Oder vielleicht sollte man sagen: Preußen, symbolisiert in seinen schwarzweißen Farben der Farblosigkeit, glich einem schwarzen Rappen oder einem weißen Schimmel; es war das Land gewissermaßen der *tautologischen Staatsidee.* Der Sinn des Staates war der Staat. Wie Erich Kaufmann es am Vorabend des Ersten Weltkrieges so neudeutsch wie altpreußisch formuliert hat: Der Zweck des Staates ist es, sich in die Weltgeschichte »einzufädeln«, an ihr teilzunehmen und in ihr sich zu behaupten – ein Zweck, »über dem ein höherer irdischer Zweck nicht gedacht werden kann«.[19]

Natürlich spricht dies nicht gegen ein Staatsethos und gegen die Entwicklung ausgeprägter Tugenden. Denn gerade ein Staat, der sich als höchsten irdischen Zweck setzt, fordert wie kein anderer die spezifischen Tugenden, die wir im Rückblick als »preußisch« empfinden: Hingabe an die Sache, an den Dienst, Pflichterfüllung, Leistung.

Gewiß haben sich solche Tugenden auch in Preußen nicht unvermischt durchgesetzt; Legendenbildung hat vieles verklärt. Immer wirkt Menschlich-Allzumenschliches in die Idealität hinein: Ehrgeiz und Ruhmsucht, Machtstreben, der Kampf um Ansehen und um materielle Vorteile und Sicherungen. Schon auf dem Gipfel alles Preußischen ist viel davon zu finden; Friedrich der Große schreibt am 27. April 1745 an seinen Minister, den Grafen Podewils: »Es ist mein Stolz, daß ich mehr als irgendeiner meiner Vorfahren für die Größe meines Hauses getan habe, daß ich unter den gekrönten Häuptern Europas eine bedeutende Rolle gespielt habe; mich darin zu behaupten, ist sozusagen meine persönliche Pflicht, die ich erfüllen werde, und koste es mich Glück und Leben.«[20] Wie erst sollte da der »kleine Mann« in des Königs Rock im Zeichen des *suum cuique* nicht auch an das Seine gedacht haben?

Behördenwillkür und parteiische Richter hat es in Preußen wie überall gegeben – und von der Arroganz des Militärs und der Beamten gegenüber dem gewöhnlichen Bürger wohl noch mehr als üblich. »Auch kann«, wie Augstein sagt, »die Unbestechlichkeit zur Zeit der beiden Soldatenkönige noch nicht recht im Schwange gewesen sein, bestechlicher als der Hof Friedrich Wilhelms I. war kaum ein anderer; aber das unablässige Visitieren, eher noch die Legende davon, mag wirklich in die Zukunft gewirkt haben.«[21] In der Tat: Es gibt so etwas wie die faktische Kraft des Normativen. Daß nicht nur Korruption als ehrlos gebrandmarkt wurde, sondern daß schon die bloße Nachlässigkeit, jeder Mangel an Genauigkeit, Promptheit, Pünktlichkeit als Pflichtvergessenheit erschien: eben dies markiert das einzigartige Ethos Preußens und hat das karge Land groß gemacht.

Das *Problem* der preußischen Tugenden ist denn auch nicht im Allzumenschlichen angesiedelt, das eher noch Über- und Unmenschliches ins Humane abmildert. Sondern dieses Problem hat damit zu tun, daß die Tugenden – wie der Staat, dem sie dienen – keinen höheren Zweck, keine »Idee«, kein letztes Maß haben. Sie werden ganz von »oben«, von der Staatsspitze aus dirigiert. Alles kommt deshalb darauf an, wozu sie gebraucht – oder mißbraucht werden. Weil es sich um Tugenden des Mittels und nicht des Zwecks, also um rein instrumentale Tugenden handelt, könnte man auch von einer *Hypertrophie der sekundären Tugenden* sprechen. Genau darin liegt die Gefahr: nicht in der Korruption, sondern in blinder Perfektion.

Sebastian Haffner hat die Tugenden so beschrieben: »Pflichterfüllung wurde in Preußen das erste und oberste Gebot und zugleich die ganze Rechtfertigungslehre: Wer seine Pflicht tat, sündigte nicht, mochte er tun, was er wollte. Ein zweites Gebot war, gegen sich selbst gefälligst nicht wehleidig zu sein; und ein drittes, schon schwächeres, sich gegen seine Mitmenschen – vielleicht nicht geradezu gut, das wäre übertrieben, aber: anständig zu verhalten. Die Pflicht gegen den Staat kam zuerst. Mit diesem Religionsersatz ließ sich leben, und sogar ordentlich und anständig leben – solange der Staat, dem man diente, ordentlich und anständig blieb. Die Grenzen und Gefahren der preußischen Pflichtreligion haben sich erst unter Hitler gezeigt.«[22]

Aber da war es natürlich zu spät. Da hätte, wenn er gelungen wäre, allenfalls noch der verzweifelte Trick der Preußen des 20. Juli 1944 helfen können: den »Führer« zu töten und damit den Adressaten des Diensteides auszuwechseln, um so die gehorsame Pflichterfüllung der Feldmarschälle, Soldaten und Beamten, eines ganzen Volkes in eine andere, wieder »anständige« Richtung zu dirigieren.

Darauf, nur Befehlen zu folgen, also ihre Pflicht zu tun, also nicht zu sündigen, keines Verbrechens schuldig zu werden und das Gewissen nicht zu belasten: darauf konnten sich auch die Schergen und Helfershelfer des Dritten Reiches berufen, die die Mordmaschine in den Vernichtungslagern des SS-Staates bedienten oder belieferten. Darauf haben sie sich berufen. Die äußerste Perversion – oder Konsequenz? – einer verblendeten, blinden Tugend der Pflichterfüllung selbst noch in der Ausrottung der Juden hat Heinrich Himmler in seiner Rede vor SS-Führern am 4. Oktober 1943 in Posen ins Wort gefaßt: »Von Euch werden die meisten wissen, was es heißt, wenn 100 Leichen beisammen liegen, wenn 500 daliegen oder wenn 1000 daliegen. Dies durchgehalten zu haben und dabei – abgesehen von Ausnahmen menschlicher Schwächen – *anständig* geblieben zu sein, das hat uns hart gemacht. Dies ist ein niemals geschriebenes und niemals zu schreibendes Ruhmesblatt unserer Geschichte.«[23]

Nichts wäre freilich abwegiger, als jene Gleichsetzung von Preußentum und Nationalsozialismus, wie sie von außen her während des Zweiten Weltkrieges und in der Nachkriegszeit häufig versucht worden ist.[24] Preußen war ganz und gar *Staat*; Friedrich Wilhelm I., Preußens »größter innerer König«, Friedrich der Große und der Staatsmann Bismarck sind nicht die Vorläufer des *Staatszerstörers* Hitler, des Herrschers im Chaos.

Diese auf Staatszerstörung gerichtete negative Qualität Hitlers hat vor allem Haffner präzise herausgearbeitet: »Er wollte nicht der erste Diener seines Staates sein, sondern Der Führer – ein absoluter Herr; und er erkannte richtig, daß absolute Herrschaft nicht in einem intakten Staatswesen möglich ist, sondern nur in einem gebändigten Chaos. Deswegen ersetzte er von Anfang an den Staat durch ein Chaos... Das Deutsche Reich mußte aufhören, Staat zu sein, um ganz Eroberungsinstrument werden zu können. Es gibt in dieser Hinsicht keinen größeren Gegensatz als den zwischen Hitler und Bismarck.«[25]

Die Kargheit und Nüchternheit Preußens steht ohnehin in jedem nur denkbaren Gegensatz zur Pomp- und Rauschhaftigkeit, zur Theatralik, Ideologiebesessenheit und unaufhörlichen Selbstfeier der Nationalsozialisten. Deshalb kann man den 20. Juli 1944 eine letzte, ehrenvolle und tragische Verzweiflungstat aus preußischem Erbe nennen, während der »Tag von Potsdam« am 21. März 1933 pures Schmierentheater war. Der Kontrast läßt sich sogar mit Zahlen belegen: Von den 500 ranghöchsten Nationalsozialisten und SS-

Führern stammten nur 17, also 3,4 Prozent, aus Preußen. Nach der statistischen Wahrscheinlichkeit, gemessen am Bevölkerungsanteil Preußens am Deutschen
Reich, hätten es aber 328, also fast zwei Drittel sein
müssen. Bayern, Österreicher und Auslandsdeutsche
waren dagegen weit überrepräsentiert. Auch die Na-
mensgebungen für die zahlreichen SS-Divisionen spiegeln den Sachverhalt; keine einzige erinnert an
Preußen.[26]

Das eigentliche Problem liegt tiefer. In der
Gleichsetzung von Preußentum und Nationalsozialismus wird es eher verwischt, als daß es sich preisgibt. Um
es aufzuspüren, muß man zurückkehren zur Großmacht
ohne Staatsidee.

Sie mochte im 18. Jahrhundert plausibel
genug sein. In gewissem Sinne waren ja alle absolutistischen Staaten »künstlich«: Machtgebilde, die die jeweils eingesessene Bevölkerung überlagerten, ohne
sich um Nationalität oder sonstige »natürliche« Bindungen viel zu kümmern. Ländereien konnten fast
beliebig ererbt oder erheiratet, erkämpft und getauscht
werden. Österreich regierte die »Österreichischen Niederlande«, das heutige Belgien, reichte tief nach Italien
und in den Balkan hinein; Sachsen war durch Personal-
union mit Polen verbunden, Hannover mit England,
Schleswig-Holstein mit Dänemark; Vorpommern ge-
hörte zu Schweden. Entsprechend leicht wechselten
hohe Beamte und vor allem adlige Offiziere Herren und
Heere; Preußen hat davon bis ins 19. Jahrhundert hinein profitiert. Noch Bismarck berichtet in seinen »Gedanken und Erinnerungen«[27] ganz geschäftsmäßig von
Berufungsverhandlungen als Minister ins »Ausland« –
ausgerechnet nach Hannover –, die sich allerdings zer-
schlugen.[28]

Mit anderen Worten: Der absolutistische
Staat kennt Staatsdiener und Untertanen, aber im modernen Sinne keine Staats-*Bürger*. Er kann die politische Aktivierung seiner Bevölkerung weder herbeifüh-
ren, noch überhaupt wünschen. Die militärischen Orga-
nisationsformen und die Eigenart der Kriegsführung

bringen dies nur besonders markant zum Ausdruck. Kriege waren Sache der Kabinette, der Fürsten und ihrer Berufsarmeen; im Idealfall sollte, wie Friedrich der Große sagte[29], der friedliche Bürger gar nicht merken, wenn der Soldat sich im Felde schlug. Tatsächlich machte es für die Bewohner Schlesiens nicht sehr viel aus, ob sie Untertanen Maria Theresias blieben oder dem König von Preußen unterstellt wurden, und die ostpreußischen Stände huldigten im Siebenjährigen Krieg ohne spürbare Skrupel und ohne tiefe Eingriffe in ihre Lebensverhältnisse der Besatzungsmacht, das heißt der Zarin. So entsprach es auch nur den Prinzipien des alten Staates, wenn der Minister Graf von der Schulenburg-Kehnert drei Tage nach der Schlacht bei Jena in Berlin durch Anschlag verkündete: »Der König hat eine Bataille verloren. Jetzt ist Ruhe die erste Bürgerpflicht. Ich fordere die Bewohner Berlins dazu auf. Der König und seine Brüder leben!«

Der schmähliche Zusammenbruch Preußens zeigte freilich, wie wenig das ancien régime einer neuen Zeit gewachsen war. Erst recht gilt dies für eine Regierungspraxis, die in dem geflügelten Wort vom »beschränkten Untertanenverstand« ihren plastischen Ausdruck fand. Das Wort geht auf ein Schreiben des preußischen Innenministers von Rochow aus dem Jahre 1838 zurück, nachdem die Bürger Elbings durch eine Grußadresse die »Göttinger Sieben« geehrt hatten: die aufrechten Professoren, die gegen den Verfassungsbruch in Hannover protestierten und entlassen wurden.[30] Wörtlich heißt es in der ministeriellen Mahnung: »Es ziemt dem Untertanen, seinem König und Landesherrn schuldigen Gehorsam zu leisten . . ., aber es ziemt ihm nicht, die Handlungen des Staatsoberhauptes an den Maßstab seiner beschränkten Einsicht anzulegen und sich in dünkelhaftem Übermute ein öffentliches Urteil über die Rechtmäßigkeit derselben anzumaßen.« Die Quittung für eine solche Auffassung von der Obrigkeit und vom Untertanen erhielt Preußen zehn Jahre später, in der Revolution von 1848.

Aber im Grunde hatten die preußischen

Schwierigkeiten schon viel früher begonnen, nämlich mit der geschichtlichen Wendemarke der großen bürgerlichen Revolution von 1789. Bis zu diesem Zeitpunkt brauchte der absolutistische Staat nicht nur keine Staatsidee, sondern es war sogar sein Vorteil, keine zu haben und sich aus allen traditionellen Bindungen zu emanzipieren, seien sie nun kirchlicher, ständischer oder stammesmäßiger Art – oder schon Vorboten des Nationalismus. Weil Preußen sich von alledem freimachte, weil es weit mehr noch als alle seine Konkurrenten ein Kunstgebilde war, eben darum konnte es besonders modern und leistungstüchtig sich entwickeln.

Doch Preußens Modernität war die seiner Staats-Maschine; heute würden wir sie technokratisch nennen. Sie blieb vor- oder unpolitisch in dem Sinne, daß sie den Bürger als Untertanen ausschloß. Als nun die Versammlung der Stände in Frankreich sich zur Nationalversammlung »umfunktionierte« und die Menschen- und Bürgerrechte proklamierte, da änderten sich auf einmal die Vorzeichen. Von nun an geht es um die »Verschränkung von Staat und Gesellschaft«; es geht um die Aktivierung der Massen und ihre Integration in das politische Handlungssystem: Der *Staats-Bürger* tritt auf den Plan.

Niemand hat den Sachverhalt so eindringlich geschildert wie Lorenz von Stein in seiner »Geschichte der sozialen Bewegung in Frankreich von 1789 bis auf unsere Tage«: »Nun trug die Französische Revolution, über die Grenzen aller Hoffnungen hinausgehend, den Gedanken einer neuen gesellschaftlichen Ordnung in die Völker hinein. Die Begeisterung war groß, mit der man den Sieg dieses Gedankens begrüßte. Die übrigen Staaten fühlten, daß auch in ihnen die Elemente einer neuen Gesellschaft vorhanden und mächtig seien, daß der Kampf derselben heranrückte gegen Privilegium und Absolutismus zugleich... Es ward plötzlich klar, daß es neben dem System des politischen Gleichgewichts noch ein zweites, vielleicht viel mächtigeres Band, eine gewaltigere Solidarität in dem ganzen neueren Leben der Völker gebe: die

Gleichartigkeit der Gesellschaft in der europäisch-germanischen Welt.« Und so nahm das Vierteljahrhundert der Kriege, das auf 1789 folgte, zugleich und unvermeidbar die Züge eines internationalen Bürger-Krieges an. Und dies von Anbeginn: »Es war kein Krieg gegen Frankreich, den Staat, noch weniger gegen den König; es war der erste europäische Krieg der organisierten, zum Bewußtsein gekommenen feudalen Gesellschaft gegen die kaum entstandene staatsbürgerliche Ordnung.«[31]

Preußen, 1806/7 bis in die Grundfesten erschüttert, gewinnt durch seine inneren Reformen die Kraft, die ihm in wenigen Jahren zu neuem und glanzvollem Aufstieg verhilft. Doch der Sieg über das napoleonische Frankreich wird zum Sieg der Restauration, eines im Grunde doch wieder nur technisch modernisierten Obrigkeitsstaates. Spätestens 1819, mit der Übernahme der Karlsbader Beschlüsse und dem Sturz der Reformer Humboldt und Boyen, ist dies entschieden.[32]

Entschieden war damit zugleich, daß Preußen in die Ausweglosigkeit der Großmacht ohne Staatsidee geriet. Denn die Frage nach der politischen Praxis staatsbürgerlicher Mitbestimmung und nach der dafür tauglichen »Integrationsideologie« blieb ja gestellt. Je weiter die wirtschaftliche und gesellschaftliche Entwicklung vorankam, um so weniger konnte die alte, absolute Grenzlinie zwischen dem Staat als dem Monopolisten der Macht und einer unpolitischen Gesellschaft von Untertanen genügen.

Preußen windet sich, es sucht Auswege. Es wird fromm. Die vordergründige Vollendung eines protestantischen Staatskirchentums in der Union von 1817, die pietistische Erweckungsbewegung, ein christlicher Glaubensernst nicht nur bei den Brüdern Gerlach, Stahls Staatsgemälde eines christlich-sittlichen Reiches: in alledem steckt nicht nur, aber doch auch und wesentlich der fast schon verzweifelte Versuch, dem Staat eine integrationskräftige Staatsidee zu schaffen. Haffner spricht treffend vom »verspäteten Wunsch eines Kunststaats, sich um der Staatsraison willen eine Seele zu geben«, und nennt ihn »seltsam ergreifend«.[33]

Doch es war vor allem ein Versuch am untauglichen Objekt. Frömmigkeit eignete sich nicht zur politischen Aktivierung des modernen Staatsbürgers, sondern würdigte den Glauben nur zu einer zweckbestimmten Ideologie herab, deren konservativer Hintersinn ohnehin überdeutlich war. So hat in seinem Ergebnis das »Bündnis von Thron und Altar« wesentlich zur Säkularisation des preußischen Protestantismus beigetragen; es hat große Teile zunächst des Bürgertums und dann der Arbeiterschaft der Kirche entfremdet. Am Ende blieb dann doch nur der Bismarcksche Ausweg: Die Flucht nach vorn zum Nationalstaat und in den Nationalismus. Aber Preußen hat dabei seiner Gründung die eigenen Probleme vererbt. Das hat sich vielfach und bitter gerächt.

Rache für Sadowa

Der Romantiker auf dem preußischen Thron, Friedrich Wilhelm IV., empfing am 19. November 1842 den jungen Freiheitsdichter Georg Herwegh mit den Worten: »Ich liebe eine gesinnungsvolle Opposition.« Bei dieser Liebe ist es nicht geblieben. Herwegh erwies sich nicht bloß mit der Feder als ein Vorkämpfer der Revolution von 1848, und so mußte er viele Jahre seines Lebens in der Emigration verbringen. Was er sich aber im Gegensatz zu vielen anderen bewahrte, als Antipode und dennoch Verwandter Ernst Ludwig von Gerlachs, war seine gesinnungsvolle Opposition. Daher schrieb er 1871 sein vielleicht bitterstes Gedicht, »Epilog zum Krieg« – einen Epilog auch auf die Vergeblichkeit des eigenen Lebenskampfes:

Germania, der Sieg ist dein!
Die Fahnen wehn, die Glocken klingen,
Elsaß ist dein und Lotharingen;
Du sprichst: »Jetzt muß der Bau gelingen,
Bald holen wir den letzten Stein.«

Gestützt auf deines Schwertes Knauf,
Lobst du in frommen Telegrammen
Den Herrn, von dem die Herren stammen,
Und aus Zerstörung, Tod und Flammen
Steigt heiß dein Dank zum Himmel auf.

Nach vierundzwanzig Schlachten liegt
Der Feind am Boden, überwunden;
Bis in die Stadt voll Blut und Wunden,
Die keinen Retterarm gefunden,
Brichst du dir Bahn – du hast gesiegt!

Schwarz, weiß und rot! Um ein Panier
Vereinigt stehen Süd und Norden;
Du bist im ruhmgekrönten Morden

Das erste Land der Welt geworden:
Germania, mir graut vor dir!

Mir graut vor dir, ich glaube fast,
Daß du, in argen Wahn versunken,
Mit falscher Größe suchst zu prunken,
Und daß du, gottesgnadentrunken,
Das Menschenrecht vergessen hast.

Schon lenkt ein Kaiser dich am Zaum,
Ein strammer, strenger Zepterhalter.
Hofbarden singen ihre Psalter
Dem auferstandnen Mittelalter,
Und 89 wird ein Traum.

Ein Traum! Du sahst, wie Frankreich fiel
Durch einen Cäsar, sahst die Sühne
Vollzogen auf der Schreckensbühne –
Deutschland, gedeihe, wachse, grüne
Geläutert durch dies Trauerspiel!

Wer mochte auf so etwas in der Stunde des preußisch-
deutschen Triumphes schon hören? Doch die »Rache
für Sadowa« – Schlachtruf französischer Chauvinisten
nach Königgrätz[1] – kam zwar anders und später, als
diejenigen es sich vorstellten, die sie herbeiwünschten.
Aber sie kam; die Folgen der verspäteten preußischen
Antwort auf die Herausforderung von 1789 lassen sich
unter fünf Gesichtspunkten beschreiben.

Zunächst einmal wurde Preußen selbst betroffen. Weil es keine »Idee« hatte, konnte es dem
deutschen Nationalismus nichts entgegensetzen, und so
wurde es von ihm gleichsam aufgesaugt und schließlich
ausgelöscht. Gewiß: Es gab eine Art von Opposition.
Unter Konservativen lief schon bald nach 1871 der Satz
um: »Der Bismarck ruiniert uns noch den ganzen preußischen Staat, das Reich bekommt Preußen nicht.«[2]
Aber diese murrende Reichsverdrossenheit blieb un-
fruchtbar und ohnmächtig, bloße Reaktion; praktisch
taugte sie nur dazu, im preußisch-deutschen Behörden-

zwiespalt Reibungsverluste zu erzeugen und vor allem überfällige Reformen – wie des preußischen Dreiklassenwahlrechts – zu verhindern. Dadurch wurde mittelbar auch das Reich schwer belastet.[3]

Man hat immer gesehen, daß die altehrwürdige Donaumonarchie der Habsburger vom modernen Nationalismus bedroht, gelähmt und schließlich – wohl unvermeidbar – zerstört wurde. Daß es dem Rivalen Österreichs ganz ähnlich erging, ist viel weniger beachtet worden, wahrscheinlich deshalb, weil die »siegesdeutsche« Geschichtsschreibung von Preußens deutscher Mission schwärmte. Tatsächlich aber wurde auch Preußen zum Opfer des Nationalismus – mit Österreich verglichen allerdings sozusagen in umgekehrter Richtung: Gegen Österreich hat der Nationalismus zentrifugal gewirkt, gegen Preußen dagegen zentripetal.

Zweitens: Wie zu zeigen war, beruhte die Einigung des alten Obrigkeitsstaates mit der bürgerlichen Bewegung auf dem beiderseitigen »realistischen« Verzicht darauf, noch weiterhin »Ideenpolitik« zu betreiben. Damit blieb aber als Inhalt des Nationalbewußtseins einerseits nur der *Machtgedanke*, das Bild vom starken Staat im Glanz seiner schimmernden Wehr: eines Staates, der dann in der wilhelminischen Epoche sich unklar und ziellos genug seinem »Weltmacht«-Streben anheimgab. Andererseits blieb der Gedanke an deutsche Eigenart, die im Grunde ganz unpolitische Vorstellung von der *Kulturnation*. Sie mochte sich wunderlich und wohl auch harmlos genug ausnehmen, wenn sie in rückwärtsgewandter Romantik etwa das neudeutsche mit dem mittelalterlichen Kaisertum verknüpfte und dabei Bilder – einschließlich der Standbilder – von immerwährender deutscher Treue und Größe entwarf. Aber diese unpolitische Romantik war doch alles andere als politisch unschuldig.[4]

Denn mit ihr kam in den deutschen Nationalismus jener fatal partikularistische, antiuniversalistische, also antihumanistische Zug hinein, der das neue Reich von den älteren westlichen Nationen prinzipiell unterschied. Schon 1836 hat Heinrich Heine in seiner

Schrift »Die romantische Schule« den Sachverhalt ahnungsvoll beschrieben: »Der Patriotismus des Deutschen besteht darin, daß sein Herz enger wird, daß es sich zusammenzieht wie Leder in der Kälte, daß er das Fremdländische haßt, daß er nicht mehr Weltbürger, nicht mehr Europäer, sondern nur ein enger Deutscher sein wolle. Da sahen wir nun das idealische Flegeltum, das Herr Jahn in System gebracht; es begann die schäbige, plumpe, ungewaschene Opposition gegen eine Gesinnung, die eben das Herrlichste und Heiligste ist, was Deutschland hervorgebracht hat, nämlich gegen jene Humanität, gegen jene allgemeine Menschenverbrüderung, gegen jenen Kosmopolitismus, dem unsere großen Geister, Lessing, Herder, Schiller, Goethe, Jean Paul, dem alle Gebildeten in Deutschland immer gehuldigt haben.«

Drittens: Das Fehlen angemessener und tragfähiger politischer Prinzipien verführte dazu, das Nationale an der Sprache und anderen angeblich »natürlichen« Merkmalen festzumachen. Einer verhängnisvollen *Naturalisierung des geschichtlichen Denkens* wurde damit der Weg bereitet. Vor den Konsequenzen hat schon während des deutsch-französischen Krieges von 1870/71, als es darum ging, das Elsaß und Lothringen unter Berufung auf eine alte ethnische Zugehörigkeit von Frankreich loszureißen, der französische Gelehrte und Schriftsteller Ernst Renan seinen deutschen Briefpartner David Friedrich Strauß gewarnt:

»Ihr (Deutschen) habt an Stelle der liberalen Politik das Banner archäologischer und ethnographischer Politik entfaltet; diese Politik wird euch zum Verhängnis werden. Die vergleichende Philosophie, die ihr geschaffen und zu Unrecht auf das Feld der Politik übertragen habt, wird euch übel mitspielen. Die Slawen werden sich dafür begeistern; ... wie könnt ihr glauben, die Slawen würden euch nicht zufügen, was ihr andern antut? ... Wenn eines Tages die Slawen Anspruch auf das eigentliche Preußen, auf Pommern, Schlesien und Berlin erheben werden, und zwar deswegen, weil alle diese Namen slawischen Ursprungs sind, wenn sie an

Elbe und an Oder das tun, was ihr an der Mosel getan habt, wenn sie auf der Karte den Finger auf die wendischen oder obotritischen Dörfer legen, was werdet ihr dann zu sagen haben? Nation ist nicht gleich Rasse.«[5]

Aber wie die Vorverlegung der Reichsgrenze nach Westen den dauernden Revanchismus Frankreichs heraufbeschwören mußte und wie man gar nicht verstand, daß auch im Elsaß die Errungenschaften von 1789 entgegen der stammesmäßigen Herkunft über das nationale Zugehörigkeitsgefühl entschieden hatten, so führte der deutsche Nationalismus zu einer verhärteten Haltung gegenüber der polnischen Bevölkerung in den Ostprovinzen.

Das vornationale Preußen hatte vergleichsweise tolerant sein können. In einem Reskript des Kultusministers Altenstein an die Regierung von Posen vom 23. Dezember 1822 hieß es: »Religion und Muttersprache sind die höchsten Heiligtümer einer Nation, in denen ihre ganze Gesinnung und Begriffsweise begründet sind. Eine Obrigkeit, die diese anerkennt, achtet und schützt, darf sicher sein, die Herzen der Untertanen zu gewinnen; welche sich aber gleichgültig dagegen zeigt oder gar Angriffe darauf erlaubt, die erbittert und entwürdigt die Nation und erschafft sich ungetreue und schlechte Untertanen.«

In den dreißiger Jahren kamen zwar unter dem Oberpräsidenten Flottwell in Posen und unter Schön in Westpreußen Germanisierungstendenzen auf. Aber 1842 verfügte ein Schulregulativ erneut die polnische Unterrichtssprache in den überwiegend polnischen Gebieten.

Damit war es seit der Reichsgründung vorbei. 1872 kam es zur Einführung des Deutschen als der alleinigen Unterrichts-, Amts- und Geschäftssprache; 1876 wurde sogar der deutsche Religionsunterricht für Kinder mit polnischer Muttersprache angeordnet – und polnischer Privatunterricht mit Gefängnisstrafen bedroht und verfolgt. Schon 1866 hatte es ein Ansiedlungsgesetz gegeben; 1894 kam es zur Gründung des Ostmarkenvereins; 1908 folgte zur »Sicherung des gefährdeten Deutschtums« ein Gesetz zur möglichen Enteignung polnischen Grundbesitzes. Alles dies geschah unter national-liberalen Vorzeichen, durchaus zum Unbehagen der altpreußischen Konservativen.[6] Und verständlich genug erklärte der Sprecher der polnischen Fraktion in der 9. Sitzung des Parlaments der Reichsgründung von 1871, daß die Polen viel lieber Preußen bleiben als Angehörige des neuen Reiches werden wollten.

Doch was half es? Der deutsche Nationalismus, unsicher und doppelsinnig bodenlos wie er war, erwies sich als stärker. Und wie deshalb aus der Niederlage des Ersten Weltkriegs vom Gedanken des Machtstaates her nur der Schluß gezogen werden konnte, den starken Staat noch zu verstärken, ja ihn »total« zu machen, so ging es unter dem Banner archäologischer und ethnographischer Politik darum, die Naturalisierung der Geschichte perfekt und total zu machen. Schließlich schlug »die Stunde der autoritären Biologie«[7]. Wohin das schließlich führte, soll ein Zitat anschaulich machen. Es stammt keineswegs von einem primitiven Vertreter des nationalsozialistischen Rassenwahns, sondern von einem angesehenen, auch nach 1945 durchaus anerkannten Gelehrten, von Hans Freyer:

»In den Gesichtern der Großväter erkennen wir das eigene Gesicht. Sind hundert Generationen so viel mehr als drei? Vor dem ewigen Willen des Blutes ist der Unterschied klein. Der Bauer hinter dem gegenwärtigen Pflug, der Soldat unter dem modernen Stahlhelm ist Holz vom Stamme der Ostfahrer, der Völkerwanderer und des Teutoburger Waldes. In den Gesichtern der Kinder erwacht, neu aufgerüttelt, die eigene Art. Ihr Aufbruch war das alte, ihr Aufbruch ist das neue Reich. Ein dichtgeflochtenes, wurzelhaftes Leben, eins mit vielen, breitet sich durch den Raum der Jahrtausende. Durch die Namen und Gestalten, die die geschriebene Geschichte erfüllen, fließt es nur hindurch, wird in ihnen geläutert und veredelt, erscheint manchmal in einer symbolischen Figur, die dann ein

Meister als Bild in irgendeinem Dom festhält, doch ins Namenlose zurücksinkend bleibt es zum Unendlichen bereit. – Aufgeklärte Jahrhunderte, die in ihren eigenen Fortschritt verschossen sind, trennen sich von ihm ab, mit dem Erfolg, daß sie verdorren. Aber wie klein erscheinen sie, wie klein erscheint sogar ihr Zusammenbruch bereits den Enkeln! Groß sind nur die Zeiten, deren Sinnen und Trachten an das zeitlose Wesen angeschlossen sind. In ihnen erwacht, abseits aller Forschung, ein Wissen um die Macht der Wurzeln. Doch vor allem die Wurzeln selbst erwachen zu einem neuen Frühling. Sie geben wieder unmittelbare Geschichte aus sich her. Das unbekannte Volk steht auf und sagt ein politisches Ja. Aus den alten Säften wächst, noch einmal, eine Epoche, die Sinn hat. Ihre Irrtümer wiegen leicht. Ihr Umsturz ist, so hart er zugreift, ohne Willkür. Zukunft liegt über dem Heute, weil sie eine Wandlung des Ewigen ist. Die Menschen glauben, schreiten aus, blicken vorwärts, und zwischen ihnen reitet, ungesehen, der Reiter aus Bamberg.«[8]

Die Gleichnisse von den Wurzeln und vom Holze, diese grotesken Bilder einer völkischen Forstwirtschaft, kommen kaum von ungefähr. Denn ein Nationalismus ohne tragfähige politische Prinzipien muß seine abgründige Unsicherheit kompensieren, indem er den einzelnen unwiderruflich auf die »Gemeinschaft« festlegt. Weil aber der Mensch durch das Unfestlegbare, Vermittelte, Unausschöpfliche seiner Möglichkeiten gekennzeichnet ist, weil er, mit Max Scheler zu reden, ein prinzipieller »Neinsagenkönner« ist, darum muß man in un- und untermenschliche Bezirke hinabsteigen, in die keine Freiheit mehr leuchtet und in denen sich dann auch die praktizierte völkische Forstwirtschaft abspielte. Es kommt so zu einer – folgerichtigen – Umkehrung der Humanitätsidee: Nicht das Individuum ist wertvoll und wesentlich, sondern einzig das Arteigene, das Individuum nur in seiner Teilhabe, als bloßer Ausdruck übergreifender Substanz. Der einzelne kann daher bedenkenlos geopfert werden für das, was man jeweils zum Wesen oder zur Substanz erklärt –

zu schweigen von jenem Menschentum, das angeblich an der Substanz keinen Anteil hat und daher nicht einmal des Opfers, sondern allein der Vernichtung wert ist, sobald sachliche Erwägungen oder Wahnvorstellungen diese Vernichtung als vorteilhaft erscheinen lassen.

Viertens: Daß die Reichsgründung innenpolitisch auf der Ausklammerung, Verdrängung des Grundsatzkonflikts zwischen dem alten Staat und der bürgerlichen Fortschrittsbewegung beruhte, forderte noch auf andere Weise einen hohen und am Ende tödlichen Preis. Denn ihn wieder aufleben zu lassen, hätte, wie es von der Ausgangslage her sich darstellte, die nationale Einheit selbst bedroht. Deshalb konnte, ja durfte das Reich auch im nachhinein kein gesellschaftlich-ideelles Profil gewinnen.

Fortan standen also innenpolitische Gegensätze und Konflikte immer in der Gefahr, zu nationalen übersteigert und verfälscht zu werden. Vor allem konnte jeder Versuch, den konstitutionellen Kompromiß in Richtung auf progressive Parlamentarisierung und Demokratisierung zu verändern, als nationaler Verrat diffamiert und die giftig-vergiftende Waffe der »Reichsfeindschaft« nahezu beliebig zur repressiven Abfuhr der untergründig fortdauernden Spannungen eingesetzt werden. Denn nur so ließ sich zusammenschmieden und zusammenhalten, was Ralf Dahrendorf das *Kartell der Angst* deutscher Führungseliten genannt hat[9]: ein Kartell der Beharrung beim einmal Erreichten und dann verbissen Verteidigten, der insgeheim von Panik erfüllten Immobilität, das jede nüchterne Austragung von Interessenkonflikten blockierte. Es hatte zur Konsequenz, daß unabweisbare Veränderungen schließlich nur noch durch den katastrophenartigen Zusammenbruch des erstarrten Gesamtsystems bewirkt werden konnten.

Dafür hat die deutsche Geschichte im 20. Jahrhundert nur zu eindringlich den Beweis geliefert. Aber schon in der Entwicklung nach 1871 wird das Grundmuster deutlich. Bismarcks vorsichtig-defensive, auf Erhaltung des Friedens gerichtete Außenpolitik findet ihr Gegenstück nicht etwa in einer fortschrittlichen Innenpolitik, sondern, bei wechselnden Konstellationen, in der ständigen Verketzerung und Verfolgung angeblicher Reichsfeinde. Tritt der eine zurück oder wird er gar ins Kartell aufgenommen, so ist gleich der andere zur Hand; dem Kulturkampf folgt unmittelbar die Sozialistenverfolgung.

Der Kampf gegen die immer stärker werdende, politisch in der sozialdemokratischen Partei organisierte Arbeiterbewegung ist für die Blockierung fortschrittlicher Entwicklungen besonders charakteristisch. Symbolträchtig war sie bereits in der Reichsgründung selbst angelegt: »Der gesamte Braunschweiger Ausschuß sowie Bebel und Liebknecht, d. h. die Führer der sozialdemokratischen Partei, die seit Beginn ihrer politischen Tätigkeit für den nationalen Einheitsstaat gekämpft hatten, erlebten alle die Gründung des neuen Deutschen Reiches im Gefängnis. Sinnfälliger konnte kaum zum Ausdruck gebracht werden, daß der neue Staat, in dem das nationalliberale Bürgertum die Erfüllung seiner nationalen Hoffnungen verwirklicht sah, die Arbeiterbewegung und deren nationale Ziele in sein politisches Fundament weder integrieren konnte noch wollte.«[10]

Die Bismarcksche Sozialistenverfolgung von 1878 bis 1890 vollendete dann die beiderseitige Verhärtung der Fronten. Damit wurden zugleich alle Chancen für zeitgemäße Verfassungsreformen ruiniert. Die Anpassung des preußischen Wahlrechts an das Reichstagswahlrecht unterblieb, und zur Parlamentarisierung der Regierungsverantwortung kam es erst, als es zu spät und nichts mehr zu retten war: nur Tage vor dem Ende, am 28. Oktober 1918. Aber noch vor der Jahrhundertwende hat ein scharfäugiger ausländischer Beobachter, der jugendliche Bertrand Russell, die heraufziehenden Gefahren eindringlich geschildert. In seinem Buch über die deutsche Sozialdemokratie, das 1896 in London erschien, heißt es zusammenfassend:

»*Wenn* die Sozialdemokraten ihre kompromißlose Haltung aufgeben können, ohne dabei ihre

Stärke zu verlieren; *wenn* andere Parteien durch einen solchen Wandel zu einem versöhnlicheren Ton veranlaßt werden; und *wenn* ein Kaiser oder Kanzler an die Macht gelangte, der dem Fortschritt an Zivilisation oder Freiheit weniger unerbittlich ablehnend gegenüberstünde als Bismarck oder Wilhelm II. – wenn alle diese glücklichen Umstände zusammentreffen würden, dann könnte sich Deutschland, wie England, auf friedlichem Wege zu einer freien und zivilisierten Demokratie entwickeln. Wenn aber nicht, wenn die Regierung und die anderen Parteien mit ihrer bigotten Verfolgung fortfahren, dann gibt es kaum eine Kraft, die einem Machtzuwachs der Sozialdemokraten Einheit gebieten oder ihre kompromißlose Opposition mäßigen könnte... Für alle, die an Frieden und eine evolutionäre Entwicklung glauben, die eine friedliche Lösung für die gegenwärtig angespannte Gegnerschaft zwischen Arm und Reich in Deutschland wünschen, kann es nur eine einzige Hoffnung geben: daß die herrschende Klasse endlich ein gewisses Maß an politischer Einsicht, an Mut und Entgegenkommen zeigt. Sie hat nichts davon in der Vergangenheit und sehr wenig in der Gegenwart gezeigt; Angst aber könnte sie vielleicht eines Besseren belehren, oder vielleicht wachsen neue Männer mit einem besseren Geist heran. Aufhebung der Verfolgung, völlige und uneingeschränkte Demokratie, absolute Koalitions-, Rede- und Pressefreiheit – das allein könnte Deutschland retten, und das, so müssen wir inständig hoffen, werden die Herrscher Deutschlands gewähren, ehe es zu spät ist. Tun sie es nicht, so sind Krieg und eine Auslöschung des nationalen Lebens das nahezu unvermeidliche Schicksal des deutschen Kaiserreichs.«[11]

Was aber die Lage so aussichtslos machte und schließlich die von Russell befürchteten Konsequenzen eintreten ließ, war die Verfälschung des Klassenproblems zur nationalen Frage. Denn obwohl Arbeiterbewegung und Sozialdemokratie die nationale Einheit bejahten, bedrohten sie doch die nationale Einigungsformel, weil sie mit ihren Demokratisierungsbestrebungen den unausgetragenen, lediglich verdrängten Grundsatzkonflikt des 19. Jahrhunderts auf neuer Stufe wieder hervortreten ließen. Die Sozialdemokratie nahm ja eigentlich nur die alten Ideale der bürgerlichen Fortschrittsbewegung beim Wort und versuchte, sie politisch wie gesellschaftlich voll zu entwickeln. Genau damit aber denunzierten die Sozialdemokraten die Einigungsformel des Reiches als praktisch hinfällig. Und so wurden sie selbst so unberechtigt wie folgerichtig als »vaterlandslose Gesellen« denunziert. Sie wurden schließlich zu »Novemberverbrechern« und »Verrätern« gestempelt, als sie in der Weimarer Republik den endlich erreichten bürgerlichen Verfassungsstaat – zum Symbol erhoben und verächtlich gemacht in den bürgerlichen Farben von 1848 – gegen das aus seinen eigenen Positionen desertierte Bürgertum verteidigten, bis dann unter dem Beifall oder gar der Mitwirkung des Bürgertums die demokratische Ordnung in der sogenannten »nationalen Erhebung« von 1933 zerstört und die totale »Volksgemeinschaft« in Szene gesetzt wurde.

Mochte indessen die Sozialdemokratie der mörderischen Gegensatzkonstruktion von Nationalstaat und Demokratie zum Opfer fallen, so gab es doch kaum weniger eine Tragödie des deutschen Bürgertums. Sie verweist wiederum zurück auf die Weichenstellung der Reichsgründung. Denn mit ihr wurde die Selbstaufgabe der bürgerlichen Fortschrittsbewegung, wurde der fatale Bruch in ihrem politischen Selbstbewußtsein bereits besiegelt, auch wenn die Folgen erst später zutage traten. Diese innere Gebrochenheit hat das Bürgertum unfähig gemacht, der Arbeiterbewegung freiheitlich und fortschrittlich, auf dem Wege von Reformen statt mit Angst und Unterdrückung zu begegnen. Und sie führte zur Flucht in die »machtgeschützte Innerlichkeit«, zum starken Obrigkeitsstaat. Seither scheint das deutsche Bürgertum unfähig zu sein, in seinen jeweiligen Jugendbewegungen unter vordergründig wechselnden Vorzeichen etwas anderes hervorzubringen als – Selbsthaß. Daher war es auch völlig

vergeblich, wenn wenige Jahre vor der »Machtergreifung« Hermann Heller dem Bürgertum beschwörend
zurief, daß es sich selbst Lügen strafe und seine eigenen
Existenzgrundlagen zerstöre, wenn es Rechtsstaat, Demokratie und Parlamentarismus konventionelle Lügen
nenne.[12] Schon Bertrand Russell hatte erkannt, daß
»die Bourgeoisie den Sozialismus noch mehr fürchtet
als eine Militärdiktatur«.[13]

Der Bruch im Selbstbewußtsein, der mit
der Reichsgründung eintritt, läßt sich sogar an Äußerli-
chem ablesen. Seit dieser Zeit wird das Bürgertum
zunehmend *stillos*. Man baut Rathäuser wie gotische
Kathedralen und die Prachtvillen des neuen Reichtums
wie Raubritterburgen. In ihrem Innern: Düsternis und
Schwüle, Plüsch und Pomp. Pseudofeudale Symbole –
das Institut des Reserveoffiziers und die Mitgliedschaft
in einer schlagenden Verbindung – rücken zu Renom-
mier-»Standes«-Idealen auf. In den Todesanzeigen be-
rühmter Gelehrter der wilhelminischen Zeit rangiert
der »Leutnant der Reserve« oft noch vor der Mitgliedschaft in wissenschaftlichen Akademien.[14] Ohnehin
hatte jetzt der Begriff der »Geistesaristokratie« den
ehrwürdigen der »Gelehrtenrepublik« verdrängt. Und
die einflußreichste zeitgenössische Familienzeitschrift,
die »Gartenlaube«, spiegelt den Wandel ihrer Zeit: Vor
der Reichsgründung hatte sie Fortschrittlichkeit, Humanität und Nationalbewußtsein des Bürgertums polemisch gegen Feudalität, Hofschranzentum, Reaktion
und Willkür als Kennzeichen des Obrigkeitsstaates ins
Treffen geführt. Danach aber verherrlichte sie Hofleben, Adel, Militär. So ist es berechtigt, von einer »Verjunkerung der Bourgeoisie« zu sprechen[15], und verständlich – wenngleich nur für wenige noch vernehmbar
und einsichtig – wenn der alte Theodor Mommsen
bitter resignierte Klage führte, in Deutschland nicht
Bürger sein zu können: »Das ist nicht möglich in unserer Nation, bei der der Einzelne, auch der Beste, über
den Dienst im Gliede und den politischen Fetischismus
nicht hinauskommt.«[16]

Schließlich, fünftens: Die Bodenlosigkeit,

diese innere, immer kompensationsbedürftige Unsicherheit des deutschen Nationalismus macht sich mehr und mehr auch außenpolitisch bemerkbar. Vor allem nach dem Abgang Bismarcks trat sie in einem unruhigen »Weltmacht«-Streben zutage, dessen sichtbarster Ausdruck das Lieblingsspielzeug der wilhelminischen Epoche war: die Schlachtflotte, für die zahllose Professoren und Publizisten die Werbetrommel rührten.[17] Daß aber das neue Reich nur in stärkster Panzerung würde überleben können, war früh schon ausgesprochen worden. Die Untergründe der Stimmung gleich nach der Reichsgründung mag anschaulich machen, was Heinrich Leuthold 1872 unter dem Titel »Das Eisen« erdichtete:

Lange genug als Dichter und Denker priesen
oder höhnten andere das Volk der Deutschen;
aber endlich folgten den Worten Taten,
Taten des Schwertes.
Nicht des Geistes, sondern des Schwertes Schärfe
gab dir alles, wiedererstandenes Deutschland:
Ruhm und Einheit, äußere Macht und Wohlfahrt
dankst du dem Eisen.
Lass' die Harfen tönen von Siegesgesängen,
aber halte mitten im Jubel Wache!
Unter Lorbeerzweigen und Myrthenreisern
trage das Schlachtschwert!
Denn die Zeit ist ehern und die Feinde dräun dir
wie am Hofe Etzels den Nibelungen;
selbst zur Kirche nur in den Panzerhemden gingen die
Helden.
Meine Mahnung wird erst der Enkel segnen,
wenn er unverdrossen die Waffen wahrte
Menschenalter hin, bis es ihm obliegt, im
Weltkrieg zu siegen.[18]

Die Gegenüberstellung von »Geist« und »Eisen« fordert den Spott heraus und macht Nietzsches Bemerkung über die »Exstirpation des deutschen Geistes zugunsten des deutschen Reiches« verständlich. Und es geht ja in der Tat um die Verdrängung der »Ideen« durch den »Realismus«. Aber etwas Unheimliches scheint sich hinter diesem Realismus zu verbergen, wenn Sieg und Reichsgründung an das Schicksal der Nibelungen am Hofe Etzels und an einen Weltkrieg denken lassen.

Das Unheimliche war *der Bruch mit den politischen Traditionen Westeuropas*. Lange vorbereitet, trat er mit dem Beginn des Ersten Weltkrieges dramatisch zutage. Besonders der Englandhaß explodierte: »Perfides Albion!« »Gott strafe England!« Darin mochte sich die Ambivalenz des Wilhelminismus spiegeln, die Unsicherheit und Ungeschicklichkeit einer neureichen Gesellschaft und ihr abgründiges Ressentiment gegenüber dem traditionsstarken Selbstbewußtsein der Briten, über das man eben nicht verfügte. Der Neid wird auf den Feind projiziert; so der Altphilologe Ulrich von Wilamowitz-Moellendorff:

»Dort (in England) ist der eigentlich treibende böse Geist, der diesen Krieg emporgerufen hat aus der Hölle, der Geist des Neides und der Geist der Heuchelei. Was gönnen sie uns nicht? Unsere Freiheit, unsere Selbständigkeit wollen sie untergraben, jenen Bau der Ordnung, der Gesittung und der freilich selbstbewußten Freiheit, den wir uns errichtet haben, wollen sie zerstören, die Tüchtigkeit und Ordnung nicht bloß in unserem Heer und in unserem Staatsbau, nein, in dem ganzen Bau unserer Gesellschaft. Wenn der englische Marineoffizier jetzt durch ein feines, schönes Glas hinausschaut, umschaut nach deutschen Kreuzern, so ärgert ihn – wir verdenken es ihm nicht –, daß das Glas in Jena geschliffen sein wird, und die Kabel, die durch die Meere ziehen, sind zum größten Teil in Charlottenburg am Nonnendamm verfertigt. Die Güte der deutschen Arbeit wurmt ihn.«[19]

Doch es ging nicht bloß gegen England. Insgesamt wurde »deutscher Geist« gegen »den Westen« gestellt, und die »Ideen von 1914« erschienen als der Gegenpol zu »1789«. In den triumphierenden Worten des Historikers Georg von Below: »Die Erlebnisse des Weltkriegs haben den Zusammenbruch der Ideale der französischen Revolution dargetan. Die Ideen der Freiheit, Gleichheit, Brüderlichkeit sind durch die deutschen Ideen von 1914, Pflicht, Ordnung, Gerechtigkeit überwunden.«[20] In diesem Sinne wurde landauf, landab geredet, geschrieben und gepredigt.[21] Zumal Professoren taten sich hervor. Nur wenige nachdenkliche Stimmen ließen sich vernehmen.[22] Dabei wirken die Zahlenverhältnisse ohnehin deprimierend: Im Protest gegen die Reichstagsentschließung von 1917 für einen Verständigungsfrieden sprachen sich 1100 Hochschullehrer für den unbedingten Siegfrieden aus. Gegenerklärungen Berliner und Heidelberger Professoren brachten es nur auf 81 Unterschriften.

Aber sogar die Mäßigung dieser Gemäßigten nimmt sich im Rückblick noch seltsam genug aus. Einer ihrer Wortführer, Hans Delbrück, lehnte zwar Annexionen in Europa ab, forderte im gleichen Atem jedoch ein »sehr großes« Kolonialreich quer durch Afrika, ein »deutsches Indien«, der Abrundung halber unter Einschluß etwa der portugiesischen Azoren.[23]

Im Gegensatz zu den egalitären Prinzipien des Westens soll es zwar immer um eine besondere »deutsche Freiheit« gehen. Doch was damit gemeint ist, bleibt verschwommen genug. So hat Friedrich Meinecke als einer der Gemäßigten zwar für die Abschaffung des Dreiklassenwahlrechts als Bedingung des inneren Friedens gesprochen. Aber zugleich sagt er: »Es ist klar: man will uns demokratisieren, um uns zu desorganisieren. Man wirft listig dieses Schlagwort in unsere Mitte, weil man weiß, daß wir unter uns selbst im Streite darüber sind, ob und welchen Maßes von Demokratie wir bedürfen, um wahre politische Freiheit zu haben.« Den politisch entscheidenden Schritt lehnt Meinecke ab: »Sollen wir nun auch in dem parlamentarischen Systeme eine Freiheitsforderung deutscher Nation erblicken? Ich antworte bestimmt: Nein. Hier heißt es, vor falscher Nachahmung sich zu hüten und das individuelle deutsche Bedürfnis, auch unser wahres Freiheitsbedürfnis zu erkennen...«[24]

Aber worin besteht nun das wahre, das deutsche Freiheitsbedürfnis? Geht es nicht womöglich um die Freiheit *von* der Politik? In der Tat. Und darum hat in seinen »Betrachtungen eines Unpolitischen« Thomas Mann die Sache und ihren Gegensatz am prägnantesten bezeichnet: »Ich bekenne mich tief überzeugt, daß das deutsche Volk die politische Demokratie niemals wird lieben können, aus dem einfachen Grunde, weil es die Politik selbst nicht lieben kann, und daß der vielverschriene ›Obrigkeitsstaat‹ die dem deutschen Volk angemessene, zukömmliche und von ihm im Grunde gewollte Staatsform ist und bleibt ... Der Unterschied von Geist und Politik enthält den von Kultur und Zivilisation, von Seele und Gesellschaft, von Freiheit und Stimmrecht, von Kunst und Literatur; und Deutschtum, das ist Kultur, Seele, Freiheit, Kunst und nicht Zivilisation, Gesellschaft, Stimmrecht, Literatur.«[25]

Vieles ließe sich noch erörtern. Doch genug: Befragt man die fünf hier skizzierten Probleme nach der Einheit ihres Ursprungs, so wird deutlich, daß man zureichende Antworten nicht erst in den Umständen der Reichsgründung finden kann, sondern hinter diese noch zurückgehen muß – nach Preußen. Es ist Preußen, dessen Modernität als Großmacht ohne Staatsidee 1789 geschichtlich überholt und widerrufen wird. Damit schlägt die preußische Modernität in eine grundsätzliche – und grundsätzlich ausweglose – *Antimodernität,* in die Frontstellung gegen Aufklärung, Volkssouveränität und politische Emanzipation der Massen um. Diese Antimodernität wird durch eine sie begleitende Modernität im organisatorisch-technischen Sinne, durch Leistungswillen und Diensttüchtigkeit nicht aufgehoben, sondern noch entscheidend verstärkt. Denn der Leistungswille und die Diensttüchtigkeit Preußens spielen einem Nationalismus unter gegenrevolutionären Vorzeichen den Anschein seiner Chance zu, sich in der Mitte Europas gegen Europa durchsetzen zu können. Aber der Weg zu einer politischen Kultur der Freiheit wird und bleibt blockiert.

Romantik und Christlichkeit waren preußische Versuche, mit der seit 1789 gestellten Herausforderung konservativ fertig zu werden und so über eine sterile Unterdrückung nach Art der Karlsbader Beschlüsse hinauszukommen. Aber es waren eben untaugliche, politisch taube Versuche. Der Historiker Erich Marcks hat den Sachverhalt eindrucksvoll geschildert: »Das Ideal des Königs (Friedrich Wilhelms IV.) und seiner Freunde will nicht Wirklichkeit werden, eine organisch ständische Neubegründung von unten auf wird nicht durchgesetzt, bei eifriger Arbeit der Gesetzgebung und Verwaltung kommt man doch über einen unlebendigen Widerstand, über eine hitzige Feindschaft gegen alle Forderungen und Menschen der neuen Zeit, über ein System des dumpfen Druckes und Zwanges nicht hinaus, das seiner selbst inmitten einer ganz anders gerichteten Welt nicht sicher bleibt... Diese tiefe Unfruchtbarkeit und widerspruchsvolle Schwäche daheim und nach außen, dieses vergebliche Ringen mit den vorwärtsdrängenden gesellschaftlichen und staatlichen Kräften des Tages, mit dem Charakter des preußischen Königsstaates selber – das ist doch das Bild, das, bei aller persönlichen Ehrlichkeit und Innerlichkeit des Schreibenden selber und auch des Königs, die Aufzeichnungen Leopold Gerlachs dem Betrachter in unvergeßlichen und sicherlich in schmerzlichen Zügen vor die Seele halten; man blickt in eine dem Untergange rettungslos verfallene Welt.«[26]

Von hier aus läßt sich noch einmal ermessen, warum Bismarcks Wendung von der Ideen- zur Realpolitik so ungehemmt durchschlug, so daß sie fast alle ihre ursprünglichen Gegner mit sich riß, Konservative und Liberale gleichermaßen. Und es läßt sich ermessen, warum die Reichsgründung nicht nur als Erfüllung nationaler Sehnsüchte, sondern vielleicht tiefer noch als rettender Ausweg aus der Weglosigkeit erschien.

Doch genau dies war die große Illusion. Preußens Problem blieb; es wurde im Nationalstaat bloß in eine andere, bloß oberflächlich den neuen Erfordernissen angepaßte Form gebracht. Es blieb, ja verfestigte sich, nun unter nationalem Vorzeichen, die Frontstellung gegen alles, was »1789« symbolisierte. Darin lag die entscheidende, die preußische Schwäche des vordergründig so mächtigen Deutschen Reiches. Und das halb immer schon verzweifelte »Durchtrumpfen« des puren Machtstandpunktes führte in die deutschen Katastrophen des 20. Jahrhunderts.

Freilich ist auch noch einmal vor allen zu einfachen, den nur linearen Konstruktionen zu warnen. Eher wäre von *Dialektik* zu reden. Preußens tautologische Staatsidee schuf in der Frage nach dem Sinn, nach dem Ziel ein Vakuum. Dieses Vakuum mußte im Laufe der modernen Entwicklung irgendwie gefüllt werden. Es wirkte geradezu wie ein Sog. Es machte die ideologische *Fremdbesetzung* möglich – und am Ende unausweichlich, sofern sie nur gegenrevolutionär, antidemokratisch sich auswies.

. Was gemeint ist, mag eine Familienerinnerung anzeigen. Der Urgroßvater des Verfassers, Robert von Puttkamer, preußischer Staatsminister von 1879 bis 1888, war ein streng konservativer Mann. Er richtete als Innenminister die Beamtenschaft antiliberal aus und zog sie in den Dienst konservativer Interessen. In einer Reichstagsrede drückte er das so aus: »Die Regierung wünscht, daß innerhalb der Schranken des Gesetzes ihre Beamten sie bei der Wahl nachdrücklich unterstützen, und ich kann hinzufügen, daß diejenigen Beamten, welche das in treuer Hingebung bei den letzten Wahlen getan haben, des Dankes und der Anerkennung der Regierung sicher sind, und, was mehr wert ist, daß die auch des Dankes ihres kaiserlichen Herrn sicher sind!«[27] Folgerichtig war die Entlassung des Staatsministers die einzige politisch bedeutsame Amtshandlung des liberaler denkenden Neunzig-Tage-Monarchen Friedrich.

Aber Robert von Puttkamer war nicht nur ein strenger Konservativer. Er war zugleich: ein begeisterter Wagnerianer. Nun kann man aus guten Gründen Preuße sein. Und man mag aus anderen Gründen Wagnerianer sein. Doch beides zusammen? Das ergibt einen seltsamen Mißklang. Es reimt sich nicht. Es kann eigentlich nicht gut ausgehen.

Und es ist, in weiterer Perspektive, ja auch nicht gutgegangen. Die ideologische Fremdbesetzung nahm ihren Lauf, denn ohne eigene Antwort nach dem Sinn des Staates war man ihr hilflos ausgeliefert. Wenn deshalb festgestellt wurde, daß die führenden Nationalsozialisten durchweg nicht aus Preußen stammten, dann muß doch noch etwas hinzugefügt werden: In den späten Jahren der Weimarer Republik waren es nicht die vom Zentrum und der Bayerischen Volkspartei beherrschten katholischen Reichsgebiete und auch nicht die von den Sozialdemokraten verteidigten industriellen Ballungsräume, sondern die alten ostdeutschen Kernprovinzen Preußens, die sich auf der Wahllandkarte besonders rasch und besonders rückhaltlos braun einfärbten.

Das war die *Tragödie* Preußens und der preußischen Tugenden: dem herrschenden Geist oder Ungeist der Zeit nichts entgegenstellen zu können als den Willen zum Dienst, zur Leistung und zur Pflichterfüllung.

5. Bauer, Bürger, Edelmann – Preußens Gesellschaft

Über den Verlauf der Geschichte wird niemals nur im Reich der Ideen entschieden. Er unterliegt gesellschaftlichen Bedingungen. Und die Entwicklung einer politischen Kultur hängt immer auch von materiellen Umständen ab. Eine zureichende Antwort auf die Frage nach den Ursachen der preußisch-deutschen Ausweglosigkeit erfordert daher die Untersuchung dieser Bedingungen und Umstände. Worin unterscheiden sie sich von den Verhältnissen anderer Länder im Westen Europas?

In den Lehrbüchern erscheint die Geschichte der europäischen Neuzeit als eine Geschichte der siegreichen Durchsetzung der bürgerlichen Gesellschaft. Das Bürgertum ist der Hauptträger eines dynamischen Prozesses; es revolutioniert die Produktivkräfte und die Produktionsverhältnisse. Es überlagert erst und verdrängt dann die vormoderne Naturalwirtschaft durch die moderne Kapitalwirtschaft. Es räumt dabei die traditionellen Feudalordnungen beiseite, sprengt Ständeprivilegien und Zunftzwänge. Unter der Fahne der Freiheit und auf der Grundlage formeller Gleichheit wird zukunftsorientierte Leistung zum Prinzip und Konkurrenz zu der Peitsche, die es durchsetzt. Schließlich greift das Bürgertum auch politisch nach der Macht, die es zuvor auf wirtschaftlichem Felde schon an sich gebracht hat. Es entsteht, »idealtypisch« gesehen, die in jedem Sinne *entfesselte* Gesellschaft, die schon im 17. Jahrhundert Thomas Hobbes in dem ebenso grandiosen wie erschreckenden Bilde des Wettrennens aller gegen alle vorausentworfen hat. »Von diesem Rennen aber«, sagt Hobbes abschließend, »müssen wir annehmen, daß es kein anderes Ziel, keinen anderen Siegeskranz kennt, als: der Erste zu sein... Und das Rennen aufgeben heißt sterben.«[1]

Niemand aber hat den Sachverhalt so beredt geschildert wie Karl Marx im »Kommunistischen Manifest«: »Die Bourgeoisie hat in der Geschichte eine höchst revolutionäre Rolle gespielt. Die Bourgeoisie, wo sie zur Herrschaft gekommen, hat alle feudalen, patriarchalischen, idyllischen Verhältnisse zerstört. Sie hat die buntscheckigen Feudalbande, die den Menschen an seinen natürlichen Vorgesetzten knüpften, unbarmherzig zerrissen und kein anderes Band zwischen Mensch und Mensch übriggelassen, als das nackte Interesse, als die gefühllose ›bare Zahlung‹...

Die Bourgeoisie hat enthüllt, wie die brutale Kraftäußerung, die die Reaktion so sehr am Mittelalter bewundert, in der trägsten Bärenhäuterei ihre passende Ergänzung fand. Erst sie hat bewiesen, was die Tätigkeit des Menschen zustande bringen kann. Sie hat ganz andere Wunderwerke vollbracht als ägyptische Pyramiden, römische Wasserleitungen und gotische Kathedralen, sie hat ganz andere Züge ausgeführt als Völkerwanderungen und Kreuzzüge.

Die Bourgeoisie kann nicht existieren, ohne die Produktionsinstrumente, also die Produktionsverhältnisse, also sämtliche gesellschaftlichen Verhältnisse fortwährend zu revolutionieren. Unveränderte Beibehaltung der alten Produktionsweise war dagegen die erste Existenzbedingung aller früheren industriellen Klassen. Die fortwährende Umwälzung der Produktion, die ununterbrochene Erschütterung aller gesellschaftlichen Zustände, die ewige Unsicherheit und Bewegung zeichnet die Bourgeoisepoche vor allen anderen aus. Alle festen, eingerosteten Verhältnisse mit ihrem Gefolge von altehrwürdigen Vorstellungen und Anschauungen werden aufgelöst, alle neugebildeten veralten, ehe sie verknöchern können. Alles Ständische und Stehende verdampft, alles Heilige wird entweiht, und die Menschen sind endlich gezwungen, ihre Lebensstellung, ihre gegenseitigen Beziehungen mit nüchternen Augen anzusehen.«

Betrachtet man das Verhältnis der wirtschaftlich-sozialen zur politischen Macht, anders ausgedrückt das Verhältnis von Gesellschaft und Staat, so scheint offenkundig, daß beide, die Entwicklung der bürgerlichen Gesellschaft und die Entwicklung des modernen Staates, einander fördern und ergänzen, ja bedingen. Einerseits kann der Staat sein Monopol der »legitimen physischen Gewaltsamkeit« gegen die buntscheckige Vielfalt mittelalterlicher Machtträger nur durchsetzen, wenn er über zuverlässige und stetig fließende Finanzierungsquellen verfügt. Denn die Verfügung über Geld ermöglicht es, Berufsbeamte und Berufssoldaten zu unterhalten, die anders als die einstigen Lehnsträger von der Zentralgewalt abhängig sind und abhängig bleiben. Auf diese Weise befreit sich der Staat aus der Abhängigkeit von Feudalherrn und Ständen. Ertragsstarke Steuern kann aber einzig die bürgerliche Kapitalwirtschaft erbringen.

Auf der anderen Seite sieht sich auch das Bürgertum auf den Staat als einen natürlichen Verbündeten verwiesen. Denn nur der moderne, möglichst arrondierte Flächenstaat, der den Landfrieden garantiert und eine berechenbare Verwaltung und Rechtsprechung durchsetzt, macht ein langfristig angelegtes, auf Zukunft gerichtetes rationales Wirtschaftshandeln möglich. Der neuzeitliche Unternehmer, der das Schwert gegen die doppelte Buchführung eintauscht, ist kein Glücksritter; es geht ihm weder ums Glück, noch um Ritterlichkeit, sondern um die Sicherheit und die Rendite seiner Investitionen. Daher braucht er für seine Art von Wagemut überschaubare Machtverhältnisse und zuverlässige Eigentumsgarantien.

Im Kampf um ihre Durchsetzung sind also die entstehende moderne Staatsgewalt und die entstehende bürgerliche Gesellschaft die gegebenen Verbündeten, die von »oben« und von »unten« wie zwischen zwei Mühlsteinen alle traditionellen Zwischengewalten allmählich aber unerbittlich aufreiben. Im Maße ihres Erfolges jedoch kommt es zwischen den Verbündeten zum Konflikt: Die erstarkte bürgerliche Gesellschaft lehnt sich gegen willkürliche Staatseingriffe, vor allem gegen Willkür bei der Besteuerung auf. Sie verlangt nach Mitsprache bei Art, Umfang und Verwendung der Steuern. »Keine Steuern ohne Zustimmung der Besteuerten!« wird zum revolutionären Schlachtruf.

Der Konflikt wird in England schon im 17. Jahrhundert ausgefochten und zugunsten des Parlaments entschieden. Es folgt im 18. der Aufstand der englischen Kolonien in Nordamerika gegen das Mutterland, nachdem Großbritannien im siegreichen Krieg die Bedrohung dieser Kolonien durch Frankreich beseitigt hat. Es folgt die französische Revolution, nachdem die Überschuldung des Staates die Einberufung der Ständeversammlung erzwungen hat. Mirabeau hat den Zusammenhang ironisch kommentiert: Das Defizit des Staates ist der Schatz des Volkes. Denn es wird zum Hebel, der das ancien régime aus den Angeln hebt.

In Preußen wirtschaftet man sparsam. Der Soldatenkönig häuft einen Staatsschatz an, und auch Friedrich der Große füllt die entleerte Kasse nach 1763 wieder auf. Noch nach 1815 wird spartanisch gewirtschaftet und verbissen gespart, um Staatsanleihen zu vermeiden. Doch im konstitutionellen System wird die Steuerbewilligung oder -verweigerung zum zentralen Recht der Abgeordneten. Und so entzündet sich, mit charakteristischer deutscher Verspätung, ab 1860 der dramatische Konflikt zwischen der Krone und dem Abgeordnetenhaus um die Heeresreform am gleichen springenden Punkt wie einst in England, Amerika und Frankreich. Nur endet in Preußen dieser Konflikt nicht mit dem Sieg des Bürgertums, sondern mit dem überhöhenden Kompromiß der Reichsgründung.

Im einzelnen geht die Entwicklung natürlich recht verschiedene Wege. Eigentlich nur in Frankreich findet die »klassische« bürgerliche Revolution statt, die mit dem ancien régime zugleich die Rückstände der Ständeprivilegien hinwegräumt, die der alte Staat weder beseitigen konnte noch wollte. In England ermöglicht die Eigenart der Adelsverfassung gerade mit ihrem strengen Erstgeburtsrecht eine einzigartige Verbindung, ja Verflechtung von Adels- und Bürgergesellschaft[2], so daß hier die industrielle Revolution mit einer weitgehenden Bewahrung traditioneller Lebensformen Hand in Hand ging. In den Niederlanden sichert die Übermacht der Handelsstädte, vor allem Amsterdams, von Anfang an die bürgerliche Vorherrschaft. In der Schweiz haben die verschiedenartigen Kräfte lange und mit wechselndem Erfolg miteinander gekämpft, bis schließlich nach dem Sonderbundskrieg die Verfassung von 1848 den Sieg liberaler Bürgerlichkeit endgültig sicherstellt. In den Vereinigten Staaten mußte eine Einwanderergesellschaft »ohne Mittelalter« im Grunde nur die Kolonialherrschaft abwerfen, um einem »Liberalismus ohne Gegner«[3] das Zepter in die Hand zu geben.

Blickt man nun auf Preußen, so läßt es sich mit keinem der westlichen Beispiele auch nur von fern vergleichen. Eigentlich paßt es überhaupt nicht in die Lehrbücher. Das hat seinen einfachen Grund: Es gibt kein eigenständiges, wirtschaftlich starkes und entsprechend selbstbewußtes Bürgertum. Preußen ist und es bleibt bis ins 19. Jahrhundert hinein ein Agrarland ohne beherrschende Bürgerstädte.

Die Städte, die es gibt, werden vom Dreißigjährigen Krieg verheerend betroffen. Mit wenigen Ausnahmen werden sie langfristig ruiniert. Man führe sich die Größenordnungen einmal vor Augen: In der Spätphase des Krieges um 1640 besitzt die Residenz Berlin zusammen mit der noch selbständigen Schwesterstadt Cölln nur noch etwa 7500 Einwohner. Das bedeutet eine Halbierung seit Kriegsbeginn. In der gleichen Zeit erreicht London, ähnlich wie Paris, bereits die Halbmillionengrenze. Und Amsterdam, längst über die Großstadtmarke der Hunderttausend hinaus, ist die Hauptstadt des Welthandels. 1640, mit dem Regierungsantritt Friedrich Wilhelms, des Großen Kurfürsten, beginnt aber die Laufbahn Brandenburg-Preußens als eines modernen und bald mächtigen Staates.

Noch viel schlimmer als Berlin erging es dem einst so bedeutenden Magdeburg: einer, wenn nicht *der* Hauptstadt des deutschen Protestantismus.

Als am 10. Mai 1631 Tillys Truppen Magdeburg erstürmen und die Stadt in Flammen versinkt, kommen etwa 20 000 der rund 30 000 Einwohner durch das Schwert und durch das Feuer um. Eine wirkliche Erholung hat es nie mehr gegeben; die Unterwerfung durch Brandenburg war eine der Folgen, und Magdeburg blieb provinziell, wenn es auch zur Haupt-Landesfestung ausgebaut wurde.

Nur Königsberg in Preußen, vom Kriege kaum berührt, behauptet seine halbwegs bedeutende Stellung als einer Metropole des Ostseehandels in erfolgreicher Konkurrenz gegenüber Danzig. Berlin dagegen brachte es beim Tode des Großen Kurfürsten im Jahre 1688 erst auf 20 000 Einwohner. Als 1709 Friedrich I. durch eine Neuordnung die Gesamtstadt Berlin schuf, zählte man 56 000 Köpfe. Dazu gehörten neben der Beamtenschaft aber auch die Garnison und ihre Angehörigen, so daß man für die Bürger im eigentlichen, im bürgerlichen Sinne erhebliche Abstriche machen muß. Beim Tode Friedrichs des Großen 1786 zählte man denn 147 000 Einwohner.

Die Bevölkerungsvermehrung wurde besonders nach dem Edikt von Potsdam, 1685, durch den Zuzug von Glaubensflüchtlingen gefördert. Um 1720 war ungefähr jeder fünfte Berliner seiner Herkunft oder jedenfalls Abkunft nach ein Franzose. Das eigentliche, gewaltige Wachstum kam aber erst im 19. Jahrhundert: 1850 gab es 419 000 Einwohner, 1871 dann schon 932 000, 1910 2,1 Millionen – und in den Grenzen des späteren Großberlin sogar 3,7 Millionen: eine magische, dann nicht mehr wesentlich überschrittene Größenordnung.

Doch kehren wir in die Anfänge des modernen Preußen zurück. Der äußeren Gedrücktheit der Städte entsprach ihre innere Stockung. Eine nur am Herkommen klebende Patrizierherrschaft und bornierte Zunftzwänge kennzeichneten die Lage ebenso wie Mißwirtschaft, ja finanzieller Ruin. So war es bloß folgerichtig, daß die Hand des Staates sich immer fester auf die Städte legte und unter Friedrich Wilhelm I. die

Regierung der Städte praktisch ganz in staatliche Regie überging.[4] Aller Sinn für bürgerliche Selbstbestimmung schien erloschen. Noch zur Zeit der Städtereform des Freiherrn vom Stein, später so hoch gepriesen, war es nicht anders, wie Gerhard Ritters Beschreibung zeigt:

»Die Städteordnung von 1808 ist ausschließlich der Initiative des höheren Beamtentums entsprungen, und ihre Einführung stieß überall im Lande auf Verwunderung, Bedenken und Beschwerden der verschiedensten Art – so gut wie nirgends auf freudige Zustimmung. Bürgerliches Selbstbewußtsein gab es – außerhalb des Beamtentums – nur im Bereich der Literatur, der Wissenschaft, Dichtung, Tagesschriftstellerei ... Unzweifelhaft ist also durch die Reformtat Steins ein mächtiger Anstoß zur Belebung städtischer Selbstverwaltung in das ganze deutsche Staatsleben gekommen. Ihre Kühnheit wird erst dann recht sichtbar, wenn man sich im einzelnen anschaulich macht, wie völlig überrascht und hilflos das Bürgertum der ostelbischen Kleinstädte, aber selbst der wenigen großen Residenzen und Handelsstädte, der neu geschenkten, nicht erkämpften, ja nicht einmal erbetenen Freiheit gegenüberstand.«[5]

Welchen Widerstand im übrigen sogar der konservative Reformer von seinen noch konservativeren Gegnern zu gewärtigen hatte, zeigt die Bemerkung Yorcks zu Steins Sturz Ende 1808: »Unsere äußeren Verhältnisse fangen an günstiger zu werden; auch unsere inneren nehmen eine günstige Wendung. Ein unsinniger Kopf ist schon zertreten; das andere Natterngeschmeiß wird sich in seinem eigenen Gifte selbst auflösen.«[6] Mag diese Bemerkung auch vom Haß diktiert worden sein, so ist es doch nicht ohne ein Stück Wahrheit, wenn Yorck über Stein außerdem sagt: »Der Mann ist zu unserm Unglück in England gewesen und hat von dort seine Staatsweisheit hergeholt; und nun sollen die in Jahrhunderten begründeten Institutionen des auf Seemacht, Handel und Fabrikwesen beruhenden reichen Großbritanniens unserm armen, ackerbautreibenden Preußen angewöhnt werden.«

Ein armes, ackerbautreibendes Land ist Preußen in der Tat und bleibt es, bis im Laufe des 19. Jahrhunderts der Prozeß der Industrialisierung neue Bedingungen schafft. Dieses ackerbautreibende Land aber wird jedenfalls in seinen Kernprovinzen beherrscht vom Adel. Gegen den Widerstand des Adels muß daher die moderne Staatsgewalt sich erst einmal durchkämpfen. In den sagenumwobenen Zeiten Joachims I. (1499–1535) sollen widerborstige Raubritter dem Kurfürsten nächtens an die Tür geschrieben haben: »Jochimke, Jochimke, hüte dy, fange wy dy, so hange wy dy.« Aber noch für eine viel spätere Epoche des längst etablierten Staates war der Spruch geläufig: »Und der König absolut, wenn er uns den Willen tut.«

Dagegen steht dann der berühmte Satz Friedrich Wilhelms I., den sich sträubenden ostpreußischen Ständen bei der Einführung einer neuen Landessteuer 1717 ins Stammbuch geschrieben: »Ich ruiniere die Junkers ihre Autorität; ich komme zu meinem Zweck und stabilisiere la souveraineté wie einen rocher von bronce.« Als Erhebung einer dem Gemeinwohl verpflichteten Staatsidee über Egoismus und Kastengeist ist dieser Satz immer wieder kommentiert worden. So heißt es bei Fontane im »Stechlin«: »Friedrich Wilhelm I. hat nicht bloß das Königtum stabilisiert, er hat auch, was viel wichtiger ist, die Fundamente für eine neue Zeit geschaffen und an die Stelle von Zerfahrenheit, selbstischer Vielherrschaft und Willkür Ordnung und Gerechtigkeit gesetzt. Gerechtigkeit, das war sein bester rocher de bronce.«

Sieht man genauer hin, so erkennt man, wie der anfängliche Konflikt mehr und mehr von Annäherung überlagert, von Kooperation verdrängt wird, bis schließlich geradezu eine Symbiose entsteht, die Preußens Geschicke bestimmt und entschieden hat. In den Landtagsrezessen der älteren Zeit geht es immer um eine Art von Tauschgeschäft; man gerät in Versuchung, von einem Kuhhandel zu reden: Geldbewilligung für den Fürsten gegen Bestätigung und Erweiterung der

Adelsprivilegien. So kann man erkennen, wie in den Rezessen von 1540, 1572, 1593 und 1602/03 die grundherrlichen Rechte des Adels eine immer stärkere Ausprägung erfahren. Noch bei dem letzten Rezeß von 1653 war es nicht anders. Dem Großen Kurfürsten werden für einige Jahre Gelder bewilligt, um Beamte und Soldaten zu bezahlen. »Andererseits regelte dieser Rezeß definitiv die rechtliche Stärkung des märkischen Adels, dem nicht nur seine alten Rechte wieder zugestanden, sondern ... auch eine ganze Reihe neuer Zugeständnisse gemacht wurden. Es wird bestimmt, daß Rittergüter nur im Besitz des märkischen Adels sein dürfen; das Konnubium mit dem Bürgertum wird verpönt, der Adlige, der eine Bürgerliche heiratet, mit Vermögensverlust bedroht. Die Gutsherrlichkeit des Adels erhält ihren rechtlichen Abschluß.«[7]

Aber ein Jahrhundert später wird unter Friedrich dem Großen die Stellung des Adels nochmals verstärkt. Dem bürgerlichen Kapital wird es verwehrt, sich in Rittergüter einzukaufen; es soll sich auf Handel und Gewerbe konzentrieren. Ebenso untersagt eine Anordnung des Königs aus dem Jahre 1748 die Ausdehnung staatlicher Domänen auf Kosten der adligen Grundbesitzer: »Denn ihre Söhne sind es, die das Land defendieren, davon die Rasse so gut ist, daß sie auf alle Weise meritiert, konserviert zu werden.«[8]

Dieser Satz beleuchtet das Staatsinteresse: Der Adel stellt die höheren Beamten und – vor allem – das Offizierkorps. Im Feuer der Schlesischen Kriege und des Siebenjährigen Krieges, der dem Adel schwerste Blutopfer abverlangt, wird das Bündnis des preußischen Staates mit seinen »Junkern« endgültig gehärtet.

Betrachtet man den Sachverhalt in umgekehrter Blickrichtung, so drängt sich die Frage auf, warum der Adel nicht noch viel nachhaltiger, als er es zunächst getan hat, seine politischen Mitspracherechte verteidigte, um die Entwicklung zum Absolutismus zu blockieren und Zustände zu erhalten, wie sie beispielsweise in Mecklenburg so lange überdauerten. Auf diese Frage gibt es zwei Antworten: Einmal war es die Leistung der Hohenzollern seit dem Großen Kurfürsten – und nach ihm ganz besonders des Soldatenkönigs – eine moderne Staatsmacht zu schaffen, gegen die keine Fronde mehr ankommen konnte. Zum anderen aber hat die Entwicklung des modernen Staates dem Adel einen Ausweg aus seiner wirtschaftlich bedrängten Lage eröffnet.

Der Adel in den altpreußischen Provinzen war ja zahlreich, in der Regel kinderreich – und auf überwiegend mageren Böden, abseits der Marktchancen großer Städte, eher arm als reich. Es gab einige Magnaten, besonders in Ostpreußen und dem hinzugewonnenen Schlesien. Typisch waren sie nicht. So standen, nachdem die Reformation den Übergang in die Hierarchie der Kirche versperrt hatte, eigentlich nur zwei Übel zur Wahl: Entweder mußten die Güter zwischen den Söhnen geteilt werden. Das hätte in wenigen Generationen das Absinken aus bescheidenen Verhältnissen in die wirkliche Armut und das Ende aller Gutsherrlichkeit bedeutet. Oder die Nachgeborenen mußten, wie in England, ins Bürgertum und in bürgerliche Berufe übertreten. Angesichts der Zustände in den Städten hätte aber auch dies nur bedrückende Aussichten auf ein rasches Absinken eröffnen können.

Der Staatsdienst schuf die rettende Alternative. Er gab Offizieren und Beamten die Möglichkeiten einer standesgemäßen Versorgung. Dabei lag der Nachdruck auf »standesgemäß« ebenso wie auf der Versorgung; das Ansehen in »des Königs Rock« hob schon den jüngsten Fähnrich über den gewöhnlichen Bürger hinaus. Aber auch die Versorgung kam keineswegs zu kurz. In den hohen Rängen überstieg sie bei weitem, was man in vergleichbaren Rängen heute für angemessen halten würde, von Vergleichen mit dem Einkommen zeitgenössischer Bauern oder Handwerker gar nicht erst zu reden. Überdies war es vielfach möglich, durch Ämterhäufung beträchtliche Vermögen zu erwirtschaften. Aber auch der Offizier, wenn er es erst zum Kompanie-Inhaber gebracht hatte, war zu beneiden. Denn bis zum Zusammenbruch des alten

Staates 1806/7 wurden ihm alle Mittel für den Unterhalt seiner Soldaten pauschal überwiesen. Die meisten Soldaten aber wurden für etwa zehn Monate im Jahr beurlaubt, um in der Landwirtschaft, als Heim- oder Manufakturarbeiter sich selbst ihren Lebensunterhalt zu verdienen. Sogar wenn diese Tatsache bei den Zuweisungen zum Teil schon berücksichtigt wurde, blieben doch noch genug Möglichkeiten für eine einträgliche Mißwirtschaft, wie Hermann von Boyen es rückblickend beschrieben hat: »Anstatt daß ein solcher Vorgesetzter als der Vater seiner Soldaten erscheinen soll, bekam er hier die Stelle eines wuchernden Krämers.«[9] Erst die Reorganisation des Heeres nach 1807 brachte Abhilfe.

Kein Wunder also, daß, alles in allem genommen, der Adel sich willig zum Staatsdienst und zur Königstreue umerziehen ließ – und daß der Staat den Adel nachdrücklich stützte. Denn »der absolute Staat wollte nicht den Adel, sondern nur seinen Anspruch auf das Mitregierungsrecht beseitigen. Sobald sie sich als fügsam erwies, konnte keine soziale Schicht dem absoluten Staat homogener und willkommener sein.«[10] Zugespitzt ausgedrückt: Indem der Staat den Feudalismus im älteren und engeren Sinne zerstörte, erwies er sich auf neuer Ebene dennoch und erst recht – um einen marxistischen Begriff abzuwandeln – als der »ideelle Gesamtfeudalist«.

Leidtragende waren freilich die Bauern, das heißt in einem vorindustriellen Agrarstaat die Masse der Bevölkerung. Schon die Größenordnungen und die Ertragsverhältnisse des durchschnittlichen Grundbesitzes bedingten, neben anderen geschichtlichen Faktoren, was Otto Hintze als den Unterschied zwischen ost- und westdeutschen Verhältnissen skizziert hat: »Der ostdeutsche Gutsherr ist ein Landwirt, der Organisator und Leiter eines landwirtschaftlichen Großbetriebes; der westdeutsche Grundherr dagegen ist ein Rentenbezieher, der sein Land in kleinen Wirtschaften pachtweise ausgetan hat und wenn er selbst auf dem Lande lebt, doch keine bedeutende Eigenwirtschaft betreibt. Die ostdeutsche Gutswirtschaft wird im 17., 18. Jahrhundert mit unfreien, ›erbuntertänigen‹ Bauern betrieben, die Frondienste zu leisten haben, auf denen die Bewirtschaftung des Herrengutes beruht. Die westdeutsche Grundherrschaft kennt ein derartiges Verhältnis in der Hauptsache nicht; dort herrschen freie bäuerliche ›Meier‹ oder Pächter vor, die für sich selbst arbeiten und nur ihre Abgaben zahlen.«[11] Der Staat konnte und wollte an Leibeigenschaft und Fron wenig oder nichts ändern. Denn auf der Garantie der ländlichen Eigentums- und Herrschaftsverhältnisse beruhte ja das Bündnis von Thron und Adel. Ohnehin endete der Staat auf dem Lande beim Landrat, der zudem in aller Regel selbst dem Familienkreis des Landadels entstammte. Der Gutsbesitzer war deshalb nicht nur im wirtschaftlichen, sondern auch im rechtlichen Sinne der Herr der Bauern, die seiner Gerichtsbarkeit unterstanden.

Gewiß: Der Zusammenbruch des alten Staates erzwang schließlich die Bauernbefreiung. In dem Edikt vom 9. Oktober 1807 heißt es: »Mit dem Martinitag eintausendachthundertzehn hört alle Gutsuntertänigkeit in unseren sämtlichen Staaten auf. Nach dem Martinitag 1810 gibt es nur noch freie Leute.« Ein großes Wort. Aber nach 1815 änderten sich die Bedingungen. Schon die Deklaration vom 29. Mai 1816 brachte als Ergebnis eines verbissenen adligen Widerstandes wesentliche Rückschritte. Die Abwicklung der Entschädigungsleistungen schleppte sich über Jahrzehnte hin, verschuldete viele Bauern für lange Zeit und deklassierte andere, die Masse der Kleinbauern, zu Gutsarbeitern ohne eigenen Besitz. Rund eine Million Hektar Bauernland ist nach 1816 an den Großgrundbesitz verlorengegangen.[12]

Manche alten Vorrechte dauerten noch viel länger fort oder wurden sogar neu begründet. Es gab eine strenge Gesindeordnung, und ein Landarbeitergesetz vom 24. April 1854 stellte jeden Bruch des Arbeitsvertrages unter Strafe, erlaubte die polizeiliche Rückführung Vertragsbrüchiger und verbot, natürlich, den Streik. Gesindeordnung und Landarbeitergesetz fielen erst im November 1918.

Auch die Gutsbezirke als Verwaltungseinheiten blieben: »Der Gutsherr, in der Eigenschaft eines vom Landrat und Kreisausschuß bestätigten Amtsvorstehers, übte weiterhin die Polizeigewalt in seinem Bezirk aus und verkörperte die Selbstverwaltung seines Gebiets in eigener Person.« Dies war »ein Relikt feudaler Verwaltungsstruktur, das den Gutsherren weit über ihre ökonomische Bedeutung hinaus politische Macht und den ›Hintersassen‹ dauernde politische und wirtschaftliche Unselbständigkeit zuwies«. Es handelt sich hierbei nicht etwa um eine Schilderung von Verhältnissen des frühen 19. Jahrhunderts, sondern aus der Zeit der Weimarer Republik.[13] Nur gegen den erbitterten Widerstand der Rechtsparteien wurde schließlich 1927 ein Gesetz zur Aufhebung dieser Verhältnisse durchgebracht und die Verwaltungsreform bis 1930 im wesentlichen abgeschlossen.

Nun darf man sich allerdings die ostelbischen Lebensformen keineswegs als eine allgemeine Schreckensherrschaft der Junker ausmalen, die in Reitstiefeln über die Felder stampfen, um ihre Leute mit der Peitsche zu traktieren. Dann hätten sich diese Lebensformen kaum als so widerstandsfähig erwiesen. Ebenso ist es eigentlich nicht angemessen, von einem Agrarproletariat zu sprechen, jedenfalls nicht im Marxschen Sinne. Denn nicht die »gefühllose bare Zahlung« herrschte, und an dieser Tatsache ist kaum zufällig die sozialdemokratische Landarbeiteragitation weitgehend gescheitert. Was herrschte, war in der Regel vielmehr ein Verhältnis der patriarchalischen Fürsorge des Gutsherrn – und nicht zuletzt der Gutsherrin – für »die Leute«. Dazu gehört, daß nicht Barentlohnung im Vordergrund steht, sondern das Deputat: Die Wohnung, der Stall für Kuh, Schwein und Geflügel, ein Stück Acker- und Gartenland, die Weide, das Brennholz oder der Torf werden gestellt. Für Alte und Kranke wird gesorgt; die überlieferten Sitten und Gebräuche bei Hochzeit, Kindstaufe und Begräbnis, bei Erntefest und

Bibelstunde verbinden. Vielfach haben diese patri-archalischen Verhältnisse bis zuletzt, das heißt bis 1945, überdauert.

Von Selbständigkeit, von irgendeiner Art von Emanzipation ist allerdings nicht die Rede, weder wirtschaftlich, noch geistig oder politisch. Die Geschichte aus dem Januschau des Herrn von Oldenburg mag von Gegnern erfunden sein, aber sie hat etwas von treffsicherer Verleumdung: Am Wahltag überreicht der Gutsinspektor vor dem Wahllokal im Dorfkrug jedem Landarbeiter seinen Umschlag mit dem Wahlschein. Jemand will ihn öffnen, um zu sehen, was er wählt. Daraufhin trifft ihn der Krückstock und der Ruf des Inspektors: »Jeheime Wahl, du Schwein!«

Charakteristischer für die Unvergleichbarkeit der Lebensformen dürfte die Erfahrung einer Gutsfrau sein, die von Ost- nach Westdeutschland heiratete. Dazu erzogen, sich um »die Leute« zu kümmern, machte sie sich in ihrer neuen Umgebung auf den Weg, sobald sie von der Erkrankung eines Arbeiters hörte. Aber von dessen Ehefrau wurde sie schon vor der Haustür abgefangen: »Sie brauchen gar nicht erst nachzusehen, am Montag wird mein Mann wieder zur Arbeit kommen!« Wo die Fürsorge durch die Eigenverantwortung abgelöst wurde, wird die gute Absicht gar nicht mehr verstanden, sondern als unzulässige Kontrolle zurückgewiesen.

Dabei steckt in der patriarchalischen Fürsorge natürlich eine subtile Selbstrechtfertigung der Herrschaft. Dies um so mehr, je rastloser sie tätig ist, je unermüdlicher, ja unerbittlicher gegen sich selbst sie als Pflichterfüllung erscheint. Das gilt im Großen wie im Kleinen, ja mit der Größe erst recht. Friedrich Wilhelm I., der immer antreibende, visitierende Landesvater, der von seinen Landeskindern Liebe mit dem Stock einfordert, ist ein Schutzherr der Franckeschen Stiftungen in Halle, gründet nach ihrem Vorbild Waisenhäuser, kümmert sich bis ins Detail hinein ums Wohl der Menschen. Und er schreibt an Leopold von Dessau, in einem Brief vom 28. Juli 1721: »Parol auf dieser Welt ist nichts als Müh und Arbeit.« Ein wahrhaft preußisches Motto.

Sein sensibler, musischer Sohn, Rechtfertigung vor dem toten Vater erkämpfend, erstarrt, versteint als König zusehens im Panzer der Pflicht. »Patriae inserviendo consumor«: Im Dienste des Vaterlandes verzehre ich mich, war der Wahlspruch Bismarcks, der die Sozialgesetzgebung ebenso vorantrieb, wie er die Sozialisten verfolgte.

Über das Glücksverlangen anderer kann man um so besseren Gewissens hinweggehen, je mehr man es sich selbst versagt. Vielleicht findet man hier, in der Selbstrechtfertigung der Herrschaft als Aufopferung für die anderen, die von »Natur« aus Schwächeren und schicksalhaft Anvertrauten, den tiefsten Grund des preußischen Pflichtgedankens. »Das Emporkommen des preußischen Staates ist mit einer Unsumme von Opfern an menschlichem Glück erkauft worden, und um diese Opfer sind die damaligen Generationen nicht gefragt, sondern sie sind ihnen von der Härte der beiden großen Herrscher aufgezwungen worden.« Der Historiker Carl Hinrichs, der das schreibt[14], war alles andere als ein Preußenfeind.

Man hat wieder und wieder, landauf und landab, Immanuel Kant als den Philosophen Preußens beschrieben und seinen kategorischen Imperativ als den höchsten Ausdruck der preußischen Pflichtidee gepriesen. Doch damit gerät man in die Irre. Denn Preußens Pflichtgedanke schneidet die für die kantische Auffassung wesentliche Dimension der Aufklärung, der Mündigkeit, der *Gleichheit* aller Menschen weg. In Preußen aber geht es um die Idee der *herrschaftlichen* Fürsorge. Es geht darum, weil es sich im harten Kern um eine *Gesellschaft* der Herren und ihrer Herrschaft handelt, die sich im Gedanken und – was schwerer wiegt und weiter trägt – in der alltäglichen Praxis der Pflichterfüllung ihr moralisches Fundament schafft.

Und eben hierin liegt zugleich die preußische Tragödie begründet: Indem die Praxis herrschaftlicher Pflichterfüllung die Realität einer Herrengesellschaft spiegelt, blockiert sie im Bündnis von Thron und Adel den Weg zur Freiheit und zur Gleichheit, zu Parlamentarismus und Demokratie. Und es wird die Sperre gegen »den Westen«, gegen »1789« vorbereitet, die dann so verhängnisvoll sich ausgewirkt hat.

Der alte Fontane hat als liebevoll rückwärtsgewandter Schilderer der in adligen Gestalten verkörperten preußischen Tugenden und Traditionen gleichwohl geschrieben: »Preußen – und mittelbar ganz Deutschland – krankt an unsren Ost-Elbiern. Über unsren Adel muß hinweggegangen werden; man kann ihn besuchen wie das ägyptische Museum und sich vor Ramses und Amenophis verneigen, aber das Land *ihm* zu Liebe regieren, in dem Wahn: *dieser Adel sei das Land,* – das ist unser Unglück, und so lange dieser Zustand fortbesteht, ist an eine Fortentwicklung deutscher Macht und deutschen Ansehens nach außen hin nicht zu denken. Worin unser Kaiser die *Säule* sieht, das sind nur *thönerne* Füße. Wir brauchen einen ganz andren Unterbau.«[15]

Die Geschichte ist über das Bündnis von Thron und Adel schließlich hinweggegangen – freilich unter schrecklichen Opfern nicht nur derer, denen dabei die Herrschaft abhanden kam. Und es stellt sich die Frage, wie weit damit auch die politische Kultur verwandelt worden ist, die von diesem über Generationen hinweg entwickelten und zäh verteidigten Bündnis geprägt wurde.

6. # Die preußische
    Erziehung

»Naja, in Uniform, da gehts ja, da macht man Figur, das gibt 'n kolossalen Halt, da is man'n ganz anderer Kerl. Wissen S' – in Staatsbürjerkluft – da komm ick mir immer vor wie 'ne halbe Portion ohne Mostrich.«

Diese Worte aus Carl Zuckmayers »Hauptmann von Köpenick« passen zum echten Leutnant wie zu dem falschen Hauptmann. Preußen wird beherrscht von Soldaten. Und es wird nicht nur verwaltet, sondern regiert von Beamten, die, wenn irgend möglich, ebenfalls Uniform tragen.

Warum ist das so? Eine Teilantwort wurde schon gegeben: Für den Adel eröffnen die Karrieren des Offiziers und des Beamten Auswege aus seinen wirtschaftlichen Schwierigkeiten. Auf andere Weise trifft dies aber auch für das Bürgertum zu. Spätestens seit dem Dreißigjährigen Krieg langfristig ruiniert, bis ins 19. Jahrhundert hinein mit wenig Chancen, sich aus eigener Kraft emporzuarbeiten, schafft ihm der preußische Staat doch eine Möglichkeit, die beinahe einzige, um aufzusteigen, zu Ansehen und zu materieller Sicherheit zu kommen: den Eintritt in den Dienst des Staates als Beamter.

Dabei spielen Bildungspatente eine zunehmend wichtige, schließlich ausschlaggebende Rolle. Sie können die Vorrechte adliger Geburt zwar nicht ohne weiteres wettmachen, aber doch so weit ergänzen oder sogar ersetzen, daß am Ende sogar der Adlige sich ihnen wenigstens formell anbequemen muß. Das hat einen naheliegenden und einfachen Grund: Ein insgesamt so armes und künstlich zusammengestückeltes Land wie Preußen muß durch die gesteigerte, oft bis zum Zerreißen angespannte Leistungsfähigkeit seines Staatsapparats seine »natürlichen« Nachteile kompensieren. Es muß überdies von »oben« her Leistungen erbringen, die anderswo von »unten« wie von selbst sich ergeben: die Landeserschließung, die Urbarmachung etwa des Oderbruchs, die »Peuplierung« eines weitgehend von Menschen entleerten Landes, das Rétablissement Ostpreußens, das noch 1709 von der Pest verheert worden war, die Verkehrserschließung, die Förderung nicht nur, sondern Begründung von Manufakturen, der Betrieb der Seehandlung, und so fort. Alles dies war mit dem Adel allein schwerlich zu bewältigen; man brauchte dazu den fachlich qualifizierten bürgerlichen Beamten. Und dafür wurde die Auslese durch Bildungspatente wichtig; schon 1770 wurde die Aufnahmeprüfung für den öffentlichen Dienst zur Pflicht gemacht und eine Oberexaminationskommission eingerichtet. Erst recht erhöhte sich die Bedeutung einer Bildungsauslese nach 1807.

Betrachtet man die Dinge in umgekehrter Blickrichtung, vom Bürgertum her, so liegt auf der Hand, wie sehr der Aufstieg durch Bildung und Leistung sich als Ausweg aus einer sonst unabsehbaren Misere darstellte. Auf dem Gebiet der Bildung und durch Bildung allein konnte man mit dem sonst übermächtigen Adel erfolgreich konkurrieren. In seiner Darstellung der Zeit der preußischen Erhebung von 1813 hat Friedrich Meinecke dies einmal so beschrieben:

»Wenn die unteren und mittleren Schichten den Mangel an politischer Erfahrung durch treue und hingebende Gesinnung ersetzten, so konnten die gebildeten Schichten des Bürgertums sich mit Stolz auf die geistigen Güter, die sie erarbeitet hatten, berufen und sie als Legitimation vorweisen auch für politische Rechte. Man verlangte zwar nicht stürmisch nach solchen Rechten einer freien Verfassung, aber was wichtiger und fruchtbarer war, man hatte den innigen Wunsch, mit dem, was man geistig erworben hatte, dem Staate und dem Vaterlande etwas sein zu können.«[1]

Eine seltsam naive Vorstellung. Denn abgesehen von der Frage, ob »Bildung« allein schon politische Rechte – oder gegenüber den Unterschichten mit nur treuer Gesinnung Vorrechte – begründet: Was bedeutet es eigentlich, dem Staate etwas »sein« zu können? Dennoch enthält diese unpolitische Beschreibung einen politisch höchst bedeutsamen Kern. Zugespitzt ausgedrückt: Die Revolution der Bildung ersetzt die aussichtslose politische Revolution. Als Utopie der Chancengleichheit durchbricht sie Privilegien und Ständeschranken; sie ist gleichsam *das Surrogat für die Egalitätsrevolution von 1789*. So erhielt Bildung einen ideellen und praktischen Stellenwert wie sonst vielleicht nur noch im klassischen China der Mandarine.[2]

Es mochten sich hieraus viele Probleme ergeben. Einerseits war in der Regel eine lange Durststrecke zurückzulegen, bis man endlich die ersehnte Ratsstelle, das Pastorenamt oder die Professur erreichte. Das bittere Hauslehrerschicksal des »Kandidaten« ist notorisch. Johann Gottlieb Fichte zum Beispiel mußte sich bei den Grafen Krockow in Krockow verdingen, und so kann man ihm seine Beschädigungen, die gespannten und überspannten Züge seines Philosophierens, nachsehen.

Andererseits entstehen, wo man es »geschafft« hat, allzu leicht Überheblichkeiten gegenüber dem »gewöhnlichen« Bürger, als fange der vollgültige Mensch erst beim Beamten an: jene von Ernst Troeltsch geschilderten »Ideale der kurzangebundenen Schneidigkeit oder der bureaukratischen Amtshoheit, von denen der Nachwuchs der regierenden Klassen weithin erfüllt ist«.* Theodor Fontane, selber zu langen Wegen und manchmal bitteren Umwegen gezwungen, schreibt: »Ich bekämpfe den Satz und werde ihn bis zum letzten Lebenshauche bekämpfen, daß der Normalabiturient oder der durch sieben Examina gegangene Patentpreuße die Blüte der Menschheit repräsentiere.« Er nennt den Vorgang des »ewigen Lernens und Examiniertwerdens« eine »Beamtendrillmaschine« und folgert: »Je mehr wir verassessort und verreserveleutnantet werden, je toller wird es.«[3]

* Vgl. oben, S. 38.

Aber man soll gewiß auch nicht übersehen, welch große Leistungen dieses angestrengte Bildungsprinzip hervorgebracht hat. Wilhelm von Humboldt hat mit seiner Gründung der Friedrich-Wilhelm-Universität von Berlin, 1810, ein Jahrhundert der Weltgeltung, ja der Vorrangstellung preußisch-deutscher Wissenschaft eingeleitet. Überhaupt hat Preußen für Bildungsreformen auf allen Ebenen bis in die Weimarer Republik hinein deutsche Schrittmacherdienste geleistet. Erst die nationalsozialistische »Machtergreifung« machte alledem ein Ende.

Der preußischen Verwaltungs-, Justiz- und Heeresgeschichte kann hier nicht im einzelnen nachgegangen werden. Zahlreiche gelehrte Untersuchungen und umfangreiche Quellensammlungen liegen dazu vor.[4] Wichtig sind jedoch ihre Problemaspekte, soweit sie die historischen Prägungen unserer politischen Kultur sichtbar werden lassen. Dabei drängt sich zunächst natürlich das vielerörterte Thema »Militarismus« auf. Von ihm soll in diesem Kapitel, vom Ethos der Beamten im nächsten die Rede sein.

Die rauhe Militärmacht im Nordosten Deutschlands hat schon im 18. Jahrhundert die Zeitgenossen irritiert. Mirabeau wird die bildhafte Wendung zugeschrieben, Preußen sei in einer Kanonenkugel ausgebrütet worden, ebenso der Satz: »Die preußische Monarchie ist nicht ein Land, das eine Armee, sondern eine Armee, die ein Land hat, in welchem sie gleichsam nur einquartiert steht.«[5]

In der Tat war die Armee ungewöhnlich groß: 1688 umfaßte sie 28 000, 1740 83 000 und 1786 200 000 Mann. Rechnet man diese Zahlen als Anteile auf die Landesbevölkerung um, so waren das 2,8, dann 3,8 und schließlich 3,4 Prozent. Der Soldatenkönig unterhielt am Ende seiner Herrschaftszeit die viertstärkste Armee in Europa, obwohl Preußen nach seinem Gebiet erst an zehnter und nach seiner Bevölkerung sogar erst an dreizehnter Stelle stand. Wenn man sich dies an heutigen Verhältnissen anschaulich macht, dann müßte die Bundeswehr auf über zwei Millionen

Mann mehr als vervierfacht werden. Dabei ist noch zu bedenken, daß der Überschuß über das Existenzminimum hinaus, das der einzelne Bürger im 18. Jahrhundert erwirtschaften konnte, ungleich geringer war als unter den Bedingungen der modernen Industriegesellschaft. Folgerichtig verschlang die Armee – in Friedenszeiten! – den bei weitem größten Teil, rund 80 Prozent des Staatshaushalts.

Die Armee war aber nicht nur ungewöhnlich groß, sondern auch ungewöhnlich tüchtig. In den Worten Rudolf Augsteins: »Führt man Friedrichs geschichtliche Leistung auf ihren geschichtlichen Kern zurück, so ergibt sich: Er hat die Mittel seines Landes ausgeschöpft, um mehr Soldaten unter Waffen zu locken, oder zu zwingen, als andere Länder vergleichbarer Größe, hat diese Soldaten einem einzig dastehenden Zwangssystem unterworfen, das einzigartige Effektivität gewährleistete, und hat derart die Mittel und das Prestige seines Landes über die Großmacht-Schwelle hinausgehoben. Friedrich ist zu sehen als der absolute Chef einer nur von ihm in Gang zu haltenden Schießmaschine, die, von ihm eingesetzt, allen vergleichbaren Heeren mechanisch überlegen sein mußte.«[6]

Aber solche »Kern«-Behauptungen zielen am Kern des geschichtlich Bedeutsamen vorbei. Man kann sogar Gegenrechnungen aufmachen: Im Zeitalter des Absolutismus erobert und verteidigt jeder halbwegs energische Herrscher, was er nur erobern und verteidigen kann. Preußen aber geht spätestens seit dem Frieden von Basel 1785 oder sogar schon seit dem Hubertusburger Frieden von 1763 zu einer eher defensiven als offensiven Politik über, die später nur von den Kriegen der Reichseinigungszeit kurzfristig unterbrochen wird. Insgesamt führt es weniger Kriege als andere europäische Großmächte; an außereuropäischen Feld- oder Seezügen und Eroberungen ist es ohnehin nicht beteiligt. Übrigens weicht im 19. Jahrhundert auch seine durchschnittliche Heeresstärke nicht mehr wesentlich von der vergleichbarer Mächte ab, ja man kann beobachten, daß schließlich aus Gründen, über die noch zu sprechen sein wird, mögliche und vielleicht notwendige Heeresvermehrungen hinausgezögert werden.

Wenn nun aber der Maßstab von Kriegen und Eroberungen keinen prinzipiellen Unterschied zwischen Preußen und anderen Großmächten ergibt, was kann dann eigentlich gemeint sein? Gerhard Ritter definiert »Militarismus« als die Verselbständigung, schließlich das Überwuchern militärischer Planung und Führung gegenüber der politischen.[7] Auch auf diese Weise wird, absichtsvoll, das klassische Preußen entlastet. Denn der Militarismus tritt in solcher Sicht eigentlich erst in der wilhelminischen Epoche und im Ersten Weltkrieg auf. Noch Bismarck hat, wenngleich unter scharfen Konflikten, den Primat des Politischen gegenüber den Militärs behauptet. Nein: Das eigentliche Problem stellt sich gar nicht nach außen, sondern *nach innen,* nicht im Krieg, sondern *im Frieden.* Und dieses Problem verschärft sich zusehends. Denn nachdem eine Herrschaftsordnung im Zeichen des Bündnisses von Thron und Adel erst einmal sich entwickelt und befestigt hat, wird sie auch dann noch verbissen verteidigt, als ihre geschichtliche Stunde eigentlich längst abgelaufen ist. Eine Gesellschaft soll konserviert werden, die als ein für allemal abgeschlossene Hierarchie sich darstellt, nicht aber als veränderungsoffen und schon gar nicht als prinzipiell egalitär. Dabei sind es ausgerechnet die durch lange Erziehung eingeübte preußische Diensttüchtigkeit und ein habituell gewordener Schneid – der »Mumm in den Knochen«, um es mit einem spätpreußischen Modebegriff auszudrücken –, die diese Konservierung so erfolgreich machen und für ihre Überwindung den Preis der Katastrophe fordern.

Niemand hat das Ergebnis preußischer Erziehung und ihre Motive so genau und so kritisch bezeichnet wie der entschiedene Liberale Alexander Rüstow. Er erzählt eine seltsame Anekdote: »In unserem Regiment wurde im Ersten Weltkrieg sprichwörtlich der Ausruf eines aktiven Hauptmanns: ›Rüstow, Sie sind kein Soldat, Sie sind nur im Krieg zu gebrauchen!‹ Subordination und Höflichkeit hinderten mich zu antworten: ›Herr Hauptmann, Sie sind ein Soldat, Sie sind nur im Frieden zu gebrauchen!‹«[8]

Rüstow sagt dazu: »Wer sich der paradoxen und für den gesunden Menschenverstand unverständlichen, aber grundlegenden Tatsache der Kriegsscheu und Kriegsfeindlichkeit des Friedens-, Kasernenhof-, Kasino- und Manövermilitarismus nicht bewußt ist, seiner Front nach innen und nach unten statt nach außen, dem fehlt ein wesentlicher Schlüssel zum soziologischen Verständnis der neueren preußisch-deutschen Geschichte... Die eigentliche Front des feudaloiden Friedensmilitarismus war nicht auf dem Schlachtfeld gegen den äußeren Feind gerichtet, sondern auf dem Kasernenhof gegen die Untergebenen, deren Selbstbewußtsein und deren Menschenwürde. Sie sollten lernen, sich als Unterschicht zu fühlen und zu ducken. Es war eine feudalistische Überlagerungsfront, wenn man will eine spätständische oder nachständische Klassenkampffront. Die groben Formen der Weiterleitung des Überlagerungsdrucks nach unten wurden dabei den Unteroffizieren überlassen wie den frühkapitalistischen Meistern in der Industrie.«[9]

So gesehen müßte man nicht so sehr von einer Schießmaschine, als vielmehr von einer Drillmaschine sprechen. Preußens »größter innerer König«, der Soldatenkönig Friedrich Wilhelm I., hat sie geschaffen. Übrigens hat er dabei eine timide Außenpolitik betrieben. Darauf geht die Redensart zurück: »So schnell schießen die Preußen nicht«, obwohl sie exerziermäßig weit schneller schossen als andere.

Worauf es ankommt, das ist die unbedingte Homogenität der Armee, vor allem die soziale Geschlossenheit des Offizierkorps. Friedrich der Große hat nach dem Siebenjährigen Krieg nichtadlige Offiziere rigoros ausgeschieden. Dabei waren ihm, bezeichnend genug, Adlige auch dann durchaus willkommen, wenn sie nichtpreußischer Herkunft waren. Nicht auf die Verbundenheit mit einem Lande, sondern mit dem Stande kam es an. Im Jahre 1786 gab es unter 52 Generalen, 59 Obersten und 23 Oberstleutnants der preußischen Infanterie keinen einzigen Nichtadligen, dafür aber unter den Generalen 16, unter den Obersten 27 und unter den Oberstleutnants 6 Ausländer. Von insgesamt 689 Generalen und Stabsoffizieren waren 22 bürgerlicher Herkunft: 1 Oberst, 3 Oberstleutnants, 18 Majore. Neun von diesen bürgerlichen Offizieren gehörten zu Garnisonsregimentern.

Nach 1807 wurde allerdings eine Änderung unabweisbar. Denn der schmähliche Zusammenbruch Preußens folgte ja offenkundig aus der Niederlage seiner Standesarmee gegenüber der französischen Nationalarmee. Scharnhorst – selbst bürgerlicher Herkunft – formulierte das revolutionäre Prinzip, das dann in der königlichen Verordnung vom 6. August 1809 seinen Ausdruck fand: »Einen Anspruch auf Offiziersstellen sollen von nun an in Friedenszeiten nur Kenntnisse und Bildung gewähren, in Kriegszeiten ausgezeichnete Tapferkeit und Überblick. Aus der ganzen Nation können daher alle Individuen, die diese Eigenschaften besitzen, auf die höchsten Ehrenstellen im Militär Anspruch machen. Aller bisher stattgehabter Vorzug des Standes hört beim Militär ganz auf, und jeder ohne Rücksicht auf seine Herkunft hat gleiche Pflichten und gleiche Rechte.« Entsprechend wurde für die Soldaten die »Freiheit des Rückens« proklamiert; das Prügeln und Spießrutenlaufen hatte ein Ende.

Doch die Reaktion nach 1815, besonders nach dem Sturz Boyens im Jahr 1819, siegte über Scharnhorsts Vermächtnis. Damit wurde auch die »bürgerliche« Landwehr immer mehr in Abhängigkeit vom »königlichen« Linienheer gebracht; diese Entwicklung vollendete sich mit der Roonschen Heeresform der sechziger Jahre. Und 1865 waren von 8169 Offizieren immer noch 4172 Adlige. Am Vorabend des Ersten Weltkriegs waren dann zwar 70 Prozent aller Offiziere bürgerlicher Herkunft. Bei den Leutnants waren es sogar 75 Prozent, und selbst bei den Generalen war der Anteil der Adligen von 80 auf 52 Prozent abgesunken.[10] Erst recht wurde das Institut des Reserveoffiziers zu einer bürgerlichen Domäne.

Aber bei der Beurteilung dieser Zahlen muß man sich daran erinnern, daß die Reichseinigung zugleich und entscheidend eine Einigung zwischen Obrigkeitsstaat und Bürgertum gewesen war, so daß man seither von einer »Verjunkerung der Bourgeoisie« sprechen kann. Beide, der alte Staat und das Bürgertum, bildeten jetzt eine gemeinsame Abwehrfront, ein »Kartell der Angst« im Kampf gegen die Arbeiterbewegung.

Wie weitgehend dabei die preußische Militärerziehung sich insgesamt als wirksam erwies, beleuchtet die Erklärung, die der Unteroffizierssohn August Bebel 1892 im Reichstag abgab und die Rüstow[11] als »leider völlig zutreffend« kommentiert: »Der Herr Reichskanzler können versichert sein, daß die deutsche sozialdemokratische Partei eine Art Vorschule des Militarismus ist.« Nicht unsonst wurden ja Disziplin und Ordnungsliebe der »königlich preußischen Sozialdemokratie« gerühmt – oder gehöhnt, wie von Lenin, der über die deutschen Genossen gesagt haben soll, sie würden, falls sie in der Revolution einen Bahnhof zu stürmen hätten, erst einmal Bahnsteigkarten lösen. (Die Gegenanekdote läßt 1918 den König von Sachsen nach der Meldung, daß Leute mit roten Fahnen auf das Schloß zumarschieren, fassungslos ausrufen: »Ja, dürfen die das denn?«)

Im übrigen war den leitenden Männern stets bewußt, daß es darauf ankam, die Geschlossenheit des Offizierkorps unbedingt zu wahren. Oldenburg-Januschau zitiert in seinen Erinnerungen Bismarck: »Man kann die deutsche Armee pekuniär und an Mannschaftsbestand ziemlich unbegrenzt vermehren. Die Grenze liegt in der Zusammensetzung des Offizierkorps. Das hat Preußen groß gemacht.«[12] Und der kritischer urteilende Freiherr von Rheinbaben nennt es rückblickend »unbegreiflich«, daß die Heeresleitung und der preußische Kriegsminister bis 1912 keine Vergrößerung des Heeres gefordert hätten, »um nicht zuviel ›bürgerliche‹ Elemente in das Offizierkorps hineinzubekommen«.[13]

Es ist sehr begreiflich. Denn »unsere Macht findet dort ihre Begrenzung, wo unser Junkermaterial zur Besetzung der Offiziersstellen aufhört«.[14] Wie der Kriegsminister Roon nach 1871 es ausdrückte, ist »eine tüchtige Armee ... der einzig denkbare Schutz sowohl gegen das rote als gegen das schwarze Gespenst. Ruinieren sie die Armee, dann ist das Ende da; dann adieu Preußischer Kriegsruhm und Deutsche Herrlichkeit!«[15]

Solche Sätze bezeichnen exakt die Ängste und die Beweggründe eines »Friedensmilitarismus«, mit dem sich allenfalls kurze und siegreiche Kriege wie die der Reichseinigungszeit vereinbaren lassen. Ein lange und verlustreich hingezogener Krieg muß dagegen das unersetzbare »Junkermaterial« ebenso aufreiben, wie er die Kasernendisziplin der Truppe aushöhlt. Das haben Ablauf und Ausgang des Ersten Weltkriegs demonstriert. Vielleicht hat der alternativlose, politisch verhängnisvolle und militärisch um alles oder nichts würfelnde Schlieffenplan seine tiefste, schon vorbewußte Motivation darin, daß man nur den Blitzkrieg und -sieg statt der jedenfalls im Westen durch die technische Entwicklung gebotenen Defensivstrategie wünschen könnte.[16] Seltsam genug haben dann die Bestimmungen des Versailler Friedensvertrages mit ihrer scharfen Begrenzung der Heeresstärke Seeckt und der Reichswehr noch einmal die Chance zur Wiederherstellung einer konservativen Homogenität zugespielt.

Diese konservative Homogenität ist allerdings in der überstürzten Aufrüstung des Dritten Reiches endgültig zerbrochen. Aber dies war gewollt, ging es für Hitler doch darum, die abgelebte preußische Herrschaftsgesellschaft, die 1918 zusammengebrochen war, durch eine neuartige, gegenrevolutionär-radikale zu ersetzen. Die untergründig fortdauernden Spannungen zwischen konservativen und radikalen Herrschaftsvorstellungen werden durch die Geschichte erst des militärischen Unbehagens gegenüber der abenteuerlich forcierten Aufrüstung und dann des Widerstandes gegen Hitler belegt. Sie werden auch beleuchtet durch den während des Zweiten Weltkriegs in Adelskreisen kolportierten Satz, der Heinrich Himmler zugeschrieben wurde: »Mit dem preußischen Adel werden wir auf den Schlachtfeldern Rußlands fertig.«

Nun läßt sich natürlich gegen die These vom »Friedensmilitarismus« ein scheinbar durchschlagender Einwand formulieren: Wie läßt sich damit das imperialistische »Weltmacht«-Streben der wilhelminischen Zeit vereinbaren? Wie Treitschkes einflußreiches Predigen zum Lob des Krieges[17], wie alles Gerede vom »Stahlbad der Völker« und davon – nach Moltke –, daß der ewige Frieden ein Traum sei, und nicht einmal ein schöner? Wurde der »siegreiche Krieg« nicht gar zum »sozialen Ideal« erklärt?[18] Und haben nicht eine ungeheure Begeisterung und Gefühle der Befreiung aus unerträglichem Druck den Ausbruch des Ersten Weltkriegs begleitet?

In der Tat. Aber mit alledem werden doch nur die Risiken sichtbar, die jeden »Friedensmilitarismus« immer und unausweichlich begleiten. Denn einmal müssen natürlich kriegerische Tugenden propagiert und eingeübt werden; einzig mit dem Hinweis auf die ständig drohenden äußeren Gefahren kann die verbissene Bewahrung der überkommenen Herrschaftsordnung gegen alle Tendenzen zu ihrer liberalen und parlamentarisch-demokratischen »Zersetzung« wirksam verteidigt werden. Zum anderen kann es die Ausweglosigkeit der innenpolitischen Situation notwendig machen, die aufgestauten Spannungen aggressiv nach außen abzuleiten, um sie mit einem siegreichen Krieg neu zu befestigen. Bismarcks überlegener Staatskunst war dies ja glänzend gelungen, und er hatte damit ein verführerisches Muster geschaffen. Das Prinzip des »Friedensmilitarismus« wird also dadurch nicht widerlegt, daß es aus seiner inneren Widersprüchlichkeit heraus sich sozusagen selbst in die Quere gerät und ein Vabanquespiel provoziert. Wenn es mißlingt, dann ist freilich die Katastrophe unabwendbar.[19]

Doch kehren wir in das klassische Preußen zurück. Der große Erzieher, Friedrich Wilhelm I., hat bewußt das Militär und die militärische Zucht in das Zentrum seines Staates gerückt. Diese Entwicklung bahnt sich sogar schon vor der Zeit des Soldatenkönigs an; ein Vergleich der Rang-Reglements von 1688, 1700, 1705 und 1713 zeigt ein stetiges Vorrücken der Soldaten gegenüber den Zivilisten.[20] Der König selbst geht mit gutem Beispiel voran. Seit 1725 tritt er niemals mehr anders als in Uniform auf. Er revolutioniert damit die barocken Vorstellungen vom Glanz eines Fürstenhofes, die sich am Modell Ludwigs XIV. orientierten. Ein Besucher berichtet 1718 mit Staunen: »Ich sehe hier einen königlichen Hof, der nichts Glänzendes und nichts Prächtiges als seine Soldaten hat. Es ist also möglich, daß man ein großer König sein kann, ohne die Majestät in dem äußerlichen Pomp und in einem langen Schweif buntfarbiger, mit Gold und Silber beschlagener Kreaturen zu suchen. Hier ist die Hohe Schule der Ordnung und der Haushaltskunst, wo Große und Kleine sich nach dem Exempel ihres Oberhauptes mustern lernen.«[21] Darin liegt ja der entscheidende Unterschied zwischen dem französischen und dem preußischen Modell: dort der prunkende Hof, der den Adel zum Hofadel und damit praktisch funktionslos macht, hier die Erziehung zum Staatsdienst. Wie dabei die große Allongeperücke durch die kleine Dienstperücke ersetzt wird, so lernt im militärischen Bereich der Offizier sich in den »kleinen Dienst« des alltäglichen Exerzierens der Soldaten als seine eigentliche Aufgabe fügen, die vorher als unstandesgemäß galt.

Der König wirkt handgreiflich als Vor-Bild. Angesichts noch wesentlich vormoderner, vorindustrieller, bis in die Städte hinein ländlich geprägter Lebensverhältnisse, unter diesen einfachen und anschaulichen, also beim Lehren und Lernen im doppelten Sinne aufs *Ansehen* gestellten Bedingungen wird der König in seinem angestrengten Visitieren allen sichtbar. Die Menschen sehen, wie er – ein derber, etwas gedunsener Kerl – selbst des Königs Rock trägt, dem sie sich übrigens auch aus Gründen der Ökonomie anbequemen: Die Soldaten, durch welche die Majestät allgegenwärtig ist, leben ja nicht in Kasernen konzentriert am Rande oder abseits der Städte, sondern weit verstreut im Bürgerquartier, sofern sie nicht ohnehin zur Arbeit beurlaubt sind. Und sie erhalten jährlich eine neue Montur, so daß sie die abgetragene an Angehörige weitergeben oder an ihre Wirtsleute verhökern. Das blaue Tuch aber stammt aus den königlichen Manufakturen, die es als Massenlieferanten der Heeresware preiswert herstellen. So nähert sich das Preußen der großen Könige dem Bilde von den »blauen Ameisen«, das wir uns in den Jahren der Kulturrevolution vom maoistischen China gemacht haben.

1713 wurde das »Königliche Lagerhaus« als Tuchmanufaktur gegründet. Es diente nicht nur der Herstellung von Stoffen, sondern noch anderen Zielen: »Den Hauptbestandteil des städtischen Proletariats im damaligen Preußen bildete der Familienanhang des stetig wachsenden Militärs; dieses Proletariat sittlich und ökonomisch zu heben, es nicht verkommen und zur Nachtseite des Militärstaates werden zu lassen, war eine Aufgabe, die Friedrich Wilhelm I. vom Tage seines Regierungsantritts an erkannte. In den Dienst dieser Aufgabe stellte er die Heeresindustrie, vor allem die Textilindustrie, die mit Wollbereitung und Spinnerei ausgedehnte Möglichkeiten zur Beschäftigung von Frauen und Kindern bot. Berlin mit der größten Garnison und dem größten Militärproletariat erhielt das Lagerhaus.«[22]

Es entwickelte sich zur größten Tuchmanufaktur Europas. Aber es diente eben nicht nur seinem ökonomischen Zweck, sondern zugleich der Arbeitsbeschaffung und, nicht zuletzt, der Arbeiterdisziplinierung – wie umgekehrt die Arbeits- und Zuchthäuser für Strafgefangene den ökonomischen Zweck zu beachten hatten. In der Instruktion für einen Fabrikanten, der um die Mitte des 18. Jahrhunderts das Küstriner Arbeitshaus pachtete, hieß es: »Wenn die Züchtlinge wegen ihrer begangenen Verbrechen gezüchtigt werden sollen, muß solches moderat geschehen, damit sie nicht zum Spinnen untüchtig gemacht werden.«[23]

Der Soldatenkönig erweist sich als höchst erfinderisch in seinem Bestreben, den Geist militärischer Hierarchie und soldatischer Disziplin im ganzen Lande zu verbreiten. Er richtet die Kadettenanstalt als Pflanzstätte des adligen Offiziersnachwuchses ein – und anfangs werden Söhne eines noch widerstrebenden Adels geradezu mit Gewalt in die Kadettenanstalt entführt.[24] Der König begründet auch das Potsdamer Militärwaisenhaus. Und ausgediente Soldaten werden zu Subalternbeamten gemacht – nicht zuletzt: zu Schullehrern.

Sogar im Bereich der Kirche hält soldatisches Denken seinen Einzug. Denn es wurde üblich, Pastoren zunächst als Feldprediger einzustellen, bevor sie später zivile Pfarrämter erhielten. So heißt es bei Mühler: »Das Moment, daß der größere und vornehmere Teil der märkischen Geistlichkeit durch die Zwischenstufe des Feldpredigeramtes hindurch ging, ist auch für die Geschichte der Kirchenverfassung nicht unwichtig, indem gerade dadurch der Geist einer strengen militärischen Disziplin Eingang fand.«[25]

Entscheidend blieb die Zusammenführung von Thron und Adel im Offiziersdienst. Schon »im Jahre 1724 gab es unter dem pommerschen Adel keine Familie, aus der nicht ein oder mehrere Mitglieder entweder gedient hatten oder noch dienten. Ähnlich in der Kurmark, in Preußen.«[26] Daraus ergibt sich eine höchst wichtige Doppelfunktion: In seiner »idealtypischen« Karriere wird der junge Adlige zunächst Soldat und Offizier. Dadurch wird er zum Dienst und zum Befehlen erzogen, während er zugleich überwiegend Bauernsöhne zur militärischen Disziplin erzieht. Später nimmt er dann seinen Abschied, um als Rittmeister oder Major a. D. das väterliche Gut zu bewirtschaften – und seine Bauern oder Gutsleute in eben dem Geist zu regieren, zu dem er in den prägsamen »schönsten Jahren seines Lebens« herangebildet worden ist.[27] Als Kirchenpatron wählt er überdies den Dorfpfarrer aus und sieht auf dessen »Haltung«. Eine wirksamere Multiplikation preußischer Erziehung ist kaum denkbar.

Natürlich gehört zur Geschichte der neuzeitlichen Erziehung im weitesten Sinne, die den Übergang von der vormodernen zur modernen Gesellschaft vorbereitet und begleitet, überall, keineswegs nur in Preußen, ein Prozeß der Disziplinierung, der Einübung rational kontrollierten Handelns und Verhaltens.[28] Aber es macht einen Unterschied aus, ob die Disziplinierung wesentlich als Selbstdisziplinierung sich durchsetzt oder als Fremddisziplinierung durchgesetzt wird. Selbstdisziplinierung setzt voraus, daß die Gesellschaft, das Verhältnis der Menschen zueinander als prinzipiell egalitär erlebt wird. Dieses prinzipiell egalitäre Verhältnis mag sich im Ursprung aus dem radikalen Protestantismus, aus Calvinismus, Puritanismus und allen Spielarten des freikirchlichen Nonkonformismus oder auch durch Humanismus und Aufklärung begründen. In jedem Fall wird es in seiner Tiefe bestimmt von einem antihierarchischen Affekt, und es bereitet damit auf politischem Felde den Weg zur Demokratie vor. Die Fremddisziplinierung wird dagegen bestimmt durch ein Weltbild, das Herrschaft und Hierarchie als natürlich oder gottgewollt voraussetzt. Eben darin steckt der Unterschied, der Deutschland, das heißt im politischen Kern Preußen, immer weiter vom Westen entfernt – es so weit entfernt und schließlich abgründig trennt, wie es dann in der ideologischen Gegensatzkonstruktion der Ideale von 1789 und der »Ideen von 1914« sich darstellt.

Fremddisziplinierung: Dagegen spricht nicht, daß zur preußischen Offizierserziehung die Erziehung zum Mut, auch zur Entschlußfreude und zur Verantwortungsbereitschaft gehört. Eine Anekdote berichtet: Ein Stabsoffizier hat etwas Unsinniges getan. Zur Rede gestellt, beruft er sich darauf, nur einen Befehl ausgeführt zu haben. Doch darauf bekommt er zu hören: »Herr, dazu hat der König von Preußen Sie zum Stabsoffizier gemacht, daß Sie wissen, wann Sie einen Befehl *nicht* ausführen dürfen!« Damit werden Herrschaft und Hierarchie keineswegs gesprengt, sondern im Gegenteil bestätigt und befestigt. Denn zum herrschaftlichen Herrschen braucht man nun einmal Mut und Entschlußkraft und nicht etwa ängstlichen Kadavergehorsam.

Wie sich das Weltbild von Herrschaft und Hierarchie ausnimmt, hat wohl niemand so drastisch geschildert wie der sächsische Generalssohn und Künder preußisch-deutscher Tugenden Heinrich von Treitschke, der sogar für die Annexion seiner Heimat durch Preußen eintrat und es darüber zum Bruch mit seinem Elternhaus kommen ließ:

»Betrachtet man nun näher dieses ganze Geflecht gegenseitiger Abhängigkeitsverhältnisse, das man als bürgerliche Gesellschaft bezeichnet, so ist deutlich, daß alle Gesellschaft von Natur eine Aristokratie bildet. Die Sozialdemokratie kennzeichnet den Unsinn ihrer Bestrebungen schon durch den Namen. Wie mit dem Staat gegeben ist ein Unterschied von Obrigkeit und Untertan, der niemals aufgehoben werden kann, so ist mit dem Wesen der Gesellschaft ein für allemal gegeben die Verschiedenheit der Lebenslage und Lebensbedingungen ihrer Glieder. Um es kurz zu sagen: Alle bürgerliche Gesellschaft ist Klassenordnung. Es kann durch eine weise Gesetzgebung dafür gesorgt werden, daß diese Klassenordnung nicht eine drückende wird, daß der Übergang von unten nach oben und umgekehrt möglichst erleichtert wird; aber keine Macht der Welt wird je bewirken können, daß eine neue künstliche Klassenordnung die natürliche Verschiedenheit der sozialen Gruppen aufhebt.

Sieht man genauer hin, so liegt es ebenfalls in der menschlichen Natur selber begründet, daß die ungeheure Mehrheit der Kräfte unseres Geschlechts aufgehen muß in der Befriedigung der gröbsten Lebensbedürfnisse. Das bloße Dasein zu fristen ist für den Barbaren der Hauptinhalt des Daseins. Und so gebrechlich und bedürftig ist von Natur unser Geschlecht, daß auch auf höheren Kulturstufen die ungeheure Mehrheit der Menschen immer und überall der Sorge um das Leben, der materiellen Arbeit ihr Dasein widmen muß, oder um es trivial auszudrücken: Die Masse wird immer die Masse bleiben müssen. Keine Kultur ohne Dienstboten. Es versteht sich doch von selbst, wenn nicht Menschen da wären, welche die niedrigen Arbeiten verrichten, so könnte die höhere Kultur nicht gedeihen. Wir kommen zu der Erkenntnis, daß die Millionen ackern, schmieden und hobeln müssen, damit einige Tausend forschen, malen und dichten können.

Das klingt hart, aber es ist wahr und wird in alle Zukunft wahr bleiben. Mit Jammern und Klagen ist hiergegen gar nichts auszurichten. Der Jammer entspringt auch nicht der Menschenliebe, sondern dem Materialismus und Bildungsdünkel unserer Zeit.«[29]

Es versteht sich wohl auch von selbst, daß eine derart »natürliche« Aristokratie durch das verteidigt werden muß, was Alexander Rüstow den Friedensmilitarismus einer Überlagerungsgesellschaft genannt hat. Kehren wir daher noch einmal zur Offizierserziehung zurück. Nach 1807 mochte es vorübergehend den Anschein haben, als könnten die Reformer, allen voran Scharnhorst und Boyen mit Mitarbeitern wie Gneisenau und Grolmann, nicht nur eine moderne Heeresorganisation, sondern auch ein neues Bildungsprinzip durchsetzen. Aber es blieb nur in seinen Oberflächenschichten und in seiner letzten Endes technischen Zweckbestimmung erhalten. In diesem Sinne schildert Friedrich Meinecke den Typus des preußischen Offiziers, wie er um die Mitte des 19. Jahrhunderts bestimmend war und bestimmend bleiben sollte.

Es hatte sich, sagt er, »das jetzige Offizierkorps, nachdem der Zeitpunkt einer innerlichen Annäherung der höheren Stände verpaßt war, trotz seiner teilweisen Ergänzung auch aus bürgerlichen Kreisen zu einem Stande mit einheitlicher aristokratischer Physiognomie zusammengeschlossen. Und es stand, trotz vieler minderwertiger Elemente in seinen Reihen, auch der geistigen Bildung seiner Zeit nicht fern, – das heißt, es benutzte sie, aber es eignete sie sich nicht innerlich an; es übernahm mehr ihre positiven Lehren als ihren ideellen Kern. Aus dieser Schule gingen die späteren Generale von 1866 und 1870 hervor. Sie hatten alle fleißig gelernt und die Fortschritte des Wissens aufmerksam verfolgt, aber sie hatten nicht, wie die Reformer von 1808, den heißen Trieb, das eigene Leben mit den allgemeinen geistigen Kräften zu durchdringen. So bildete sich ein Typus des modernen preußischen Offiziers aus: von Kindheit an gerade gerichtet, um nicht zu sagen dressiert; alle, die Klugen wie die Dummen, zu ritterlichem und straffem Auftreten erzogen.

Tradition und Geist des Offizierkorps waren so stark und ausgeprägt, daß sie fast immer nur homogene Naturen anzogen und der Ersatz gleichen Schlages blieb. Und die geistigen Mächte der Zeit, die zu Beginn des Jahrhunderts die Dämme des Standesbewußtseins hatten durchreißen können, hatten sich gewandelt. Teils hatten sie an innerer Stärke verloren, teils wirkten sie sogar als günstige Winde in den Segeln. Jene Verbindung einer realistisch-utilitaristischen Bildung mit einem sozialen Standesgeist, der Elemente aus anderen Kreisen nur soweit aufnahm, als sie gleichartig oder verwandt waren, war und wurde immer mehr modern und wurde im preußischen Offizierkorps eigentlich zuerst verwirklicht. Fachbildung und Standesgeist förderten sich gegenseitig, denn der moderne Realismus erkannte sehr genau, daß nicht nur Bildung, sondern auch Milieu und Tradition, selbst irrationale Tradition, Macht sei. Nicht Universalität, sondern Einseitigkeit der Bildung macht schneidig für den Zweck, sagte Roon später einmal, als er die Kadetteninstitute verteidigte.«[30]

Zwei Ausblicke in das 20. Jahrhundert zum Schluß. Fürst Eulenburg hat über seinen persönlichen Freund und Vertrauten gesagt: »Kaiser Wilhelm II., der im Gegensatz zu seinem hochgebildeten Elternhaus seine Erziehung im Offizierkorps des I. Garderegiments ›vollendet‹ hatte, sog wie ein Kind an den Mutterbrüsten die Tradition ein, daß jeder preußische Offizier nicht nur die Quintessenz aller Ehrenhaftigkeit, sondern auch aller guten Sitten, aller Bildung und geistigen Begabung sei. Daß ein Mann von hellem Blick wie Wilhelm II. auch die beiden letzteren Eigenschaften *jedem* Garderock zuzurechnen vermochte, ist mir stets ein Rätsel gewesen. Wir wollen es eine Mischung von militärischer Hohenzollerninzucht und Selbsthypnose nennen.«[31]

Der Kaiser selber hat anläßlich einer Rekrutenvereidigung gesagt: »Kinder Meiner Garde, mit dem heutigen Tage seid ihr Meiner Armee einverleibt worden, steht jetzt unter Meinem Befehl und habt das Vorrecht, Meinen Rock tragen zu dürfen. Tragt ihn in Ehren. Denkt an unsere ruhmreiche vaterländische Geschichte; denket daran, daß die deutsche Armee gerüstet sein muß gegen den inneren Feind sowohl als gegen den äußeren. Mehr denn je erhebt der Unglaube und Mißmut sein Haupt im Vaterlande empor, und es kann vorkommen, daß ihr eure eignen Verwandten und Brüder niederschießen oder -stechen müßt. Dann besiegelt die Treue mit Aufopferung eures Herzblutes.«[32]

Über die Katastrophe des Zweiten Weltkriegs schreibt dann Gordon A. Craig in dem Schlußabsatz seines Buches über die preußisch-deutsche Armee 1640–1945: »Bis zum allerletzten Ende zeigten die Befehlshaber der deutschen Armeen die technische Virtuosität und den physischen Mut, die seit der Wiedererhebung nach Jena und Auerstedt für das preußische Offizierkorps stets charakteristisch gewesen waren. Aber was die meisten von ihnen in diesen letzten verzweifelten Jahren nicht zeigten, war das, was sie auch nicht gezeigt hatten, als Hitler 1933 auf der Schwelle zum Kanzleramt stand, was sie nicht gezeigt hatten, als er im Juni 1934 seine Mordbuben auf das Volk losließ, was sie nicht gezeigt hatten, als Schleicher ermordet und Fritsch degradiert wurde: nämlich eine Spur jenes moralischen Mutes, jener geistigen Unabhängigkeit, jener tiefen Vaterlandsliebe, die so große Soldaten der Vergangenheit wie Scharnhorst, Boyen und Gneisenau ausgezeichnet hatten. Ohne diese Eigenschaften waren ihre anderen Befähigungen wertlos und sie selbst machtlos, um die Katastrophe abzuwenden, die in so hohem Maße das Ergebnis ihres mangelnden politischen Verantwortungsgefühls gewesen ist.«[33]

7. Das Ethos der Beamten

»In einem modernen Staat liegt die wirkliche *Herrschaft,* welche sich ja weder in parlamentarischen Reden noch in Enunziationen von Monarchen, sondern in der *Handhabung der Verwaltung* im Alltagsleben auswirkt, notwendig und unvermeidlich in den Händen des *Beamtentums* . . . Wie der sogenannte Fortschritt zum Kapitalismus seit dem Mittelalter der eindeutige Maßstab der Modernisierung der Wirtschaft, so ist der Fortschritt zum bürokratischen, auf Anstellung, Gehalt, Pension, Avancement, fachmäßiger Schulung und Arbeitsteilung, festen Kompetenzen, Aktenmäßigkeit, hierarchischer Unter- und Überordnung ruhenden Beamtentum der ebenso eindeutige Maßstab der Modernisierung des Staates.«

Mit diesen Sätzen beginnt Max Weber eine Untersuchung über »Beamtenherrschaft und politisches Führertum«.[1] Er beschreibt damit zugleich die Art von Modernität, die Preußen auszeichnet. Denn in Preußen wird die Beamtenherrschaft mit all den angegebenen Merkmalen frühzeitig und vorbildlich, um nicht zu sagen modellhaft verwirklicht. Ihre Fundamente werden in der ersten Hälfte des 18. Jahrhunderts, zur Zeit Friedrich Wilhelms I. geschaffen, und in der gleichen Zeit entwickelt sich auch das spezifische *Ethos* des preußischen Beamten.

Zum Vergleich: In England entsteht ein leistungsfähiger und qualifizierter civil service erst um die Mitte des 19. Jahrhunderts, in den Vereinigten Staaten als ein vom »Beutesystem« der jeweils siegreichen Partei halbwegs unabhängiges Berufsbeamtentum sogar erst in unserem Jahrhundert. In Rußland bleibt, wie in so vielen anderen Ländern, die Korruption notorisch. In Frankreich entwickelt sich zwar mit den zentralistischen Tendenzen eine bedeutende Verwaltungstradition, aber bis 1789 in einem unheiligen Bündnis mit der Sitte der Käuflichkeit oder gar Erblichkeit von Staatsmännern, so daß im Grunde doch erst Napoleon

121

die französische Bürokratie auf ihre seither behauptete Höhe geführt hat.

Gewiß: Das Menschlich-Allzumenschliche fordert auch in Preußen seinen Tribut. Es gibt nicht bloß Bestechlichkeit, Ämterhäufung und Ämterpatronage, sondern auch viele Reibungsverluste durch Kompetenzstreitigkeiten und durch das, was man in unseren Tagen mit dem ebenso unschönen wie treffenden Begriff des »Querschießens« gekennzeichnet hat. Die im 18. Jahrhundert vorherrschenden, von Friedrich Wilhelm I. aus Mißtrauen bevorzugten Formen der Kollegialverwaltung luden besonders dazu ein. Aber das alles sind im wesentlichen doch Kinderkrankheiten und Randerscheinungen, die immer mehr an den Rand gedrängt werden. Im 19. Jahrhundert erreicht dann die preußische Verwaltung einen Gipfel der Leistungsfähigkeit. Und die Beamtenschaft insgesamt entwickelt ein Dienstethos, von dem man nicht im Sinne eines ungehörigen Patriotismus, sondern einer nüchternen Feststellung wahrscheinlich sagen kann, es habe Vergleichbares nie zuvor oder seither und auch kaum jemals anderswo gegeben.

Was hat den preußischen Beamten so hoch steigen lassen? Auf diese Frage gibt es keine knappe und eindeutige Antwort. Denn nicht ein einzelner, alles bestimmender Faktor ist zu nennen. Vielmehr handelt es sich um zwei Gruppen von Bedingungen. Jede für sich mag man auch zu anderen Zeiten oder an anderen Orten entdecken. Aber erst ihr Zusammenwirken ergibt das Einzigartige des preußischen Modells.

Zunächst einmal ist natürlich an die gesellschaftlichen Verhältnisse zu erinnern, von denen schon die Rede war. Wenn für den Adel neben der Offizierslaufbahn die Beamtenkarriere einen Ausweg aus seinen wirtschaftlichen Schwierigkeiten eröffnet, dann gilt dies erst recht für das Bürgertum. Leistung, für den höheren Dienst vorab durch Bildung beglaubigt, ermöglicht den Aufstieg, schafft Ansehen und materielle Sicherheit. Und es fehlt die Alternative. Großstadt, Großbürgertum und Großadel, Börsensaal, französischer Salon oder britisches Parlament als Träger und Beweger wirtschaftlicher, geistiger, politischer Unabhängigkeit: das alles gibt es entweder überhaupt nicht oder allenfalls in verspäteten und verkümmerten Ansätzen. Selbst ein traditionsmächtiges Patriziertum, wie es in der Schweiz oder den Niederlanden dominiert, überdauert auf deutschem Boden nur in Hamburg, Frankfurt und in wenigen anderen, eher stagnierenden Städten außerhalb Preußens. Bis ins Mäzenatentum der Kunst hinein bleiben Fürstenhof und Staat die Monopolisten.

Unser bis heute selbstverständliches deutsches, vielmehr preußisches Reden vom *Staatsbürger* macht den Unterschied, den Gegensatz augenfällig. Es wäre ja höchst sonderbar, wenn man dem französischen *citoyen* ein »d'état« anhängen oder dem anglo-amerikanischen *citizen* ein »state-« vorsetzen wollte. Denn im citoyen oder citizen ist das Allgemeine, das Gemeinwesen immer schon angelegt; der Staat soll ihnen dienen, und an dem Maße, in dem er diese Dienstfunktion erfüllt oder verfehlt, ist er jederzeit kritisch zu messen. Entsprechend sonderbar muß es in westlicher Perspektive sich ausnehmen, wenn wir etwa von politischer Bildung erwarten, daß sie die junge Generation zu guten Staatsbürgern erzieht, um sie damit von Staatsmehr noch als von Bürgerverdrossenheit abzuhalten — oder wenn die Reformer der Bundeswehr den »Staatsbürger in Uniform« erfanden: eine Art Doppelgänger seiner selbst, da doch in der Ausrichtung des Staatsbürgers auf den Staat immer schon ein Stück Bürger-Uniformierung steckt, so als sei der bloße, gleichsam nackte Bürger auch ein minderwertiger, sozusagen vulgärer und automatisch pflichtvergessener.

Weitere Vergleiche drängen sich auf, bis hin zur Auffassung vom Streik gegen den Staat, der in vielen westlichen Ländern ebenso geläufig wie hierzulande notorisch suspekt ist. Aber, um es sarkastisch auszudrücken: Vielleicht steckt im Begriff des Staatsbürgers sogar unsere spätpreußische Form von demokratischem Fortschritt. Denn in gewissem Sinne wird in ihm verallgemeinert, was einst das Privileg einer Minderheit war: der Staatsdiener, der Beamten. Hegel nennt sie[2] den *allgemeinen Stand,* weil sie und nur sie das *Objektive* der Staatsgeschäfte, das allgemeine Wohl zu ihrer Aufgabe haben. Diesem Allgemeinen zu dienen macht das Besondere ihrer Ehre, ihres Ansehens, ihrer Verpflichtung aus und unterscheidet sie vom gewöhnlichen Bürger, das heißt vom Untertanen, dem Ruhe und Gehorsam die ersten und einzigen politischen Pflichten sind.

Versteht man es so, aus der preußischen Prägung unserer politischen Kultur, dann wird vieles Sonderbare durchaus einsichtig. Diese Prägung aber ist nun einmal ohne den Kontrast zwischen dem modernen, hochorganisierten Staat und einer armen und rückständigen Gesellschaft nicht zu denken, in dem nur der Weg in das Beamtentum den Ausweg aus der Misere bahnt. Und so heißt es auch nicht Untertanen und Unterschichten verhöhnen, sondern die Realität beschreiben, wenn Hegel sagt: »Die Mitglieder der Regierung und die Staatsbeamten machen den Hauptteil des Mittelstandes aus, in welchen die gebildete Intelligenz und das rechtliche Bewußtsein der Masse eines Volkes fällt.«[3]

Die Konsequenz liegt auf der Hand. Wo es nur den einen Weg zum Aufstieg und keine Alternative gibt, da wird jeder, dem Talent, materielle und soziale Voraussetzungen nur halbwegs die Möglichkeit dazu bieten, auf diesen Weg drängen. Alle Fähigkeiten werden konzentriert, die sich unter anderen Umständen auf viele Gebiete verteilen; die Anforderungen und das Niveau steigen; man kann Spitzenleistungen geradezu züchten. Es ergibt sich für eine *privilegierte* Minderheit, was man sonst so oft an *diskriminierten* Minderheiten beobachten kann: Wenn ihnen die meisten herkömmlichen Berufe verschlossen sind, entwickeln sie auf dem Felde, das ihnen noch bleibt, herausragende Tüchtigkeit; sie erreichen ein beinahe konkurrenzloses Leistungsniveau. Man denke an die Geschichte der Juden in der europäischen Diaspora oder auch an die Inder in Ostafrika, die, von den Fesseln ihrer Ursprungsgesellschaft befreit, inmitten noch weithin traditionell bestimmter Gastvölker als Händler-Minderheiten alles in Grund und Boden konkurrieren – und daher eine Art von Antisemitismus auf sich ziehen.

Das preußische Bürgertum befindet sich genau in der Doppelsituation von Diskriminierung und Privilegierung, die das Leistungsverhalten herausfordert und in eindeutiger, aber auch einseitiger Profilierung heranzüchtet: Als gewöhnlicher Bürger sah man sich mit einem Obrigkeitsstaat konfrontiert, dessen entscheidende Kommandoposten der Adel besetzt hielt, der zugleich die Rangordnung des Sozialprestiges bestimmte. Mit dem Übertritt ins Beamtentum aber gewann man Anschluß, Anteil zum mindesten am Privileg und Prestige der Herrschenden. Noch vor dem Ersten Weltkrieg ist das klar gesehen worden: »Fast alle akademisch Gebildeten galten als Beamte, und die es nicht waren, wollten scheinen, es zu sein. Die Beamten der sich selbst verwaltenden Städte wurden wenigstens ›mittelbare‹ Staatsbeamte. Es trat eine Steigerung der Anforderungen an die Universitätsbildung des höheren Beamtentums ein, aber unbeschadet der Begünstigung ehemaliger Offiziere und unter Beibehaltung der Bevorzugung des Adels. Der Staat war monopolisiert in einer ausgedehnten Berufsklasse, die eine Aristokratie mit geistigem Zensus darstellte, aber feudalen, höfischen und militärischen Einflüssen ausgesetzt.«[4] Die mittleren und höheren Angestellten in der aufkommenden Industrie gewöhnten sich bald an die Bezeichnung – und die Verhaltensformen – von »Privatbeamten«. Auch Domänenpächter wurden vielfach als Beamte bezeichnet, und die angestellten Gutsinspektoren, Förster und Rentmeister auf ostelbischen Rittergütern waren in der Regel – zum Teil bis 1945 – kurzweg »die Beamten«.

Es gab freilich eine andere und bedenklichere Konsequenz. Auf der einen Seite gewann man mit dem Eintritt ins Beamtentum zwar Anschluß an die Privilegien der Herrschenden und beeilte sich, dies auf jede Weise zum Ausdruck zu bringen. Aber auf der anderen Seite haftet solchen Vorgängen doch auch immer etwas von peinlicher Anbiederung, von Renegatentum, von Kapitulation vor dem überlegenen Gegner an.

Dieser Zwiespalt kennzeichnet die Geschichte des 19. Jahrhunderts. Das höhere Beamtentum, von der Aufkärung berührt, an Kant geschult, im Zeichen des Neuhumanismus Humboldtscher Prägung gebildet, von der Reformbewegung nach 1807 beflügelt, übernimmt in den Jahren der Restauration nach 1815 und der Reaktion nach 1848 weithin gewissermaßen die Rolle der Opposition gegen sich selbst. Es versucht, Liberalität durchzusetzen und zu verteidigen; seine besten Leistungen erzielt es, wo dies ohne massiven Widerstand möglich ist, zum Beispiel im Bereich der Wirtschaftspolitik mit der Vorbereitung und dem Ausbau des Zollvereins. Ganz besonders aber zeigte sich der Sachverhalt in den Situationen politischer Krise. Das Frankfurter Paulskirchenparlament ebenso wie die preußischen Landtage bis hin zur Konfliktzeit der sechziger Jahre sind mehrheitlich Beamtenparlamente. Kaum zufällig hat man die Versammlung in der Paulskirche halb spöttisch, halb anerkennend das Professorenparlament genannt und es als die gebildetste politische Versammlung bezeichnet, die es je gab. Tatsächlich gehörten rund sechzig Prozent der preußischen Abgeordneten in Frankfurt zur »beamteten Intelligenz«.[5]

Darin lagen Stärken wie Schwächen beschlossen. Die Abgeordneten waren in ihrer Mehrheit nicht obskure Emporkömmlinge, sondern anerkannte Männer, Honoratioren, die die geistigen Probleme, die Ideen und Ideale ihrer Zeit ebenso kannten wie den Staatsapparat und seine Verwaltungsprobleme. Doch ergab sich eben damit zugleich ein Zögern, eine Bedenklichkeit, ein Mangel an Entschlußkraft und Härte des Willens, mit den überkommenen Verhältnissen wirklich aufzuräumen. Es ist ja in der Tat schwierig, einen Staat über den Haufen zu rennen, der einem Ansehen, Gehalt und Pensionsberechtigung garantiert.

Ohnehin saßen letzten Endes die konservativen Mächte am längeren Hebel. Nicht nur geboten sie über die reale Macht, die Armee. Nicht nur war Preußen noch immer weithin ein von den »Junkern« beherrschtes Agrarland, in dessen Unterschichten moderne politische Bewegungen noch kaum eingedrungen waren: Bismarck schildert in seinen »Gedanken und Erinnerungen«[6], wie er mit seinen Schönhausener Bauern in der Frühphase der Revolution von 1848 den Widerstand gegen die aufrührerischen Städte vorbereitete, und er war wohl mit Recht zuversichtlich, daß bei einer Entwicklung der Revolution zum Bürgerkrieg ihm und seinen Mitstreitern der Sieg zugefallen wäre. Der alte Staat besaß schon in seinem Beamtenapparat die Mittel, auf die es ankam, um die vorwärtsdrängenden, die gebildeten und aufstiegshungrigen Kräfte des Bürgertums an sich zu ziehen, sie zu integrieren und zu disziplinieren. Und seine Disziplinierungsmittel hat er stets ohne Zögern eingesetzt.

Dies wird immer da deutlich, wo es um die politische Geschlossenheit des Beamtenapparates geht: »Der Unterschied zwischen Beamten und Nichtbeamten trat in diesem Staatswesen noch schärfer hervor als der zwischen Adel, Bürgern und Bauern, den man durch Ständeorganisationen zu beleben beflissen war. Den Beamtenstand gesinnungstüchtig zu erhalten durch Ausschluß verdächtiger Elemente, war in der Zeit der Demagogenverfolgung eifriges Bemühen. Und da das Universitätsstudium fast nur für den Staatsdienst vorbereitete, so war die Ausschließung von letzterem die Waffe, der sich die Regierungen im Kampf gegen die freiheitlichen Bestrebungen mit Vorliebe bedienten.«[7] Es gab indessen noch andere Waffen: Allein das Berliner Kammergericht verurteilte 204 Studenten zu oft langjährigen Haftstrafen, darunter 39 zum Tode. Diese Todeskandidaten wurden dann zu dreißigjähriger Festungshaft begnadigt.

Während der kurzlebigen Vorherrschaft liberaler Kräfte im Jahre 1848 erließ der preußische Minister des Innern eine Verfügung, in der es hieß, es könne nicht geduldet werden, daß Beamte im Dienst blieben, die »dem dermaligen Regierungssystem ihre Anerkennung geradezu versagen und demselben geflissentlich widerstreben«. Damit sollte der konservativen Obstruktion begegnet werden. Praktisch aber wirkte sich diese Verordnung nur zugunsten der Reaktion aus, die rasch wieder zur Macht gelangte. Am 11. Juli 1849 folgte dann eine Notverordnung mit neuen Disziplinarbestimmungen. Nach ihrem § 20 – dem »Mutparagraphen« – war es ein Grund für die Dienstentlassung, wenn der Beamte »die Pflicht der Treue verletzt oder den Mut, den sein Beruf erfordert, nicht bestätigt oder sich einer feindseligen Parteinahme schuldig gemacht« hatte. Aus dieser Notverordnung wurde dann, allerdings unter Weglassung der »Mut«-Bestimmung, das Beamtengesetz vom 21. Juli 1852, das bis zum Reichsbeamtengesetz von 1937 in Kraft blieb.

Besonders scharf ging in den Reaktionsjahren der Innenminister Ferdinand von Westphalen vor – übrigens ein Schwager von Karl Marx. Ihm folgte in den achtziger Jahren Robert von Puttkamer.* In einem königlichen Erlaß vom 4. Januar 1882 hieß es: »Für diejenigen Beamten, welche mit der Ausübung meiner Regierungsrechte betraut sind und deshalb ihres Dienstes nach dem Disziplinargesetz enthoben werden können, erstreckt sich die durch den Diensteid beschworene Pflicht auf die Vertretung der Politik meiner Regierung auch bei den Wahlen.«

Nun mag es zwar im parlamentarischen Regierungssystem durchaus angemessen sein, daß die leitenden Beamten die Regierungspolitik aktiv vertreten und deshalb bei einem Regierungswechsel in den einstweiligen Ruhestand geschickt werden. Aber in Preußen gab es, wie im Deutschen Reich, bis 1918 kein parlamentarisches Regierungssystem. Und die Beamtenherrschaft unter dem Schirm des monarchischen Prinzips wurde gegen alle Bestrebungen zur Parlamentarisierung der Ministerverantwortlichkeit gerade mit dem Hinweis auf ihre Überparteilichkeit verteidigt.

* Siehe oben, S. 84.

Diese Überparteilichkeit, oder was von ihr trotz allem noch übrig war, verfiel freilich nach 1871 zusehends. Die Reichseinigung hatte ja Obrigkeitsstaat und Bürgertum zusammengeführt, und in der Folgezeit bildete sich nun das »Kartell der Angst« heraus: die gemeinsame konservative Frontstellung vor allem gegenüber der vorwärtsdrängenden Arbeiterbewegung, aber auch sonst gegenüber jedem Verlangen nach demokratischen und sozialen Rechten. Es begann, oder beschleunigte sich, der Abstieg des preußischen Beamtentums – einschließlich der Justiz und der Hochschullehrerschaft – von seiner einstigen Höhe in die Niederungen einer Reaktion, die um so verbissener sich entwickelte, je mehr sie mit den Erfordernissen der Zeit in Widerspruch geriet. »Der Rechtsstaat wurde geknebelt anstatt fortzuschreiten. Es war ein einzigartiges Schauspiel, daß nach der Erfüllung der langgehegten Wünsche der Nation, zu einer Verfassung zu gelangen, eine Verkümmerung alles dessen erfolgte, was im absoluten Staat in gedeihlicher Entwicklung begriffen war.«[8]

Aus der Zeit der Weimarer Republik stammt von Gustav Radbruch der harte und klare Satz: »Die Überparteilichkeit ist die Lebenslüge des Obrigkeitsstaates.« Diese Lebenslüge aber bestimmt mit wenigen Ausnahmen die Haltung der Bürokratie, der Richter, der Professoren und der Lehrer, kurzum der Beamtenschaft und aller ihr enger oder weitläufiger verwandten Schichten. Es war ein symbolträchtiger Vorgang, als nach der Wahl des kaiserlichen Feldmarschalls Paul von Hindenburg 1925 zum Reichspräsidenten eine Gedenkmünze mit dem Ausspruch des Geehrten geprägt wurde: »Für das Vaterland beide Hände, aber nichts für die Parteien.« Guten Gewissens leistete Hindenburg den Eid auf eine Verfassung, deren Substanz, nämlich die parlamentarische Ordnung, sein Satz verneinte. Daran, an der Obstruktion ihrer Beamten, an der Feindschaft gegenüber Parteiensystem und Parlamentarismus, an dieser verbissenen Illiberalität ist die Republik zugrunde gegangen.

Blickt man zurück auf die Vorgeschichte des deutschen Verhängnisses, so liegt es tatsächlich nahe, von einer Renegatenpsychologie zu sprechen. Gerade weil die preußische Beamtenschaft einst die besten, nicht nur im technischen Sinne leistungstüchtigen, sondern auch freiheitlich und fortschrittlich gesonnenen Kräfte des Bürgertums in sich versammelt hatte, mußte sie wohl bei ihrem Übergang ins konservative Lager alle die negativen Merkmale einer späteren Verjunkerung um so ausgeprägter entwickeln: Standes- und Klassendünkel, Arroganz nach unten wie nach außen, kurzangebundenen Schneid, Borniertheit im Abschätzen kommender Probleme und Gefahren. Kann es da eigentlich noch verwundern, daß der gelehrte Demagoge und Renegat par excellence, Heinrich von Treitschke, eine ganze Generation in seinen Bann gezogen hat? Das wilhelminische Ergebnis hat dann Heinrich Mann im »Untertan« porträtiert. Und Kurt Tucholsky zog das Fazit: »Solange Preußen sich einbildet, seine Laster wären seine Tugenden, solange wird es wohl auf der Welt nicht recht mitspielen können.«[9]

Um die Prägungen des preußischen Beamtentums voll zu verstehen, muß man neben den wirtschaftlichen und gesellschaftlichen Verhältnissen allerdings noch andere Bedingungen ins Auge fassen, die den Typus des preußischen Beamten bestimmt und die Maßstäbe seines Verhaltens, sein Ethos geformt haben. Es waren vor allem religiöse. Das gilt in dreifacher Hinsicht.

Erstens: Im Gefolge der Reformation geraten die Kerngebiete Brandenburgs und Preußens unter den Einfluß des *Luthertums.* Erst später kommen in Schlesien, Westpreußen, Posen, Westfalen und den Rheinlanden teilweise oder sogar überwiegend katholische Gebiete hinzu. Das Luthertum erwies sich für Preußen als doppelt bedeutsam. Einmal hat es, teils in seiner Verteidigung gegen die politisch vom Kaiser angeführte Gegenreformation, teils in der Abwehr radikaler Bewegungen und der Bauernerhebungen, sich ganz dem aufstrebenden Territorialfürstentum anvertraut. Dadurch kam es zu einer sehr starken Betonung des *Gehorsams gegenüber der von Gott gesetzten Obrigkeit.*[10]

Zum anderen hat Luther im Kampf gegen die vorreformatorische Rechtfertigung durch »gute Werke« die berufliche Arbeit ins Zentrum des täglichen Lebens gerückt. Der Beruf erschien als göttliche Berufung und die Arbeit als Ausdruck der Nächstenliebe. Denn im Zuge der Arbeitsteilung wird die eigene Arbeit immer zur Arbeit für andere. So hat das Luthertum den Gedanken der *beruflichen Pflichterfüllung* betont und vertieft; der Nachdruck liegt dabei auf der inneren Erfüllung ebenso wie auf der Pflicht.

Zweitens: Im Jahre 1613 tritt der Kurfürst Johann Sigismund zum reformierten Bekenntnis über. Das Fürstenhaus der Hohenzollern vertritt damit bis zur Kirchenunion von 1817 eine andere Konfession als die Mehrzahl seiner Untertanen. Der calvinistische Einfluß wird noch verstärkt durch die Institution der Hofprediger[11], dann durch den Zuzug von Glaubensflüchtlingen. Zwar verzichtet der Kurfürst auf sein »jus reformandi«, also auf sein Recht, den Untertanen die eigene Konfession aufzuzwingen. Aber damit entsteht die eigenartige, ja einzigartige Konstellation eines *Calvinismus von oben,* im Gegensatz zu einem Calvinismus des Volkes, wie er sonst in Genf, den Niederlanden und in der angelsächsischen Welt sich entwickelt hat.

Seit den Forschungen Max Webers[12] wissen wir, daß der Calvinismus in allen seinen Spielarten und Abzweigungen die wirtschaftliche Entwicklung der bürgerlichen Gesellschaft entscheidend gefördert hat. Alles, was nicht Gebet und Arbeit ist, wird abgewertet, oft genug radikal verketzert. Der *Erfolg* der Arbeit aber erscheint als Zeichen der göttlichen Gnade. So entsteht einerseits eine Haltung der »innerweltlichen Askese«, wie Weber es nannte; man spart, verzichtet auf Konsum und den Genuß des Augenblicks. Andererseits richtet man sich in disziplinierter Arbeit, die den Zeitfaktor genau kalkulieren lernt, auf *Zukunft* aus; es entsteht die »langfristige Investitionsperspektive« des modernen

Unternehmers. Der *Fluch* aber des Calvinisten und ganz besonders des englischen Puritaners trifft jeden, der nicht handgreiflich nutzbringend arbeitet. Er trifft so unterschiedliche Gestalten wie den Mönch und den Heiligen, den Bettler wie den reichen Genießer, den Spieler und den Don Juan.

In Brandenburg-Preußen fehlen zunächst weitgehend die bürgerlichen Mittelschichten, die von einer solchen Unternehmerreligion hätten angesprochen werden können. Um so mehr wird sie im Calvinismus »von oben« zur Sache des Staates. Sie rationalisiert und diszipliniert den absolutistischen Macht- und Geltungsdrang »als bewußt ausgeübte fürstliche Berufsaufgabe«.[13]

Niemand hat sie so rein verkörpert wie Friedrich Wilhelm I., und er ist – eben dadurch – zum überragenden Erzieher geworden, nicht nur als »Soldatenkönig« zum Exerziermeister der Armee, sondern ebenso zum Begründer des spezifisch preußischen Beamtentums und seiner Maßstäbe. Er fegte alles Unnütze, alle bloße Repräsentation, den ganzen barocken Prunk seines Vaters hinweg. Seine Arbeitsbesessenheit – »Parol auf dieser Welt ist nichts als Müh und Arbeit« –, sein mißtrauischer Kontrolliereifer, die bis in den Geiz reichende Sparwut: das alles hat das Ethos des Beamten dauerhaft geprägt. Die preußische Knauserigkeit, Pedanterie, Präzision, die General-Rechenkammer geradezu als Mythos, auch der Mangel an Humor, Galanterie, Weltläufigkeit, diese Ladestockssteifheit: was immer dem Betrachter, der in anderen Verhältnissen groß wurde, als »typisch preußisch« auffallen mag, es entstammt wesentlich dem calvinistischen Ursprung des königlichen Staatsunternehmers. Der Einwand, daß man an die Kargheit des preußischen Bodens, an die Armut des Landes denken müsse, legt die Entgegnung nahe: Wo sonst hätte denn die Armut der Untertanen, von der es doch fast überall genug gab, den absolutistischen Fürsten und seine Hofleute von prunkender Repräsentation abgehalten?

So gilt, was Carl Hinrichs gesagt hat: »Wir

haben es hier der Idee nach mit einem staatlich-kirchlichen Erziehungs- und Disziplinierungssystem calvinistischer Herkunft und Prägung zu tun, mit einer monarchischen Spielart des in Westeuropa republikanisch und bürgerlich ausgerichteten Calvinismus. Gemeinsam ist beiden die bürgerlich-asketische Wurzel, aus der in Westeuropa mit die Voraussetzungen für den modernen Kapitalismus erwachsen sind, während sie in Preußen den Staat als eine durchrationalisierte, völlig rechenhafte Großunternehmung hervorgerufen haben. Die düsteren Züge, die dieser Staat trägt, sind vielfach die düsteren, freudlosen und harten Züge des genuinen Calvinismus.«[14]

Drittens: Als Gegenbewegung zu dem in seiner Orthodoxie erstarrten Luthertum entwickelt sich der *Pietismus.* Sein preußischer Begründer war Philipp Jacob Spener (1635–1705), dessen bedeutendster und einflußreicher Schüler August Hermann Francke (1663–1727), der in Halle durch die 1694 eröffnete Universität ein geistiges und mit seinen Stiftungen ein praktisches Zentrum des Pietismus schuf.

Der Pietismus will die Wiedergeburt des Menschen durch seine persönliche Erweckung; er betont die Frömmigkeit, die den Alltag, das ganze Leben durchdringen soll, und die tätige Nächstenliebe. Von seinen Gegnern ist ihm immer wieder süßliche, widerwärtige Frömmelei, auch ein Rückzug aus der Welt in die Stille der Konventikel vorgeworfen worden. Aber in Preußen nimmt der Pietismus eine andere Entwicklung. Es entsteht ein Bündnis von Pietismus und Staat, das schon unter Friedrich I. sich anbahnt und dann unter Friedrich Wilhelm I. entscheidend befestigt und ausgebaut wird.

Zunächst handelt es sich um ein reines Zweckbündnis. »Der von der Orthodoxie verfolgte Pietismus erschien für die Kirchenpolitik des aufsteigenden Absolutismus als besonders geeignet, um als vom Staat geförderte Gegenrichtung gegen die von der Orthodoxie genährte und geistig getragene ständisch-feudale Opposition eingesetzt zu werden.«[15] Deshalb verteidigt von Halle bis Königsberg der Staat den Pietismus gegen alle Angriffe und schafft ihm Raum zum Wirken.

Aber bald geht es um mehr. »Indem der Pietismus um der Realisierung seiner Ziele willen sich mit der staatlichen Macht einließ, die unter Friedrich Wilhelm I. eine so ungeheure Steigerung erfuhr, verfiel er einer viel stärkeren Identifikation mit dem preußischen Absolutismus, als seinem ursprünglichen Wesen entsprach.«[16] Doch ohnehin hatte »der hallesche Pietismus August Hermann Franckes . . . nichts von jener Gefühlserweichung, die man gewöhnlich mit dem Begriff des Pietismus verbindet, sondern wir haben es hier mit einer nüchternen und harten Reformbewegung zu tun, die in ihrem sozialen und wirtschaftlichen Aktivismus dem Calvinismus durchaus verwandt ist.«[17] Nur betont der Pietismus nicht das Erfolgsstreben des einzelnen, sondern das soziale Engagement, den Dienst für die Gemeinschaft. Er heiligt die Arbeit für andere, wie der Calvinismus die Arbeit »an sich«.[18] Und so eignen sich Calvinismus und Puritanismus zur Unternehmerreligion, der Pietismus aber paßt weit eher zur *Beamtenreligion.*[19]

Friedrich Wilhelm I. hat dies erkannt. Das Ethos des Beamten, das er sich wünscht, wird vom Franckeschen Pietismus sozusagen maßgeschneidert geliefert. Daher strapaziert der König Francke und seine Mitarbeiter in Halle mit immer neuen Anforderungen von Feldpredigern für die Regimenter, von Pastoren für wichtige Pfarrämter, von Erziehern für die Kadettenanstalt oder das Militärwaisenhaus in Potsdam. Die Angeforderten aber werden durch ihre Ämter wiederum dazu gebracht, sich ganz mit dem Staat und dem Staatsdienst zu identifizieren. In einem Satz: »Die Begegnung mit Friedrich Wilhelm I. sollte für den Halleschen Pietismus eine entscheidende Wendung bringen: er wurde aus einer universellen Bewegung gewissermaßen Staatsreligion.«[20]

So kam vieles zusammen. Das Luthertum brachte Gehorsam gegen die Obrigkeit und Berufung zur Berufsarbeit als Pflicht und als Erfüllung; der Calvinismus »von oben« gab dem Staat den Charakter eines durchrationalisierten, rechenhaften Großunternehmens; im Pietismus kam die Dienstleistung als Ausdruck einer aktiv nach außen sich wendenden inneren Haltung, als »Beamtenreligion« hinzu. Aus diesen Quellen flossen die religiösen Kräfte, deren Projektion auf die gesellschaftlichen Verhältnisse ein Relief der Bedingungen ergibt, die den preußischen Staat und seine Beamtenschaft geformt und in die Höhe gebracht haben. Der König selber wird von seinem Staat als »erster Diener« in die Pflicht genommen, und alle seine anderen Staatsdiener folgen ihm nach.

Die Frage ist freilich, ob das Ethos des Dieners auch eine stabile Herrschaft sichern kann. Und vor allem ist es die Frage, ob das Ethos des Dienens zu Reformen befähigt: zu Reformen bis zu dem kritischen Punkt hin, an dem die einmal etablierte Herrschaft der Beamten sich selbst aufheben muß, wenn sie nicht verderben will. Das blieb für Preußen die entscheidende Herausforderung.

8. Die Herrschaft der Beamten

Reformen sind für den modernen Staat, der ohne Vorbild aus altertümlichen Verhältnissen sich Schritt um Schritt erst herausarbeitet, in vieler Hinsicht ein Dauerthema. Ständig geht es darum, für alte oder neuartige Probleme überhaupt eine, dann die bessere, womöglich die optimale Lösung zu finden. Immer wieder tauchen Schwierigkeiten auf, die in dem beschränkten Horizont des Gewohnten überraschen.

Um nur ein Beispiel zu nennen: Da man noch keine Einkommenssteuer kennt, kann man die Gewinne von Kaufleuten und Unternehmern ebensowenig besteuern wie Löhne und Gehälter. Man kann nur die Warenbewegungen erfassen. Es entsteht die Akzise, eine Art von Binnenzoll, der an den Stadttoren erhoben wird, also Stadt und Land auch wirtschaftlich voneinander trennt. Eine Folge ist das Verbot von Gewerbebetrieben auf dem Lande. Der Große Kurfürst führt die Akzise nach niederländischem Vorbild seit 1641 ein. Immer wieder wird mit neuen Formen experimentiert. Friedrich der Große verfällt im Jahre 1766 auf ein besonderes System mit hochdotierten französischen Beamten; es macht sich allgemein verhaßt und wird nach dem Tode des Königs wieder abgeschafft.[1] Eine wirklich moderne Einkommenssteuer entsteht in Preußen übrigens erst mit der Miquelschen Finanzreform von 1891.

Aber diese eher technischen Fragen der Verwaltungs- und Finanzorganisation sollen hier beiseite bleiben.[2] Für das 18. Jahrhundert verdienen dagegen die großen Leistungen auf dem Felde der Justizreformen besondere Erwähnung: Leistungen, die vor allem mit den Namen Samuel von Cocceji (1697–1755), Johann von Carmer (1720–1801) und Carl Gottlieb Svarez (1746–1798) verbunden sind. Ein verlottertes Gerichtswesen, endlos und kostspielig sich hinschleppende Prozesse und ein hohes Maß von Rechtsunsicherheit waren die Übel, mit denen die Reformen aufräumten. Ihren krönenden Abschluß bildete das Preußische Allgemeine Landrecht, das am 1. Juni 1794 in Kraft trat. Man hat es das Grundgesetz des fridrizianischen Staates genannt[3]; zum mindesten könnte man von einem Testament des alten, absolutistischen Staates sprechen, mit dem dieser Ehre einlegt.

Friedrich der Große hat die Justizreformer als ihr Förderer und Schirmherr begleitet. Sein bekanntester Rechtsfall allerdings, der Müller-Arnold-Prozeß, hat ihm in der Nachwelt den zweifelhaften Ruf eingetragen, willkürlich eingegriffen und gegen den mannhaften Widerstand der Justiz das Recht gebeugt zu haben. Immerhin handelte der König in dem guten Glauben, seinerseits das verletzte Recht wiederherzustellen, und es ist noch nicht einmal sicher, ob er dabei wirklich in einem Irrtum befangen war.[4]

Manche Ansätze zu Reformen gab es im ausgehenden 18. und beginnenden 19. Jahrhundert auch auf anderen Gebieten. Der rasche und alles in allem jämmerliche Zusammenbruch Preußens im napoleonischen Sturm 1806/7 zeigte jedoch, wie sehr der alte Staat erstarrt, wie wenig er den Anforderungen einer neuen Zeit gewachsen war. Um so erstaunlicher sind die Reformleistungen, die in wenigen Jahren den zweiten preußischen Aufstieg zur Großmacht ermöglicht haben. Die Reformzeit nach 1807 ist denn auch wieder als eine preußische Sternstunde gewürdigt worden; die leitenden Männer hat man zu Recht gerühmt. Um nur einige zu nennen: Stein, Hardenberg, Humboldt, Beyme, Schrötter, Vincke, Schön, Altenstein, Scharnhorst, Gneisenau, Boyen, Grolmann.

Will man die Leistungen der Reformer gerecht beurteilen, so muß man im Auge behalten, daß sie in keiner Weise von einer Volksbewegung oder auch nur einer im Lande vorherrschenden Stimmung getragen wurden. Es handelte sich vielmehr nur um einen kleinen Kreis von entschlossenen Offizieren und Beamten. Überall stießen sie auf Schwierigkeiten, auf Unverständnis und Zweifel, auf passiven und aktiven Widerstand. Nicht zuletzt hatten sie es mit einem unsicher schwankenden, zaudernden König zu tun. Ihn zu gewinnen, erforderte besondere Fähigkeiten, wie eine zeitgenössische Schilderung anschaulich beschreibt: Scharnhorst hatte »ein eigenes Talent, mit dem König umzugehen. Wenn dieser eine Sache zurückwies, so schwieg er, und brachte sie am anderen Tag wieder vor, und am dritten Tage wieder. Und wenn der König sagte: Schon hundertmal gesagt, will nicht haben! oder: Mir damit vom Halse bleiben, gar nicht weiter davon reden hören! so schwieg Scharnhorst wieder und rückte nach vierzehn Tagen oder drei Wochen aufs neue damit vor, bis der König, in dem Gedanken, es möchte doch wohl gut sein, da Scharnhorst darauf so versessen sei, zuhörte und nachgab.«[5]

Was unter solchen Umständen erreicht wurde, noch dazu unter den Augen einer mißtrauischen Besatzungsmacht und angesichts einer verzweifelten finanziellen Lage am Rande des Staatsbankrotts, bleibt erstaunlich genug. Heeresreform und Städtereform, Bauernbefreiung und Judenemanzipation, Durchsetzung der Gewerbefreiheit, eine mit der Gründung der Universität von Berlin in Gang gebrachte Jahrhundertreform des Hochschulwesens: das sind die wichtigsten Stichworte.

Die verzweifelten Umstände schufen andererseits eine besondere Gunst der Stunde. Es war offensichtlich, daß durchgreifende Modernisierung für den preußischen Staat zu einer Frage des Überlebens geworden war – und dies keineswegs nur auf dem Felde der Heeresorganisation. Hinzu kam, daß wegen der französischen Besatzung in Berlin die Regierung während der entscheidenden Phase der ersten Reformschritte in Königsberg residierte. Sie mußte daher auf die ostpreußische Beamtenschaft zurückgreifen, die sich als viel aufgeschlossener erwies als die Bürokratie in der Hauptstadt.

Die hohe Beamtenschaft in Ostpreußen hatte sich einem aufgeklärten Liberalismus verschrieben, vermittelt durch Kant und – praktisch wohl noch wichtiger – durch den Philosophen und Kameralisten Christian Jakob Kraus. Durch ihn gelangten die Ideen von Adam Smith und die Freihandelslehre zur Geltung. Darin aber spiegelte sich die große Bedeutung, die für Ostpreußen damals der Fernhandel mit England besaß, vor allem der Getreide- und Holzexport. Folgerichtig wurde die Provinz durch die Kontinentalsperre Napoleons besonders hart getroffen: »Der gewohnte Absatz der landwirtschaftlichen Erzeugnisse, besonders von Getreide und Wolle nach England, schrumpfte; die Getreidepreise stürzten in Ostpreußen 1806–1810 um 60 bis 80 %; in Memel verfaulten riesige Holzmengen, die für England bestimmt gewesen waren.«[6] Darin lag übrigens einer der handfesten Gründe für den »Aufruhr« der ostpreußischen Stände im Jahre 1813, bevor noch der König »rief«. In der zugespitzten Formulierung Reinhart Kosellecks: »Die preußische Beamtenschaft hat bewußt für Adam Smith gegen Napoleon optiert, um den einen durch den anderen zu vertreiben.«[7]

Die gegen alle Widerstände durchgekämpfte Gewerbefreiheit war ein Ergebnis dieser Einstellung, und andere Reformen, von der Selbstverwaltung in den Städten über die Bauernbefreiung bis zur Judenemanzipation, stehen hiermit in einem funktionellen Zusammenhang. Denn die Dynamik einer freiheitlichen Wirtschaftsverfassung ist ja nur auf dem Boden der formellen Gleichheit und Selbstbestimmung aller Bürger in Gang zu setzen.

Die in der Reformzeit begonnene liberale Wirtschaftspolitik wurde zur Tradition. Sie hat im weiteren Verlauf des 19. Jahrhunderts Preußen den ökonomischen Aufstieg ermöglicht und eine deutsche Führungsrolle zugespielt, die sich im Duell mit Österreich schließlich massiv auswirkte. Die Entscheidung von Königgrätz ist deshalb nicht so sehr, wie es ein bekanntes und zweifelhaftes Wort haben will, vom preußischen Schulmeister, als vielmehr von preußischen Beamten auf dem Felde der Wirtschaftspolitik vorbereitet worden. Erst die konservative »Umgründung« des Reiches um 1878 auf eine Schutzzollpolitik, bestimmt von den Interessen der Großagrarier und der Schwerindustrie, hat dem Freihandels-Liberalismus ein Ende gemacht.

Eine negative Folge der liberalen Doktrin war es allerdings, daß vom Staat her kaum etwas getan wurde – außer der Unterdrückung von Aufständen –, um der Verelendung, der Proletarisierung der Massen zu begegnen, die mit der Epoche stürmischer Industrialisierung verbunden war. Das »soziale Königtum«, das Lorenz von Stein als Vater des späteren »Kathedersozialismus« propagierte, verpaßte seine Stunde. Noch Bismarcks Sozialgesetzgebung der achtziger Jahre, konservativ orientiert gewissermaßen am Modell einer in ihren Grenzen aufgeklärten patriarchalischen Gutswirtschaft, erfuhr angesichts heftiger liberaler Gegenwehr viele Beschränkungen. Eine Konsequenz von alledem war die immer stärker marxistische und – jedenfalls im Bereich der Ideologie – revolutionäre statt reformistische Formierung der Arbeiterbewegung.

Was die eigentliche Reformzeit nach 1807 anlangt, so ist die entscheidende Frage, was denn eigentlich auf dem Felde der Politik im engeren Sinne bewirkt worden ist. Und die Bilanz der Antwort fällt ernüchternd aus – so ernüchternd, daß schließlich vom Glanz nachträglicher Verklärung nicht mehr viel bleibt.[8] »Die praktische Wirkung der Reformpläne und der Reformen auf den politisch moralischen Zustand des preußischen Volkes... muß um so geringer veranschlagt werden, als auf fast allen Gebieten, ausgenommen die Heeresreform, im Jahre 1812 der Stand der Entwicklung hinter die Ende des Jahres 1808 erreichte Linie zurückgedrängt war und die kaum geweckten Hoffnungen einer um so größeren Enttäuschung gewichen waren. Bewußter, wacher und aktiver war durch die Reform die feudale Reaktion geworden, nicht aber das Volk. Als politische ›Partei‹ war die reaktionäre Opposition früher vorhanden als irgendeine politische oder nationale Bewegung. Den traditionellen Verbindungen des Adels als Stand mit seinen Beziehungen zum weitverzweigten System der bürokratischen Verwaltung stand keine organisierte oder durch geistige Verbindungen zusammengehaltene Meinung oder gar Bewegung gegenüber... Die soziale Reform war im Jahre 1812 teils tot, teils mühseliges Experiment, teils im Stillstand, teils rückläufig.«

Das ist das Fazit des einen Fachkenners von Rang, Rudolf Ibbeken.[9] Bei dem anderen, Reinhart Koselleck, heißt es: »Der Erfolg der Reorganisation von Armee und Administration prägte die Zukunft Preußens. Auf fast allen anderen Gebieten blieb der Verfassungswandel hinter den Zielen der Verwaltungsplanung zurück... Die Gesamtreform ist gescheitert, spätestens mit dem Tode des Fürst-Kanzlers Hardenberg 1822... Die Reformgesetzgebung vollzog eine sukzessive Verfassungsänderung, die von oben nach unten durchgeführt überall dort steckenblieb, wo sich die traditionelle ständische Gesellschaft kraft ihrer Beziehungen zum Hofe als stärker erwies.«[10]

Der *nachträgliche Mythos* von der allumfassenden preußischen Freiheitsbewegung ist freilich verständlich. Er war ein Mittel, um Verfassungsforderungen einzuklagen. Deshalb brach ein »unerhörter Sturm der Entrüstung« los, als Bismarck im »Vereinigten Landtag« den schmerzhaften Nerv der Tatsachen berührte. Er berichtet darüber in seinen »Gedanken und Erinnerungen«: »Ich geriet mit der Opposition in Konflikt, als ich das erste Mal zu längerer Ausführung das Wort nahm, am 17. Mai 1847, indem ich die Legende bekämpfte, daß die Preußen 1813 in den Krieg gegangen wären, um eine Verfassung zu erlangen, und meiner naturwüchsigen Entrüstung darüber Ausdruck gab, daß die Fremdherrschaft an sich kein genügender Grund zum Kampfe gewesen sein solle... Die Erbitterung war groß, vielleicht gerade, weil ich die Wahrheit sagte, indem ich auf 1813 den Satz anwandte, daß Jemand (das preußische Volk), der von einem andern (den Franzosen) solange geprügelt wird, bis er sich wehrt, sich daraus kein Verdienst gegen einen Dritten (unsern König) machen kann.«[11]

Die weitere Entwicklung Preußens zwischen Restauration und Revolution, zwischen 1815 und 1848, ergab eine eigenartige Konstellation. Auf der einen Seite führte die konsequente und erfolgreiche liberale Wirtschaftspolitik zu einer allmählichen Veränderung auch der gesellschaftlichen Verhältnisse. So entsteht zum ersten Male so etwas wie eine eigenständige bürgerliche Gesellschaft und öffentliche Meinung. Auf der anderen Seite werden aber gerade deren Erwartungen durch den politischen Stillstand, ja Rückschritt enttäuscht. »In dieser Lage wirkten die Demagogengengesetze mit verzehrender Schärfe zurück auf die Behörden, die die Gesetze durchzuführen verurteilt waren. Die Verwaltung als eine Institution verlor jeden Kredit bei den gebildeten Schichten, der ihr durch die Reformtätigkeit zugewachsen war.«[12] Entsprechend wirkte die Zensur: »Mit jedem Schnitt, den die Schere des Zensors tätigte, wurden auch die Fäden zerrissen, die die Gesellschaft an den Staat banden.«[13] Ähnlich wirkte die Tatsache, daß der Anteil des Adels an den höheren Beamten nicht etwa abnahm, sondern wuchs.[14]

So »trat an die Stelle des Vertrauens der Verdacht. Die Gesinnung sollte auf Gehorsam umgestimmt werden. Dieses Vorhaben ist weder innerhalb der Beamtenschaft gelungen, die ja in ihrer Mehrzahl noch liberal gesinnt war, noch – mit Hilfe verachteter Polizeiorgane – nach außen erfolgreich gewesen. Was aber erzielt wurde, war Indifferenz und Resignation. Damit wurde auch der moralische Spielraum der Verwaltung eingeengt, sie verlor jede Autorität, die ihren Erziehungsanspruch hätte rechtfertigen können . . . Wie ein Ausländer sich mokierte: Die preußische Verwaltung wünsche mit gutem Winde zu segeln und verlange doch Meeresstille . . . Je mehr also die öffentliche Meinung zu einer selbständigen Macht wurde, an die der Staat zu appellieren nicht umhin konnte, desto unglaubwürdiger wurde ein Staat, der auf seine Intelligenz stolz sein durfte, ihr aber kein öffentliches Echo verschaffte.«[15] Zusammenfassend läßt sich deshalb sagen: »Der Erfolg und das Scheitern der Reform führten gleicherweise zur Revolution. Beides fiel zu Lasten der Verwaltung, die eine soziale Bewegung auslösen half, die zu steuern ihr nicht mehr möglich war.«[16]

Noch einmal wird hier, nur in etwas anderer Perspektive, jene preußische Ausweglosigkeit sichtbar: das abgründige Dilemma, aus dem vordergründig die Reichsgründung erlöste. Es ist das Dilemma eines Beamtenstaates, in dem es eben nicht bloß um die Verwaltung, sondern auch und entscheidend um die *politische Herrschaft* der Bürokratie geht.

Diese Herrschaft hatte sich langfristig angebahnt und kontinuierlich entwickelt. Im 18. Jahrhundert war sie gleichsam noch überdeckt worden durch das autokratische Regiment der großen Könige, Friedrich Wilhelms I. und Friedrichs II. Aber je moderner der Staat wurde, je weiter seine Tätigkeit ausgriff und sich damit unvermeidbar komplizierte, desto weniger konnte die noch so angestrengte Tätigkeit des einen, einsamen Mannes an der Spitze genügen. Schon in den späten Regierungsjahren Friedrichs des Großen machte sich deshalb teils eine zunehmende Erstarrung, teils die Irrationalität der willkürlichen autokratischen Eingriffe bemerkbar.[17] Auf das Genie als Dauererscheinung kann man ohnehin nicht rechnen, und nach 1786 trat die Unzulänglichkeit des monarchischen Absolutismus offen zutage.

Das Ergebnis war ein immer fortschreitender Ausbau der Beamtenherrschaft. Schon das Allgemeine Landrecht von 1794 hatte die königliche Gewalt gegenüber der Beamtenschaft erheblich eingeschränkt; feste Regelungen zum Beispiel der Pensionsrechte traten später hinzu. Ohnehin konnten Kontinuität *gegen* die Monarchen, die in ihren Talenten und Neigungen meist das Gegenteil ihres jeweiligen Vorgängers verkörperten, nur Staatsinstitutionen sichern, die von Beamten verwaltet wurden. Kurzum: »War das Beamtentum in dem preußischen Staate des 17. und 18. Jahrhunderts ein wichtiger Faktor gewesen, so wurde es seit dem Tode Friedrichs des Großen allmählich zur herrschenden Klasse.«[18] Oder noch schärfer: »Die Beamtenschaft stellte ... den einzigen wirklichen Staatsstand, den es im damaligen Preußen gab. Staat und Gesellschaft waren in ihm identisch – aber auch nur in ihm ... Nur die Beamten waren Staatsbürger, sie übten über die nicht beamtete Bevölkerung eine Vormundschaft aus, was deren Beteiligung am Staat sosehr ausschloß wie herausforderte.«[19]

Wir haben früher* von dem eigenartigen Begriff der »Staatssouveränität« gesprochen, der im 19. Jahrhundert sich als ein vermeintlich »höheres Drittes« gegen die Alternative von Fürsten- und Volkssouveränität immer mehr durchsetzte, dem es aber am Subjekt, am gesellschaftlichen Träger mangelte. Jetzt läßt sich ergänzen und korrigieren: Dieses Subjekt, diesen Träger gab es durchaus. Der seltsam abstrakte Begriff der Staatssouveränität bezeichnet und verdeckt den konkreten politischen Tatbestand: die Herrschaft der Beamten.

Das *Problem* ihrer Herrschaft war nun nicht etwa, daß es der Beamtenschaft an Hingabe, Leistungsbereitschaft und Diensttüchtigkeit gefehlt hätte. Ganz im Gegenteil: Dies alles war ja im Ethos des preußischen Beamten in hervorragender Weise herangezüchtet worden, und an Effizienz in einem rein technischen Sinne hat es bis zuletzt wahrlich nicht gemangelt. Aber gerade diese Fähigkeiten verführten zu dem Glauben, auch mit den politischen Herausforderungen neuer Zeitalter durch Fleiß, Leistung und im übrigen mit »Schneid« fertig werden zu können. Darin lag der verhängnisvolle Irrtum.

Was die politische Herausforderung des modernen Zeitalters eigentlich ausmacht, hat wie kein anderer Alexis de Tocqueville in seinem Epoche machenden Werk »Über die Demokratie in Amerika« ausgesprochen. Einleitend sagt er, sein Buch sei völlig »unter dem Eindruck einer Art religiösen Erschauerns« geschrieben, das die unaufhaltsam ablaufende *Revolution der Gleichheit* in ihm ausgelöst habe. Mit

* Siehe oben, Kapitel II, S. 45.

dieser Revolution der Gleichheit meint Tocqueville allerdings nicht, jedenfalls nicht in erster Linie, eine Angleichung der materiellen Verhältnisse, des Einkommens und Besitzes, auch wenn er für uns irreführend von gesellschaftlicher Gleichheit spricht. Sondern es geht um die Tatsache, daß nach Auflösung der Ständeordnung die Einbeziehung *aller* Bürger in das politische Handlungssystem unausweichlich wird. Sie müssen »integriert« und aktiviert werden. Denn Politik wird zum modernen Schicksal, sie greift in alle gesellschaftlichen Bereiche, in jedermanns Leben ein. Nichts an den sozialen Verhältnissen ist mehr »natürlich« oder gottgegeben, alles kann verändert, mindestens tiefgreifend beeinflußt werden, ist umstritten, gerät in die Zonen des politischen Konflikts. Daher halten die alten Grenzzäune zwischen Staat und Gesellschaft nicht mehr; Obrigkeit und Untertanen können einander nicht länger gleichgültig sein; der Staat braucht Legitimation durch eine »Idee« oder »Integrationsideologie«; der Bürger muß politischer Bürger werden.

Für die Zukunft zeichnet sich damit eine schicksalsschwere Alternative ab. Denn die politische Einbeziehung aller ist entweder als allgemeine Mitbestimmung, als Demokratie denkbar – oder als Unterwerfung aller, als Gewaltherrschaft im Zeichen irgendeiner Art von Heilslehre. In den Worten Tocquevilles: »Wenn ich den Zustand betrachte, den mehrere europäische Völker bereits erreicht haben und dem alle anderen zustreben, dann bin ich persönlich geneigt zu glauben, daß es unter ihnen nur noch Raum geben wird für die demokratische Freiheit oder für die Tyrannei der Cäsaren.«[20]

Auf dem Boden dessen, was entweder als politische Gleichheit oder als Gleichschaltung unausweichlich ist, läßt die Alternative aber Raum für die politische Verantwortung und das politische Handeln. Am Ende seines Werkes sagt Tocqueville:

»Es handelt sich nicht mehr darum, die besonderen Vorteile, die die Ungleichheit der gesellschaftlichen Bedingungen den Menschen verschafft, zu bewahren, sondern das neue Gute zu sichern, das ihnen die Gleichheit bieten kann. Unser Ziel kann nicht darin bestehen, unsern Vätern gleich zu werden, sondern wir müssen um die Art von Größe und Glück ringen, die uns angemessen ist.

Ich verkenne nicht, daß mehrere meiner Zeitgenossen der Ansicht huldigen, die Völker seien auf Erden nie ihre eigenen Herren, und notgedrungen gehorchten sie irgendeiner unüberwindbaren und vernunftlosen Kraft, die den früheren Geschehnissen, der Rasse, dem Boden oder dem Klima entspringt.

Das sind falsche und feige Lehren, aus denen stets nur schwache Menschen und kleinmütige Nationen hervorgehen können: Die Vorsehung hat das Menschengeschlecht weder ganz unabhängig noch völlig sklavisch geschaffen. Freilich zieht sie um jeden Menschen einen Schicksalskreis, dem er nicht entrinnen kann; aber innerhalb dieser weiten Grenzen ist der Mensch mächtig und frei; so auch die Völker.

Die Nationen unserer Tage können nicht bewirken, daß bei ihnen die gesellschaftlichen Bedingungen nicht gleich seien; von ihnen jedoch hängt es ab, ob die Gleichheit sie in die Knechtschaft oder in die Freiheit, zur Gesittung oder in die Barbarei, zum Wohlstand oder ins Elend führt.«[21]

Betrachtet man die preußische Beamtenherrschaft in solcher Perspektive, so wird deutlich, daß sie – nicht technisch, aber politisch – ihrem Wesen nach zunächst ein vormodernes Verhältnis von Obrigkeit und Untertanen begründet. Für das 19. Jahrhundert könnte man dann mit Seiner Exzellenz, dem Mitglied des preußischen Staatsrats und des Herrenhauses, Geheimrat Gustav von Schmoller, von einer Klassenherrschaft sprechen. Bei den marxistischen Anklängen dieses Begriffs wäre allerdings auf einen seltsamen Rollentausch hinzuweisen; nicht die Bourgeoisie beherrscht direkt Wirtschaft und Gesellschaft und damit indirekt auch den Staat, sondern umgekehrt beherrschen die Beamten direkt den Staat und damit indirekt Wirtschaft und Gesellschaft.

Mit der Entwicklung der modernen Industriegesellschaft spitzt sich Tocquevilles Alternative dramatisch zu. Der Beamtenstaat sieht sich mit der Forderung konfrontiert, sich im Sinne seines Selbstverzichts auf Herrschaft grundlegend zu reformieren, um den Weg zur Demokratie begehbar zu machen. Wenn er aber zu solchen Reformen, eben nicht bloß technischen, sondern durch und durch politischen Charakters, nicht in der Lage ist, dann bleibt nur die konservative Selbstverteidigung, die zwangsläufig immer reaktionärer wird. Und am Ende muß man dann die ideologisierte Konterrevolution der Ungleichheit, die Tyrannei und den Terror zur Hilfe rufen und sie bis in ihren Abgrund dienstbar begleiten.

Große politische Temperamente und Begabungen wie Stein oder Bismarck haben das politisch Unzulängliche bloßer Beamtenherrschaft durchaus erkannt und mit Kritik nicht gespart. Stein war lebenslang ein wütender Gegner der »Schreiberkaste«, der »Bureau- und Schreib-Maschinerie«. Und Bismarck ging in seinem aus Zorn und Verachtung gemischten Scherz noch weiter: »Um eine Staatsverwaltung in tüchtigem Gang zu erhalten, müßten alle drei Jahre einige Minister, einige Generale und ein Dutzend Räte füseliert werden; man müßte alle Beamten mit dem fünfzigsten Jahre wegjagen.«[22] Aber weder Stein noch Bismarck waren fähig oder willens, die traditionellen Herrschaftsverhältnisse wirklich zu überwinden und ein System anzusteuern, in dem alle paar Jahre das politische Führungspersonal zur Wahl steht, und das Beamtentum selber verweigerte sich jeder Reform, die seine Herrschaft gewählten Abgeordneten ausgeliefert hätte. Das Ethos der Beamten, ihre Fähigkeiten und ihr politisches Versagen ist von niemandem so scharf umrissen worden wie von Max Weber:

»Glänzend bewährt hat sich das Beamtentum überall da, wo es an amtlichen, festumschriebenen Aufgaben *fachlicher* Art seine Sachlichkeit und seine Kraft der Beherrschung organisatorischer Probleme zu beweisen hatte... *Gänzlich versagt* hat die Beamtenherrschaft da, wo sie mit *politischen* Fragen befaßt wurde. Das ist kein Zufall.« Denn »wenn ein *leitender* Mann dem *Geist* seiner Leitung nach ein ›Beamter‹ ist, sei es auch ein noch so tüchtiger: ein Mann also, der nach Reglement und Befehl pflichtgemäß und ehrenhaft seine Arbeit abzuleisten gewohnt ist, dann ist er weder an der Spitze eines Privatwirtschaftsbetriebes noch an der Spitze eines Staates zu gebrauchen. Wir haben leider innerhalb unseres eigenen Staatslebens das Exempel darauf zu machen gehabt.«[23]

»Der Unterschied liegt nur zum Teil in der Art der erwarteten Leistung. Selbständigkeit des Entschlusses, organisatorische Fähigkeit kraft eigener Ideen wird im einzelnen massenhaft, sehr oft aber auch im großen von ›Beamten‹ ebenso erwartet wie von ›Leitern‹. Und gar *die* Vorstellung: daß der Beamte im subalternen Alltagswirken aufgehe, nur der Leiter die ›interessanten‹, geistige Anforderungen stellenden Sonderleistungen zu erbringen habe, ist literatenhaft und nur in einem Lande möglich, welches keinen Einblick in die Art der Führung seiner Geschäfte und die Leistungen seiner Beamtenschaft hat. Nein – der Unterschied liegt in der Art der *Verantwortung* des einen und des anderen, und von da aus bestimmt sich allerdings weitgehend auch die Art der Anforderungen, die an die Eigenart beider gestellt werden. Ein Beamter, der einen nach seiner Ansicht verkehrten Befehl erhält, kann – und soll – Vorstellungen erheben. Beharrt die vorgesetzte Stelle bei ihrer Anweisung, so ist es nicht nur seine Pflicht, sondern seine *Ehre,* sie so auszuführen, als ob sie seiner eigensten Überzeugung entspräche, und dadurch zu zeigen: daß sein Amtspflichtgefühl über seiner Eigenwilligkeit steht ... So will es der Geist des *Amtes.* Ein politischer *Leiter,* der so handeln würde, verdiente *Verachtung.* Er wird oft genötigt sein, Kompromisse zu schließen, das heißt: Unwichtigeres dem Wichtigeren zu opfern. Bringt er es aber nicht fertig, seinem Herrn (er sei der Monarch oder der Demos) zu sagen: entweder ich erhalte jetzt diese Instruktion *oder ich gehe,* so ist er ein elender ›Kleber‹, wie Bismarck diesen Typus getauft hat, und kein Führer. ›Über den Parteien‹, das heißt aber in Wahrheit: außerhalb des *Kampfes* um eigene Macht, soll der Beamte stehen. Kampf um eigene Macht und die aus dieser Macht folgende Eigen*verantwortung für seine Sache* ist das Lebenselement des Politikers wie des Unternehmers.«[24]

Bleibt nur noch hinzuzufügen: Die Beamtenherrschaft hat nicht nur politisch versagt, sondern sie hat auch das Ethos der Beamten verdorben. Denn sie erzwang den verbissenen Kampf um die Klassenherrschaft, den sie zugleich als »überparteilich« maskierte. So schuf sie der Hypertrophie, der Perversion der preußischen Tugenden des Dienens und der Pflichterfüllung das gute Gewissen.

Der Geist von Potsdam

Wer in alten, patriotischen Geschichts- und Schulbüchern liest, der sieht sich bald eingehüllt vom Pulverdampf und Kanonendonner ruhmreicher Schlachten: Fehrbellin macht den Kurfürsten zum »Großen«, bei Roßbach fliehen Franzosen und die »Reißausarmee«, der Choral von Leuthen steigt zum nächtlichen Himmel, im Regen an der Katzbach krachen dumpf nur die Gewehrkolben, bei Waterloo umarmen sich gerührte Sieger, und bei Sedan sinkt der Erbfeind in den Staub zu Füßen Brandenburgs. Noch Niederlagen erfahren wunderbaren Wandel: Kunersdorf und Kolberg werden zu Symbolen des Durchhaltens. Und da sind all die Heldengenerale: Derfflinger, Schwerin und Seydlitz, der greise Marschall Vorwärts, der Schweiger Moltke. Zum Auswendiglernen fordern Lieder und Gedichte auf:

> *Fridericus Rex, unser König und Herr,*
> *der rief seine Soldaten allesamt ins Gewehr,*
> *zweihundert Bataillone und an die tausend*
> *Schwadronen,*
> *und jeder Grenadier kriegt sechzig*
> *Patronen.*

Oder:

> *Joachim Hans von Zieten,*
> *Husarengeneral,*
> *dem Feind die Stirne bieten*
> *– er tat's wohl hundert Mal . . .*

Aber wenn aller Kriegsruhm längst verblaßt und ins Vergessen sinkt, dann sollte eine Tat doch bleiben, von der in den alten Büchern viel weniger die Rede ist: das Edikt von Potsdam vom 8. November 1685. Es antwortet auf die Aufhebung des Edikts von Nantes vom 18. Oktober 1685. Ein kleiner, armseliger, zerrissener

Staat am Rande der Zivilisation, im Kreis der Mächtigen noch kaum gezählt, erhebt seine Stimme gegen die Vormacht Europas, und es ist die Stimme der Toleranz gegen Fanatismus und Verfolgung. Sie ruft den Bedrängten und Verfolgten, den Glaubensflüchtlingen zu: Ihr seid willkommen, wir bieten euch Heimat.

Gewiß: Es gab schon eine europäische Zitadelle der Toleranz: die Niederlande. Der Große Kurfürst kannte sie aus eigener Anschauung und ist durch ihr Vorbild beeinflußt worden. Wie indessen das niederländische Modell auf Eiferer jeden Vorzeichens wirkte, mag ein Hinweis illustrieren: Während der großen englischen Revolution tagte seit 1643 in Westminster eine »Assembly of Divines«, die über die Kirchenverfassung für England und Schottland beraten sollte. Sie brach den Stab über die »abscheuliche, verdammungswürdige Lehre von der Gewissensfreiheit«. Denn, so hieß es in einem Sendschreiben an das Parlament, »die Toleranz würde aus diesem Königreich ein Chaos, ein Babel, *ein zweites Amsterdam,* ein Sodom, ein Ägypten, ein Babylon machen. Wie die Erbsünde die Ursünde ist, die den Samen und den Laich aller Sünden in sich trägt, so trägt die Toleranz alle Irrtümer und alle Übel in ihrem Schoß.«[1] Noch John Locke schrieb und veröffentlichte deshalb seinen denkwürdigen »Brief über Toleranz« – zunächst anonym – 1689 in den Niederlanden.

Toleranz war also weit eher verdächtig als geläufig. Und als ausdrückliche Staatsmaxime war sie etwas ganz Neues und Ungewohntes, zumal in Deutschland. Schließlich bildete das »cuius regio, eius religio« ein Leitprinzip des Westfälischen Friedens. Im besten Falle erzwang die heikle Konfessionsfrage kuriose Lösungen, wie zum Beispiel in dem konfessionell gemischten Osnabrück: Bis zum Reichsdeputationshauptschluß von 1803 wurde es abwechselnd – jeweils auf Lebenszeit – von einem katholischen Fürstbischof und einem evangelischen Prinzen aus dem Welfenhause regiert. Auch innerhalb Brandenburg-Preußens handelte es sich um etwas durchaus Ungewohntes. Haffner meint sogar: »Die religiöse Toleranz, die uns heute als ein Ruhmestitel Preußens erscheint, war für seine Untertanen im 17. Jahrhundert und noch lange Zeit, bis ins 18. Jahrhundert hinein, ein harter Zwang, härter und weniger begreiflich als Militarismus, Steuerdruck und Junkerherrschaft.«[2]

Jedenfalls geht es, wie bei so vielem in Preußen, um ein »von oben« auferlegtes und durchgesetztes Prinzip, das immer neu eingeschärft werden muß. Schon der Kurfürst Johann Sigismund, nachdem er 1613 zum Calvinismus übergetreten ist, verbindet im folgenden Jahre mit dem Verzicht zum Glaubenszwang gegenüber den Untertanen ein »Lasteredikt« gegen die Kanzelhetze; sein Toleranzprinzip findet dabei genauen Ausdruck: »Auch wollen seine Kurfürstliche Gnaden zu diesem Bekenntnis keinen Untertanen öffentlich oder heimlich zwingen, sondern den Kurs und Lauf der Wahrheit Gott allein befehlen, weil es nicht an Rennen und Laufen, sondern an Gottes Erbarmen gelegen ist.«[3]

Energisch griff der Große Kurfürst durch: Den frommen Liederdichter, aber streitbaren Lutheraner Paul Gerhardt, der sich weigerte, auf konfessionelle Polemik zu verzichten, vertrieb er 1666 aus seiner Pfarrstelle an der Berliner Nikolaikirche. Neben die ungezählten Märtyrer der Intoleranz, die die Geschichte kennt oder vergessen hat, trat damit sozusagen ein Märtyrer der Toleranz. Im übrigen wird den Landeskindern der Besuch der lutherisch-orthodoxen Universität Wittenberg verboten. Etwas später, 1694, erfolgt die Gegen-Gründung der Universität Halle, die zur pietistischen Hochburg wird und mit der dann, symbolträchtig, im Jahr der Kirchenunion 1817 Wittenberg vereinigt wird.

Friedrich Wilhelm I. schrieb 1722 in seinem Testament für den Thronfolger: »An alle Konsistorien in Eurem Lande müßt Ihr einen Befehl ergehen lassen, daß die Reformierten und Lutheraner auf den Kanzeln keine Kontroversen traktieren, ganz besonders nicht von der Gnadenwahl. Auch sonst sollen sie auf den Kanzeln nur das reine Wort Gottes predigen; sie dürfen sich nicht in weltliche Angelegenheiten einmischen, was sie gerne tun. Die Herren Geistlichen müssen kurz gehalten werden, denn sie wollen gerne als Päpste in unserem Glauben regieren...«

Friedrich der Große wehrt 1740 einen evangelischen Vorstoß gegen die katholische Schule in Glogau mit der berühmten Bemerkung ab: »Die Religionen müssen alle tolerieret werden, und muß der Fiskal nur das Auge darauf haben, daß keine der anderen Abbruch tue, denn hier muß ein jeder nach seiner Fasson selig werden.« Und im gleichen Jahr heißt es auf eine Anfrage des Generaldirektoriums, ob ein Katholik das Bürgerrecht erwerben dürfe: »Alle Religionen sind gleich und gut, wenn nur die Leute, so sie professieren, ehrliche Leute sind. Und wenn Türken und Heiden kämen und wollten das Land peupliren, so wollen wir ihnen Moscheen und Kirchen bauen. Ein jeder kann bei mir glauben was er will, wenn er nur ehrlich ist.«[4]

Ein Unterton von Verachtung ist freilich bei dem aufgeklärten Skeptiker unverkennbar. In einem Gesangbuchstreit entscheidet der König: »Es steht einem jeden frei zu singen: ›Nun ruhen alle Wälder‹ oder dergleichen dummes und törichtes Zeug mehr. Aber die Priester müssen die Toleranz nicht vergessen, denn ihnen wird keine Verfolgung gestattet werden.«[5] Der zweite Satz hätte auch von Friedrichs frommem Vater stammen können, der erste gewiß nicht. Will man deshalb den Geist der preußischen Toleranz über alle persönlichen Neigungen oder Abneigungen der Herrscher hinweg charakterisieren, so gerät man in Versuchung, an eine Lieblingsanekdote Theodor Fontanes zu erinnern: »Meine Herren, es hat zu allen Zeiten Völker gegeben, die an einen Gott glauben, und es hat zu allen Zeiten Völker gegeben, die an keinen Gott glauben. Meine Herren, die Wahrheit wird wie immer in der Mitte liegen.«

Fragt man nun nach den Motiven der preußischen Toleranz, so spielt einmal natürlich der Übertritt der Hohenzollern zum reformierten Bekenntnis eine Rolle. Da die Kurfürsten und Könige den Glaubenswechsel der lutherischen Untertanen weder erzwingen konnten noch wollten, wurde ihnen die Koexistenz der Konfessionen nicht nur zu einer Herzensangelegenheit – was sie jedenfalls in vielen Fällen durchaus auch war –, sondern zu einem Prinzip der Staatsraison. Als solches ist sie keineswegs geringer zu achten. Denn damit wird sie auf einen weitaus zuverlässigeren Boden gestellt als auf die zufälligen, schwankenden Gefühle einzelner Herrscher. Und wie häufig liefert die Geschichte nicht Beispiele, daß blindwütiger Fanatismus die Staatsraison mißachtet, ja in Scherben schlägt. Daher kommt der nüchternen Stetigkeit, mit dem im 17. und 18. Jahrhundert die Toleranz in Preußen praktiziert wird, ein hoher Rang zu.

Ähnliches gilt für das zweite Motiv: die »Peuplierung« des durch Krieg und Seuchen menschenarm gewordenen Landes. Kein Zweifel, durch den Zuzug der Hugenotten, der Salzburger und vieler anderer hat Preußen sich gekräftigt: Flüchtlinge, die aus ihren traditionellen Lebensverhältnissen herausgerissen wurden, sind besonders wertvolle Bürger, wenn es darum geht, den Blick auf das Kommende zu richten und Neues zu erreichen. Wie Werner Sombart es im Blick auf die Auswanderung nach Übersee einmal ausgedrückt hat: »Es gibt für den Ausgewanderten... keine Vergangenheit, es gibt für ihn keine Gegenwart. Es gibt für ihn nur eine *Zukunft*.«[6] Überall in der neuzeitlichen Sozialgeschichte wirtschaftlicher Wachstumsschübe haben Gruppen oder Massen von Menschen eine wesentliche Rolle gespielt, die aus traditionellen Verhältnissen herausgebrochen, »freigesetzt« worden waren. Das gilt für die »Einhegungen« im Vorfeld der industriellen Revolution in England und für die großen Einwandererwellen der Vereinigten Staaten; in Deutschland gilt es von den »Brüdern aus der kalten Heimat« in der Geschichte des Ruhrgebiets bis hin zum »Wirtschaftswunder« der Bundesrepublik, das ohne den Zustrom der Flüchtlinge gar nicht möglich gewesen wäre. Aber wiederum muß man feststellen, daß nichts sich von selbst versteht. Oft genug hat der Fanatismus des Verfolgens von Minderheiten nicht bloß mörderisch gehandelt, sondern auch selbstmörderisch gegen das eigene ökonomische Interesse gewütet. Dafür hat noch unsere eigene Geschichte im 20. Jahrhundert ein abgründiges Beispiel geliefert. Schon in der Aufhebung des Edikts von Nantes, auf die das Edikt von Potsdam antwortet, ist etwas davon enthalten. Daß die Aufnahme der Glaubensflüchtlinge nützlich war, nimmt daher der brandenburg-preußischen Toleranz nichts von ihrer Größe und ethischen Qualität.

Ein Pferdefuß steckt freilich in dieser preußischen Toleranz, eine Schwäche, die am Ende sich verhängnisvoll auswirken sollte: Die einseitig von »oben«, vom Staat her befohlene, durchgesetzte Toleranz ergreift die Mehrheit der Menschen nur von außen, aber nicht von innen. Sie wirkt als Fremddisziplinierung, kaum als Selbstdisziplinierung. Sie wird – anders als in den Niederlanden – nicht oder nur oberflächlich zum Bestandteil politischer Kultur. Wenn darum das Staatsinteresse sich wendet, wenn es gar aus der Toleranz mehr und mehr in die Intoleranz hinübergleitet, dann ist »von unten«, aus der Gesellschaft, wenig Widerstand zu erhoffen.

Nicht viel anders steht es mit der vielgerühmten preußischen Aufklärung, die unter Friedrich dem Großen ihren glanzvollen Höhepunkt, doch zugleich auch schon ihren Abschluß erreicht. Ganz und gar französisch orientiert, gleitet sie über die geistigen Interessen und Bewegungen, die etwa seit der Mitte des 18. Jahrhunderts im deutschen Bürgertum entstehen, ohnehin hinweg. Als der König im Jahre 1780 seine Abhandlung »De la littérature Allemande« veröffentlicht, charakterisiert er die deutsche Sprache als ein mehr oder weniger barbarisches Sammelsurium von Dialekten; er beklagt den Tiefstand der Literatur, die Pedanterie der Gelehrten und das niedrige Niveau der Wissenschaften. Allenfalls für eine noch ferne Zukunft lasse sich etwas erhoffen. Was es gibt, nimmt der Autor gar nicht erst zur Kenntnis. Von Lessing zum Beispiel ist nicht die Rede, von Goethe nur abschätzig. Die bürgerliche Gegenperspektive hat der Mathematiker und Dichter Abraham Gotthelf Kästner (1719–1800) in boshafte Reime gebracht:

> *Dem Könige, dem großen Geist,*
> *den alle Welt aus einem Munde preist,*
> *den alle Völker wohl zum König haben*
> *wollten,*
> *dem alle Könige nachahmen sollten,*
> *der Held ist, Philosoph und Dichter und*
> *zugleich*
> *der beste Mensch in seinem Reich,*
> *der alles Lob verdient, das man nur geben*
> *kann,*
> *auf den fing ich ein Loblied an:*
> *»Monarch!« sang ich, – und weiter nicht,*
> *er liest ja doch kein deutsch Gedicht.*

In der Tat: Der große Geist sah in der Aufklärung nur etwas für die wenigen, was keinesfalls auf die vielen ausgebreitet werden sollte. Wie konnte auch Menschenverachtung auf égalité, auf Gleichheit selbst nur im Geistigen zielen? Friedrichs einschlägige und eindeutige Bemerkungen sind kaum zu zählen; für Hoffnungen auf allgemeinen Fortschritt des Denkens oder gar, im Sinne Kants, zur Mündigkeit bleibt dabei kein Raum. »Denken wir uns eine beliebige Monarchie mit zehn Millionen Einwohnern«, schreibt er 1770 an d'Alembert. »Davon ziehen wir zunächst die Bauern, Fabrikarbeiter, Handwerker und Soldaten ab. Bleiben etwa 50 000 Männer und Frauen. Davon ziehen wir 25 000 Frauen ab; der Rest bildet den Adel und den höheren Bürgerstand. Prüfen wir nun, wie viele davon geistig träge, stumpf und schwachherzig oder ausschweifend sind, so wird die Rechnung ungefähr ergeben, daß von einem sogenannten zivilisierten Volke kaum 1000 Personen gebildet sind – und auch da welche Unterschiede der Begabung!« Deshalb ist es »verlorene Mühe, die Menschheit aufklären zu wollen, ja, oft ist es ein gefährliches Unterfangen. Man muß sich damit begnügen, selber weise zu sein, wenn man es vermag, aber den Pöbel dem Irrtum überlassen und nur danach trachten, ihn von Verbrechen abzubringen, die die Gesellschaftsordnung stören.«[7]

Hinter Menschenverachtung und Frankreich-Orientierung der friderizianischen Aufklärung steckt indessen viel mehr als nur die zufällige Blindheit oder gar die menschliche Deformation eines Königs. Es verbirgt sich vielmehr darin der Geist der höfisch-aristokratischen Kultur – oder vielmehr: *Zivilisation*. Denn dieser Gegensatz zwischen einer höfisch-aristokratisch bestimmten, bloß vordergründig, eitel und ehrsüchtig getünchten Zivilisiertheit und der wahren, aus dem Herzen kommenden, moralisch bestimmten *Kultur* wird von der Gegenseite her, vom aufstrebenden Bildungsbürgertum polemisch ins Spiel gebracht.[8] Er ist dessen Hauptwaffe, um angesichts wirtschaftlicher Gedrücktheit und hoffnungsloser Unterlegenheit gegenüber der Macht des Staates, dem Bündnis von Thron und Adel ein eigenständiges Selbstbewußtsein zu entwickeln und wenigstens im »rein Geistigen« konkurrenzfähig zu werden.

Schon in dem Zedlerschen Universal-Lexikon von 1736 heißt es in dem Artikel »Hofmann« drastisch: »Einer, der in einer ansehnlichen Bedienung an eines Fürsten Hof steht. Das Hofleben ist zu allen Zeiten einesteils wegen der unbeständigen Herrengunst, wegen derer vielen Neider, heimlichen Verleumder und offenbaren Feinde als etwas Gefährliches; andernteils, wegen des Müßiggangs, Wollust und Üppigkeit, so zum öfteren daselbst betrieben wird, als etwas Laster-Tadelhaftes beschrieben worden. Es haben aber zu allen Zeiten sich auch Hofleute gefunden, die durch ihre Klugheit die gefährlichen Steine des Anstoßes vermieden, und durch ihre Wachsamkeit den Reizungen des Bösen entgangen, also sich zu würdigen Exempeln glücklicher und tugendhafter Hof-Leute vorgestellt. Gleichwohl wird nicht vergeblich gesagt, daß nahe bei Hofe, sei nahe bei der Hölle.«[9]

Man mag so verschiedenartige Literatur lesen wie Sophie de la Roches »Geschichte der Fräulein von Sternheim« (1771), Goethes »Leiden des jungen Werthers« oder Schillers »Kabale und Liebe«, stets stößt man auf Variationen des gleichen Themas und Gegensatzes. In Kants »Idee zu einer allgemeinen Geschichte in weltbürgerlicher Absicht« heißt es: »Wir sind *zivilisiert,* bis zum Überlästigen, zu allerlei gesellschaftlicher Artigkeit und Anständigkeit. Aber, uns schon für *moralisiert* zu halten, dazu fehlt noch sehr viel. Denn die Idee der Moralität gehört noch zur Kultur; der Gebrauch dieser Idee aber, welcher nur auf das Sittenähnliche in der Ehrliebe und der äußeren Anständigkeit hinausläuft, macht bloß die Zivilisierung aus. So lange aber Staaten alle ihre Kräfte auf ihre eiteln und gewaltsamen Eroberungsabsichten verwenden, und so die langsame Bemühung der inneren Bildung der Denkungsart ihrer Bürger unaufhörlich hemmen, ihnen selbst auch alle Unterstützung in dieser Absicht entziehen, ist nichts von dieser Art zu erwarten; weil dazu eine lange innere Bearbeitung jeden gemeinen Wesens zur Bildung seiner Bürger erfordert wird. Alles Gute aber, das nicht auf moralisch-gute Gesinnung gepfropft ist, ist nichts als lauter Schein und schimmerndes Elend.«

Übrigens durchzieht der rote Faden des Gegensatzes keineswegs nur die Literatur des 18. Jahrhunderts, sondern er spinnt sich immer weiter fort. Noch in der »Gartenlaube« tritt er – *vor* der Reichsgründung – klar zutage. Erst mit der Einigung von Obrigkeitsstaat und Bürgertum ändern sich seit 1871 die Vorzeichen, und vor allem in der wilhelminischen Zeit wird der innere, soziale Gegensatz mehr und mehr zum externen, nationalen umgedeutet. Die Gegenüberstellung von »1789« und den »Ideen von 1914«, von westlicher Zivilisation und deutscher Kultur im Ersten Weltkrieg ist das Ergebnis.*

* Siehe oben, Kap. 4, vor allem die »klassische« Formulierung von Thomas Mann, S. 82.

Richtig bleibt allerdings, daß es den Gegensatz weder in Frankreich noch in England in vergleichbarer Weise gibt. *Civilisation* und *civilization* überbrücken die in Deutschland so feindlich gegeneinander gespannten Begriffe und Bereiche von »Kultur« und »Zivilisation«. Der *gentilhomme* mag zwar der noblesse einer Ständeordnung entstammen, aber es entwickelt sich die noblesse de robe, sozusagen der schwarze Schimmel eines bürgerlichen Amtsadels. So ist der gentilhomme, und noch deutlicher der *gentleman,* der aus den ständischen Bindungen ganz herauswächst, eben nicht nur ein geschliffener Aristokrat, sondern allgemein ein Mann von Welt und Lebensart; bezeichnenderweise fehlt mit dem Tatbestand in Deutschland ein vergleichbarer Begriff. Der französische *salon* vereinigt Aristokraten und Großbürger. Esprit, gutes Benehmen und gutes Aussehen verschaffen aber auch dem Aufsteiger Zutritt. Der englische *club* mag, wie die *public school* und das *college,* viele Abstufungen der Vornehmheit und Exklusivität kennen; die englische Gesellschaft ist, wie Fürst Pückler-Muskau es ausdrückte, »kastenartig indisch«. Doch um Grenzlinien zwischen höfisch-adeliger und bürgerlicher Gesellschaft handelt es sich gerade nicht.

Im einzelnen verlaufen die Entwicklungen in Frankreich und England durchaus verschiedenartig, ja in mancher Hinsicht konträr. Markiert durch die politischen Umbrüche von 1789, 1814/15, 1830, 1848 und 1870/71 setzen sich in Frankreich die Züge der bürgerlichen Gesellschaft immer stärker durch. In England dagegen kann man von einer Aristokratisierung des Bürgertums sprechen. Verdiente Unternehmer, Politiker, Gewerkschaftsführer, Gelehrte, Schauspieler werden geadelt, und die jüngeren Söhne des Adels tragen die Atmosphäre ihrer Herkunft ins Bürgertum hinein. Aber in Frankreich wie in England werden die für Deutschland typischen Gegensätze überbrückt.

Das gilt bis in die Bildungsinstitutionen hinein. Frankreich entwickelt, vor allem seit der napoleonischen Zeit, seine hochgezüchteten Eliteschulen, in denen die leistungsbereiten Söhne der Oberschichten und des Mittelstandes miteinander konkurrieren. In England wurde 1680 zwar der Versuch gemacht, eine Adelsakademie zu gründen. »Doch obwohl sehr begünstigt von der Royal Society, scheiterte auch dieser einzige praktische Versuch einer solchen Adelsakademie in der englischen Geschichte nach wenigen Jahren.«[10] Man schlägt einen anderen Weg ein: »Der Adel gibt alle seine Söhne auf die öffentlichen Anstalten des Landes, sofern diese seinem Bedürfnis nach einer intensiveren ständisch-körperlichen Erziehung entgegenkommen. Dies ist der Fall mit der englischen Oberschichtenpädagogik seit dem Ausgang des 17. Jahrhunderts... Der junge Adlige, mag er noch so reich sein, wird ›bürgerlicher‹ erzogen als seine festländischen Standesgenossen, der junge Bürgerliche aber, der mit ihm Schlaf- und Arbeitsraum teilt, wird ›adliger‹, nach der körperlichen Seite sorgsamer ausgebildet als der festländische Bürgerliche auf Bürger- und Stadtschulen.«[11] In Deutschland dagegen bildet sich der Dualismus aus: »Hier Ritterakademien mit Reiten, Fechten und allen anderen Fertigkeiten, die für das Leben des jungen Adligen notwendig waren, dort Gymnasium, Lateinschule mit allen Idealen humanistischer Erziehung unter völliger oder fast völliger Vernachlässigung der körperlichen Erziehung.«[12]

Speziell für Preußen wäre für die Adelsseite außerdem an die Kadettenanstalt zu erinnern. Und für die Bürgerseite wäre ironisch hinzuzufügen: Da die Gebildeten immer mit dem Bündnis von Thron und Adel, mit der Übermacht, sozusagen mit der physischen Robustheit des Obrigkeitsstaates konfrontiert wurden, konnten sie in Sport und Spiel überhaupt nichts Erzieherisches entdecken, sondern nur neurotisch mit der tröstenden Zwangsvorstellung reagieren, daß »Muskeln« und »Gehirn« in jedem Falle sich umgekehrt proportional entwickeln. In der angelsächsischen Welt gehört dagegen physical education – Sport und Spiel also – zur general education des künftigen gentleman selbstverständlich und zentral dazu.[13]

»Ein Sommer in London« heißt eine Aufenthaltsbeschreibung Theodor Fontanes aus dem Jahre 1852. Darin klingt schon an, was zwei Generationen später sich zur Haßliebe auswachsen wird: »England und Deutschland verhalten sich zueinander wie Form und Inhalt, wie Schein und Sein. Im Gegensatz zu den Dingen, die in keinem Lande der Welt eine ähnliche, auf den Kern gerichtete Gediegenheit aufweisen, wie in England, entscheidet unter den Menschen die Form, die alleräußerlichste Verpackung. Du brauchst kein Gentleman zu sein, du mußt nur die Mittel haben als solcher zu erscheinen, und du bist es ... Überall Schein. Nirgends ist man geneigter, dem bloßen Glanz und Schimmer eines Namens sich blindlings zu überliefern ... Der Engländer hat tausend Bequemlichkeiten, aber keine Bequemlichkeit. An die Stelle der Bequemlichkeit tritt der Ehrgeiz. Er ist immer bereit zu empfangen, Audienz zu erteilen ..., er wechselt dreimal des Tages seinen Anzug; er beobachtet bei Tisch – im Sitting- und im Drawingroom – bestimmte vorgeschriebene Anstandsgesetze, er ist ein feiner Mann, eine Erscheinung, die uns imponiert, ein Lehrer, bei dem wir in die Schule gehen. Aber mitten in unser Staunen hinein mischt sich eine unendliche Sehnsucht zurück nach unserm kleinbürgerlichen Deutschland, wo man so gar nicht zu repräsentieren, aber so prächtig, so bequem und gemütlich zu leben versteht.«

Kehren wir zur preußischen Aufklärung zurück. Seit Ende des 18. Jahrhunderts wird sie doppelt bedroht. Auf der einen Seite muß dem ancien régime die aus Frankreich bezogene Aufklärung ab 1789 als Quelle des Bösen, des republikanischen und demokratischen Ungeistes sich darstellen. Denn »Aufklärung war nicht nur die historische und philosophische Voraussetzung zur Entstehung der Demokratien, sondern bleibt für alle Zukunft ihre Bedingung.«[14] Dieser Satz stammt zwar von heute, aber was er meint, wurde schon mit der Französischen Revolution erkennbar.*

* Siehe dazu die oben, S. 65, zitierte Analyse Lorenz von Steins.

Wie in einer Vorahnung war übrigens in Preußen der Umschwung schon ein Jahr vor der Revolution eingeleitet worden. 1788 wurde das berüchtigte Religions- und Zensuredikt erlassen. Es ist mit dem Namen Johann Christoph Wöllners verbunden, ehemals Pfarrer, dann Gutspächter, Rosenkreuzer-Freimaurer, nun Justizminister und Minister des Geistlichen Departements, als solcher Nachfolger des Freiherrn von Zedlitz, dem Kant seine »Kritik der reinen Vernunft« gewidmet hatte. Im ersten Teil des Edikts wurde zwar die konfessionelle Toleranz bestätigt, im zweiten jedoch der lutherischen Kirche im Sinne enger Orthodoxie die strengste Aufsicht auferlegt. Damit waren Zensurbestimmungen zum Kampf gegen die »zügellose Freiheit« und die »Glaubenslosigkeit und Sittenverderbnis« der Aufklärung verbunden. So wurde dem friderizianischen Geist der Kampf angesagt, Nicolais »Allgemeine Deutsche Bibliothek« und die »Berlinische Monatsschrift«, in der 1784 Kants »Beantwortung der Frage: Was ist Aufklärung?« erschienen war, entschlossen sich zur Auswanderung – es waren die literarischen Institutionen der Berliner Aufklärung.

Friedrich Wilhelm III. hob nach seinem Regierungsantritt 1797 Wöllners Edikt zwar auf. Aber die einmal markierten Frontlinien verschwanden nicht mehr, und in der Restaurationszeit nach 1815, besonders nach 1819, brach der Kampf erneut los. Der Versuch, das Christentum zur politischen Ideologie zu erheben und den Staat fromm zu machen, entsprang dem Bemühen, Dämme gegen die Flut revolutionärer Bedrohung durch die Aufklärung zu errichten.

Auf der Gegenseite haben viele Gebildete in Deutschland den Ausbruch der Französischen Revolution zunächst begeistert begrüßt. Noch der gereifte, eher konservative und zum preußischen Staatsphilosophen avancierte Hegel findet im Rückblick bewegte Worte: »Der Gedanke, der Begriff des Rechts machte sich mit einem Male geltend, und dagegen konnte das alte Gerüste des Unrechts keinen Widerstand leisten. Im Gedanken des Rechts ist also jetzt eine Verfassung

162

errichtet worden, und auf diesem Grunde sollte nunmehr alles basiert sein. Solange die Sonne am Firmamente steht und die Planeten um sie herum kreisen, war das nicht gesehen worden, daß der Mensch sich auf den Kopf, das ist, auf den Gedanken stellt und die Wirklichkeit nach diesem erbaut... Es war dieses somit ein herrlicher Sonnenaufgang. Alle denkenden Wesen haben diese Epoche mitgefeiert. Eine erhabene Rührung hat die Welt durchschauert, als sei es zur wirklichen Versöhnung des Göttlichen mit der Welt nun erst gekommen.«[15]

Aber schon der Terror der Jakobiner ließ viele zurückschrecken, und die napoleonischen Eroberungen weckten den antifranzösischen Nationalismus. Dies um so mehr, als ja von vorneherein in der bürgerlichen Bildungsbewegung ein Gegensatz zur französischen »Zivilisation« angelegt gewesen war. Die friderizianische Aufklärung von »oben« blieb völlig am französischen Vorbild orientiert, bis ins Literarische hinein, und für den König wäre zum Beispiel eine Anerkennung Shakespeares, wie Lessing sie anbahnte, im Vergleich zu Molière oder Racine schlechthin indiskutabel gewesen: Ausdruck der Barbarei.

Lessing war der bürgerliche Aufklärer par excellence, der größte, den Deutschland je hatte. Und wenn er auch gegen die Erstarrung der französischen Klassik, gegen bloß »formale Regeln« das »innere Gesetz« stellte, gegen den nur »witzigen Kopf« Originalität und »Genie«, dann wäre es ihm doch nicht im Traum eingefallen, daraus eine Frontstellung gegen den französischen Geist der Aufklärung überhaupt zu machen. Ausdrücklich wandte er sich gegen die kritiklose Verherrlichung des »Naturgenies«, die er bei Hamann und Herder angelegt sah.

Aber konnten mindere Geister die gleiche Kraft zur Differenzierung aufbringen? War es also nicht naheliegend, daß »die romantische Schule«, wie Heine sie später porträtiert hat, bis hin zur Schwärmerei für alles Mittelalterliche weit stärker zum Kennzeichen der deutschen Bildungsbewegung wurde als die Aufklärung, ja daß damit – zum mindesten – eine innere Zwiespältigkeit und Gebrochenheit, wenn nicht gar Feindschaft gegenüber der »seichten«, »formalistischen« und »bloß rationalistischen« Aufklärung sich ergab? Das bekam schon Lessing zu spüren. Das blieb bis heute an ihm hängen; der Artikel über ihn in der Brockhaus Enzyklopädie von 1970 schließt mit dem zweideutigen Lob: »Er blieb *zwar* im Aufklärungsdenken verhaftet, *doch* war es bei ihm so vertieft und differenziert, daß er wesentlich zur Überwindung des selbstgewissen und bald dogmatisch erstarrten Rationalismus beitrug.«

Die Zweideutigkeit, Gebrochenheit, diese bis in alle Tiefen oder Untiefen reichende *Ambivalenz* der bürgerlichen Bildungs- und Emanzipationsbewegung kommt nicht von ungefähr. Sie hat die handfesten wirtschaftlichen, gesellschaftlichen und politischen Ursachen, von denen die Rede war. Auf der einen Seite ist man ja auf den Obrigkeitsstaat angewiesen, der einem in der Stellung des Beamten, Lehrers, Professors, auch des Pfarrers in einem obrigkeitlich beherrschten Landeskirchentum überhaupt erst die Sicherheit einer »bürgerlichen« Existenz, Aufstieg und Ansehen ermöglicht. Noch enger, bedrückender ist man oft und lange genug als Sekretär, Bibliothekar, Hofmeister, Hauslehrer, »Kandidat« auf Hof und Adelsfamilien angewiesen. Auf der anderen Seite muß der Kampf um Emanzipation durch Bildung aber genau dem Obrigkeitsstaat gelten, der von der heilig-unheiligen Allianz von Thron, Adel und Altar beherrscht wird.

Vielleicht hätte man trotz allem diesen Kampf siegreich bestehen können; die *geistigen* Fundamente des starken Staates erwiesen sich in der Zeit der Restauration als schwach genug. Doch wer selber schon zwischen Fortschrittsdenken und rückwärtsgerichteter Romantik, zwischen Aufklärung und Gegenaufklärung unsicher schwankt, für den wird die Aufgabe unlösbar. So stellt sich seither das immer empfindliche, immer und in jedem Sinne ambivalente deutsche Thema: »Der Staat und die Intellektuellen«.

Es ist vorab ein preußisches Thema. Denn Preußen ist nicht nur der bedeutendste, modern durchorganisierte Beamtenstaat auf deutschem Boden, der allein schon durch seine Größe mehr Luft zum Atmen läßt als die Enge, oft dazu noch Altertümlichkeit der Klein- und Mittelstaaten. Nein: Der Geist von Potsdam, der Geist eines militärisch geprägten Staates, ist zugleich der Geist der Toleranz, der Aufklärung, der Rationalität, weil er dank seiner Stärke sich leisten kann, was anderen, schwächeren Staaten versagt bleibt. Immanuel Kant hat diesen nur auf den ersten Blick seltsamen Sachverhalt präzise beschrieben: »Nur derjenige, der, selbst aufgeklärt, sich nicht vor Schatten fürchtet, zugleich aber ein wohldiszipliniertes zahlreiches Heer zum Bürgen der öffentlichen Ruhe zur Hand hat, – kann das sagen, was ein Freistaat nicht wagen darf: *räsonniert, so viel ihr wollt und worüber ihr wollt; nur gehorcht!* So zeigt sich hier ein befremdlicher nicht erwarteter Gang menschlicher Dinge; so wie auch sonst, wenn man ihn im großen betrachtet, darin fast alles paradox ist.«[16]

Eine Generation später hat in den Jahren der beginnenden Restauration Hegel die gleiche Paradoxie zum Ausdruck gebracht, wenn er – vordergründig ganz konservativ und polemisch nach »links« gewandt – den Staat der kühlen Rationalität wie nebenher auch gegen Versuche verteidigt, ihn auf Frömmigkeit zu gründen:

»Was wir von der Philosophie der neueren Zeit mit der größten Prätention über den Staat haben ausgehen sehen, berechtigte wohl jeden, der Lust hatte mitzusprechen, zu dieser Überzeugung, ebensolches von sich aus geradezu machen zu können und damit sich den Beweis, im Besitz der Philosophie zu sein, zu geben. Ohnehin hat die sich so nennende Philosophie es ausdrücklich ausgesprochen, daß *das Wahre selbst nicht erkannt werden* könne, sondern daß dies das Wahre sei, was jeder über die sittlichen Gegenstände, vornehmlich über Staat, Regierung und Verfassung, sich *aus seinem Herzen, Gemüt und Begeisterung aufsteigen* lasse. Was ist darüber nicht alles der Jugend insbesondere zum Munde geredet worden?... Ein Heerführer dieser Seichtigkeit, die sich Philosophieren nennt, Herr *Fries,* hat sich nicht entblödet, bei einer feierlichen, berüchtigt gewordenen öffentlichen Gelegenheit[17] in einer Rede über den Gegenstand von Staat und Staatsverfassung die Vorstellung zu geben: ›in dem Volke, in welchem echter Gemeingeist herrsche, würde jedem Geschäft der öffentlichen Angelegenheiten *das Leben von unten aus dem Volke* kommen, würden jedem einzelnen Werke der Volksbildung und des volkstümlichen Dienstes sich *lebendige* Gesellschaften weihen, *durch die heiligen Ketten der Freundschaft* unverbrüchlich vereinigt‹, und dergleichen. – Dies ist der Hauptsinn der Seichtigkeit, die Wissenschaft statt auf die Entwicklung des Gedankens und Begriffs, vielmehr auf die unmittelbare Wahrnehmung und die zufällige Einbildung zu stellen, ebenso die reiche Gliederung des Sittlichen in sich, welche der Staat ist, die Architektonik seiner Vernünftigkeit, die durch die bestimmte Unterscheidung der Kreise des öffentlichen Lebens und ihrer Berechtigungen und durch die Strenge des Maßes, in welchem sich jeder Pfeiler, Bogen und Strebung hält, die Stärke des Ganzen aus der Harmonie seiner Glieder hervorgehen macht, – diesen gebildeten Bau in den Brei des ›Herzens, der Freundschaft und Begeisterung‹ zusammenfließen zu lassen... Unmittelbar nahe liegt es, daß solche Ansicht auch die Gestalt der *Frömmigkeit* annimmt; denn mit was allem hat dieses Getreibe sich nicht schon zu autorisieren versucht! Mit der Gottseligkeit und der Bibel aber hat es sich die höchste Berechtigung, die sittliche Ordnung und die Objektivität der Gesetze zu verachten, zu geben vermeint...«[18]

Der starke Staat in der kühlen Architektonik seiner Vernünftigkeit: das ist das »klassische« Preußen. Es hat durch seine Toleranz für die Glaubensflüchtlinge Heimat geschaffen, und es hat viele Menschen nichtpreußischer Herkunft in seinen Bann gezogen, Männer des Schwertes nicht nur, sondern auch oder gerade des Geistes. Hegel selbst ist dafür ein Beispiel.

Indessen verrät Hegels Text, daß dieser Staat gleich auf doppelte Weise in die Defensive geraten ist. Sein vorrevolutionäres »Räsonniert, so viel ihr wollt und worüber ihr wollt, nur gehorcht!« genügt eben seit 1789 nicht mehr und immer weniger. Die Intellektuellen wollen nicht länger nur gehorchen, sondern auch mitreden – *politisch* mitreden, mithandeln, mitgestalten; sie verlangen nach Freiheit, die praktisch wird, nach Verfassung und parlamentarischer Repräsentation. Der Staat antwortet mit Überwachung, Verboten, Zensur, kurz mit Unterdrückung. Es beginnt die Gegen-Geschichte zur intellektuellen Einwanderung nach Preußen, die bereits in der Ära Wöllner seit 1788 sich angekündigt hatte: die Geschichte der Austreibung des Geistes, seiner Emigration, des Exils.

Gleichzeitig versuchte der Staat, sich geistig aufzurüsten, sich aus der Frömmigkeit eine Staatsideologie zu beschaffen – geleitet, um Haffners Wendung zu wiederholen, »vom verspäteten Wunsch eines Kunststaats, sich um der Staatsraison willen eine Seele zu geben«.[19] Der Versuch mußte mißlingen, weil er bloß restaurativ, romantisch rückwärtsgewandt auf Abwehr der Ideen und der praktischen Erfordernisse des Zeitalters angelegt war. Schlimmer noch: Er brachte Preußen sozusagen gegen sich selbst in die Defensive, gegen alle seine Traditionen der Toleranz, der Aufklärung, Rationalität und Liberalität. Aber weil sich die Stärke der »Großmacht ohne Staatsidee« seit 1789 mehr und mehr in Schwäche, Modernität in Antimodernität verwandelte, konnte es wohl nicht anders sein.

Mit alledem entwickelt sich ein Spannungsverhältnis zwischen »Macht« und »Geist«, zwischen dem Staat und den Intellektuellen, das in dieser Schärfe und Zuspitzung anderswo kaum eine Parallele findet. Diese Zuspitzung ergibt sich wiederum aus einer grundsätzlichen Ambivalenz, die in doppelter Weise sich bemerkbar macht. Auf der einen Seite ist »der Staat« ja nichts Abstraktes, sondern etwas sozial Faßbares: Staat der Beamten, die durch Bildung sich auszeichnen, also durch die geistigen Zeitströmungen mehr oder weniger stark berührt, ja geprägt werden. Für einen Staat der Zensur und der geistigen Unterdrückung tätig zu sein, bedeutet deshalb fast immer auch: etwas in sich selbst unterdrücken, innere Integrität für äußere Sicherheit und Ansehen, für die Karriere aufopfern, kurz Renegat zu werden. Man muß nicht erst bei Freud oder seinen Schülern in die Schule gegangen sein, um zu ermessen, wie die Psychologie des Selbsthasses und der Selbstrechtfertigung in gesteigerter Empfindlichkeit gegenüber jeder Form von intellektueller Kritik, in schließlich neurotischer Angst und Abwehr bis ins Verketzern und Verfolgen hinein sich auswirkt.

Wer aber andererseits für die eigene Integrität, also fürs innere oder äußere Exil sich entscheidet, den treiben die Erfahrungen des Verzichts und der Entfremdung, des Ungesichertseins und oft genug des Elends ebenfalls in Bitterkeit und Haß, in die Selbstrechtfertigung durch Radikalität. Karl Marx, dem sein Schwiegervater aus preußischem Beamtenadel ein zweiter, besserer Vater war[20] und dessen Schwager zum Innenminister der preußischen Reaktion aufrückte, liefert das bedeutendste Beispiel.

Es liegt nahe, Vergleiche zu suchen. Wie es im vorrevolutionären Frankreich um das Spannungsverhältnis zwischen dem Staat und den Intellektuellen bestellt war, hat Alexis de Tocqueville anschaulich beschrieben: »Die Lage dieser Schriftsteller ließ sie in den Fragen der Regierung an allgemeinen und abstrakten Theorien Geschmack finden. Bei der fast gänzlichen Entfernung von der Praxis, in der sie lebten, konnte keine Erfahrung die stürmische Hitze ihres Naturells mäßigen; nichts machte sie auf die Hindernisse aufmerksam, die das tatsächliche Bestehende selbst den wünschenswertesten Reformen bereiten konnte; sie hatten keinen Begriff von den Gefahren, welche selbst auch die notwendigsten Revolutionen begleiten. Ja, sie ahnten sie nicht einmal; denn der gänzliche Mangel aller politischen Freiheit bewirkte, daß ihnen die Sphäre der öffentlichen Angelegenheiten nicht nur vollkommen unbekannt, sondern sogar unsichtbar blieb. Sie hatten darin nichts zu tun und konnten auch nicht einmal ahnen, was andere darin taten. Es fehlte ihnen daher auch jene oberflächliche Kenntnis, die der Anblick einer freien Gesellschaft und das Geräusch all dessen, was darin gesprochen wird, selbst denen gibt, die am wenigsten mit der Regierung zu tun haben. Eben deshalb wurden sie viel kühner in ihren Neuerungen, verliebter in allgemeine Ideen und Systeme, viel entschiedenere Verächter alter Weisheit und vertrauten ihrer individuellen Vernunft noch mehr, als man es gewöhnlich bei den Autoren erlebt, die spekulative Bücher über Politik schreiben.«[21]

Im Verhältnis von Geist und Macht, von Theorie und Praxis gehört ein gewisses Maß an Spannung wahrscheinlich zur Natur der Sache. Aber in Frankreich entschärft es sich seit 1789, obschon gewiß nur über viele historische Wechselfälle hinweg.[22] In Preußen spitzt es sich zu. Ein Staat ohne tragfähige Staatsidee kann die Kräfte kritischer Intellektualität wohl in vielen Fällen unterdrücken oder korrumpieren, doch er kann sie nicht positiv binden. Ebensowenig ist dies im religiösen Bereich angesichts des Bündnisses von Thron und Altar möglich; man denke vergleichend an die Traditionen des Nonkonformismus in der angloamerikanischen Welt. Dabei trotzt der preußische Obrigkeitsstaat scheinbar unerschüttert allen Stürmen; die Kritik kann sich an ihm nur ohnmächtig abarbeiten. Und so wird sie bis in alle Höhen und Tiefen philosophischer Radikalität vorgetrieben – freilich in der Form, die Marx am Anfang seiner »Deutschen Ideologie« sarkastisch beschrieben hat:

»Wie deutsche Ideologen melden, hat Deutschland in den letzten Jahren eine Umwälzung ohnegleichen durchgemacht. Der Verwesungsprozeß des Hegelschen Systems, der mit Strauß begann, hat sich zu einer Weltgärung entwickelt, in welche alle ›Mächte der Vergangenheit‹ hineingerissen sind. In dem allgemeinen Chaos haben sich gewaltige Reiche gebildet, um alsbald wieder unterzugehen, sind Heroen momentan aufgetaucht, um von kühneren und mächtigeren Nebenbuhlern wieder in die Finsternis zurückgeschleudert zu werden. Es war eine Revolution, wogegen die französische ein Kinderspiel ist, ein Weltkampf, vor dem die Kämpfe der Diadochen kleinlich erscheinen. Die Prinzipien verdrängten, die Gedankenhelden überstürzten einander mit unerhörter Hast, und in den wenigen Jahren 1842–1845 wurde in Deutschland mehr aufgeräumt als sonst in drei Jahrhunderten. – Alles dies soll sich *im reinen Gedanken* zugetragen haben.«[23]

Durch nichts lassen sich Größe, Grenzen und Verhängnis des preußischen Geistes so genau bezeichnen wie durch die Geschichte einer Minderheit: *der Juden.* Daß sie bevorzugt, begünstigt worden wären, kann man wahrlich nicht behaupten. Gewiß, sie wurden geduldet. Sie waren sogar willkommen, wenn sie Wohlstand ins Land brachten. So hat der Große Kurfürst die aus Wien und Niederösterreich vertriebenen Juden aufgenommen.[24] Aber »Text und Geist des Generaljudenreglements von 1750 – Mirabeau nannte es ›würdig eines Kannibalen‹ – waren noch ganz mittelalterlich orientiert. Die Toleranz war nur innerchristlich gemeint.«[25]

Die formelle Emanzipation und Gleichstellung der Juden erfolgte erst mit dem Edikt vom 11. März 1812; sie wird von schrillen Klagen darüber begleitet, daß »das ehrliche, brandenburgische Preußen ein neumodischer Judenstaat werden solle«. So heißt es in einer Eingabe der Stände des Lebus'schen, Storkow- und Beeskow'schen Kreises.[26] Ohnehin hatten es Juden auch weiterhin schwer, selbst wenn sie sich taufen ließen. Zwar war in adligen Offizierskreisen die jüdische Bankierstochter sprichwörtlich, die man heiratete, wenn man sich vor Schulden nicht mehr zu retten wußte. Aber dann mußte man seinen Abschied nehmen, wie nach einem ehrenrührig verweigerten Duell. Und ein jüdischer Gardeoffizier blieb in Preußen bis zuletzt ein Widerspruch in sich.

Trotzdem gibt es, von Moses Mendelssohn bis Walther Rathenau, so etwas wie eine jüdische Hinwendung zu Preußen. Nicht selten steigert sie sich zur Bewunderung, ja zur Liebe, zur vorbehaltlosen Identifikation, die das altkonservative, das aristokratische Preußen ausdrücklich einschließt. Friedrich Julius Stahl zimmert den Konservativen erst ein Gerüst für ihre Parteiideologie; Siegfried Isaacsohn schreibt bis zu seinem Tode an einer Geschichte des preußischen Beamtentums, die fast nur Licht und kaum Schatten kennt; Hans Joachim Schoeps verteidigt noch im melancholischen Rückblick die Ehre Preußens, besonders das altkonservative Preußen der Brüder Gerlach, das in der Bismarckschen Erfolgspolitik untergeht. Dabei handelt es sich nicht um die immer zitierbaren Ausnahmen von der Regel. Es sind nicht wenige Juden, die der Gefühlsneigung zu Preußen nachgaben, sondern viele. Hierfür spricht ein seltsames, anrührendes Zeugnis: das Gedicht, das der alte Theodor Fontane sich selbst nach seinem Geburtstag unter dem Titel »An meinem Fünfundsiebzigsten«[27] schrieb:

> *Hundert Briefe sind angekommen,*
> *Ich war vor Freude wie benommen,*
> *Nur etwas verwundert über die Namen*
> *Und über die Plätze, woher sie kamen.*
>
> *Ich dachte, von Eitelkeit eingesungen:*
> *Du bist der Mann der »Wanderungen«,*
> *Du bist der Mann der märk'schen Gedichte,*
> *Du bist der Mann der märk'schen*
> *Geschichte,*
> *Du bist der Mann des Alten Fritzen*
> *Und derer, die mit ihm bei Tafel sitzen,*
> *Einige plaudernd, andere stumm,*
> *Erst in Sanssouci, dann in Elysium;*
> *Du bist der Mann der Jagow und Lochow,*
> *Der Stechow und Bredow, der Quitzow und*
> *Rochow,*
> *Du kanntest keine größeren Meriten,*
> *Als die von Schwerin und vom alten Zieten,*
> *Du fandest in der Welt nichts so zu rühmen,*

Als Oppen und Groeben und Kracht und
Thümen;
An der Schlachten und meiner Begeisterung
Spitze
Marschierten die Pfuels und Itzenplitze,
Marschierten aus Uckermark, Havelland,
Barnim,
Die Ribbecks und Kattes, die Bülow und
Arnim,
Marschierten die Treskows und Schlieffen
und Schlieben –
Und über alle hab ich geschrieben.

Aber die zum Jubeltag kamen,
Das waren doch sehr, sehr andre Namen,
Auch »sans peur et reproche«, ohne Furcht
und Tadel,
Aber fast schon von prähistorischem Adel:
Die auf »berg« und »heim« sind gar nicht zu
fassen,
Sie stürmen ein in ganzen Massen,
Meyers kommen in Bataillonen,
Auch Pollacks und die noch östlicher
wohnen;
Abram, Isack, Israel,
Alle Patriarchen sind zur Stell,
Stellen mich freundlich an ihre Spitze,
Was sollen mir da noch die Itzenplitze!
Jedem bin ich was gewesen,
Alle haben sie mich gelesen,
Alle kannten mich lange schon,
Und das ist die Hauptsache ... »kommen
Sie, Cohn«.

Man hat manchmal von einer jüdisch-deutschen Symbiose gesprochen. Die neuere deutsche Geschichte der Kunst, Musik, Literatur, Publizistik, Wissenschaft, Philosophie ist ja in der Tat ohne den jüdischen Beitrag gar nicht vorstellbar. Doch wenn es denn eine solche Symbiose gab, dann war es vorab eine jüdisch-preußische.

Im Judentum kam die Zwangslage des preußischen Bürgertums gewissermaßen zum Äußersten: durch geistige Leistung ersetzen zu müssen, was man an gesellschaftlich-politischer Macht nicht hat, ja als Bitterkeit der Ohnmacht immer neu zu spüren bekommt. Aber der preußische Kunststaat ohne Stammesbindung und ohne Nation, ohne Farben im üblichen Sinne, diese Großmacht ohne Staatsidee in der kühlen Architektonik ihrer Vernünftigkeit gibt wie kein anderer Staat zugleich Raum für eine geistige Entfaltung, der nichts schon vorgezeichnet ist.

Auch, natürlich, gibt es Raum für Kritik, die bis ins Grundsätzliche, Radikale reicht und sich auf die Suche nach Alternativen macht. Heinrich Heine, als er nach Jahren im französischen Exil wieder preußischen Boden betritt, notiert in bitteren Versen:

Noch immer das hölzern pedantische Volk,
Noch immer ein rechter Winkel
In jeder Bewegung, und im Gesicht
Der eingefrorene Dünkel.

Sie stelzen noch immer so steif herum,
So kerzengrade geschniegelt,
Als hätten sie selbst verschluckt den Stock,
Womit man sie einst geprügelt.
. . . .

Zu Aachen, auf dem Posthausschild,
Sah ich den Vogel wieder,
Der mir so tief verhaßt! Voll Gift
Schaute er auf mich nieder.

Du häßlicher Vogel, wirst du einst
Mir in die Hände fallen,
So rupfe ich dir die Federn aus
Und hacke dir ab die Krallen.[28]

Von Heine führt ein gerader Weg bis zum unerbittlichen Feind des Militarismus und der Klassenjustiz: zu

Kurt Tucholsky. Und an viele, viele andere wäre zu erinnern, nicht nur an Marx, den »roten Preußen«, wie einer seiner Biographen ihn genannt hat[29], oder an Ferdinand Lassalle, auf den der Begriff wohl noch mehr zutrifft.[30] Dabei wäre auch hier von einer besonderen Form des Hasses zu reden: vom jüdischen Selbsthaß.

Die jüdisch-preußische, jüdisch-deutsche Symbiose wird überdeckt und schließlich zerstört durch die andere, die ins Verhängnis führt: die Symbiose von Obrigkeitsstaat und Bürgertum im deutschen Nationalismus. Diese Symbiose braucht als ihr Ferment das Feindbild: die Reichsfeinde, die vaterlandslosen Gesellen, das innere England, den Marxismus, Plutokratie und Bolschewismus; dann in allem, hinter allem: »die Juden«. Im modernen Antisemitismus soll in der Konterrevolution der Ungleichheit alle Aufklärung als »Aufkläricht« zum Kehricht der Geschichte geworfen, ein Jahrhundertprozeß der Emanzipation zurückgenommen werden. Und mit der »Endlösung« sollte symbolträchtig alles das liquidiert werden, was Toleranz, Humanismus, Aufklärung, 1789 und die Proklamation der Menschenrechte je meinten.

Es gibt, leider, auch dafür ein preußisches Symbol, jedenfalls ein preußisch dekoriertes Schmierentheater: den »Tag von Potsdam« vom 21. März 1933. Er hat die Erinnerungen an den Geist von Potsdam, wie er einst in dem Edikt von 1685 zum Ausdruck kam, mit Schande überdeckt.

Der 20. Juli 1944, an dem im Untergang noch einmal so viele Namen aus der preußischen Geschichte aufleuchten, konnte die Schande nicht abwaschen. Aber er erinnert an den alten, den wirklich ruhmwürdigen Geist von Potsdam. Und über die Erinnerung hinaus birgt er vielleicht so etwas wie Hoffnung. In den Worten eines Mannes im Zentrum des Widerstandes, Henning von Tresckows:

»Wenn einst Gott Abraham verheißen hat, er werde Sodom nicht verderben, wenn auch nur zehn Gerechte darin seien, so hoffe ich, daß Gott auch Deutschland um unseretwillen nicht verderben wird.

Wer in unseren Kreis eingetreten ist, hat damit das Nessushemd angezogen. Der sittliche Wert eines Menschen beginnt erst dort, wo er bereit ist, für seine Überzeugung sein Leben hinzugeben.«[31]

Die Bundesrepublik in preußischer Perspektive

Aus der Perspektive der Bundesrepublik Deutschland bereitet ein Rückblick in die Geschichte Beklemmung und Behagen. Beklemmung stellt sich ein bei der Erinnerung an die nationalsozialistische Gewaltherrschaft, manchmal sogar das Gefühl, daß alle Zukunft Deutschlands davon belastet sein wird. Die so spät und um einen so hohen Preis erst erkämpfte nationale Einheit wurde abenteuerlich verspielt, die Ehre noch dazu.

Aber ebenso verbreitet sich Behagen. Zum ersten Male seit Menschengedenken gibt es Wohlstand nicht bloß für die wenigen, sondern für die vielen. Jeder dritte Bewohner der Bundesrepublik, Kleinkind, Greis und Gastarbeiter eingerechnet, gebietet über das Symbol des Wohlstandes: ein Auto. Dabei wird die soziale Sicherheit groß geschrieben; sie beschützt Arbeitslose vor dem Elend und Rentner vor der Inflation. Wer über die Verhältnisse zur Zeit der Weltwirtschaftskrise berichten will, scheitert meist schon daran, daß junge Menschen sich gar nicht mehr vorstellen können, was Massenarbeitslosigkeit wirklich bedeutet.

Erst recht gilt das alles auf politischem Felde. Die Stabilität unseres Verfassungssystems hat noch die kühnsten Anfangserwartungen übertroffen. Parlamentarismus und Parteiensystem sind anerkannt; es gibt handlungsfähige Regierungen und eine starke Opposition. Erstaunt und etwas mitleidig blicken Bundesbürger, die die Welt bereisen wie nie zuvor, auf so viele andere Länder herab, in denen politische Krisen oder Streiks zur Tagesordnung gehören. Auch die alten Gräben gegenüber »dem Westen« wurden zugeschüttet. Wir leben, wie jedermann versichert, in dem freiesten Gemeinwesen, das es auf deutschem Boden je gab. Und über Bürger- und Menschenrechte wachen nicht nur Sonntagsredner, sondern die öffentliche Meinung und

176

das Bundesverfassungsgericht. Kurzum, in dem zum Schlagwort geronnenen Buchtitel: Bonn ist nicht Weimar.

Noch weniger ist es allem Anschein nach Potsdam. Schon der geographische Schwerpunkt der Bundesrepublik hat sich von Preußen weit entfernt. Ähnliches gilt für die sozialen Verhältnisse, für die Formen des alltäglichen Verhaltens, für die geistigen Bedingungen, die moralischen Maßstäbe. Nicht einmal am Erscheinungsbild der Bundeswehr läßt sich – anders als an der Nationalen Volksarmee der DDR – noch Preußisches entdecken.

Dennoch stellt sich die Frage, ob die Bundesrepublik nicht weit mehr von ihrem preußischen Erbe bewahrt hat, als sie an ihrer Oberfläche zu erkennen gibt. Zum mindesten könnte diese Frage das Experiment lohnen, die übliche Perspektive einmal umzukehren, also nicht von der Gegenwart aus die preußische Vergangenheit zu betrachten, sondern umgekehrt von Preußen her die Bundesrepublik ins Visier zu nehmen. Als These formuliert: Wesentliche Züge der politischen Kultur unseres Landes werden bis in ihre vorbewußte Tiefe, oder gerade in ihrer Tiefe, von preußischen Prägungen bestimmt; sie wären anders kaum zu verstehen. Diese These soll unter fünf Gesichtspunkten erörtert und zur Anschauung gebracht werden.

1. Der Mythos vom Staat

Im Jahre 1962 wurde in der Bundesrepublik eine neue Zeitschrift gegründet: »*Der Staat*« – kein Winkelblatt, schon gar nicht ein rechts- oder linksradikales, sondern eine seriöse, von Wissenschaftlern, besonders Staatsrechtslehrern, getragene Zeitschrift. Der Titel war programmatisch gemeint. Denn, so schrieben die Herausgeber, es ist »das Verständnis für die politische und rechtliche Bedeutung staatlicher Autorität geschwunden, der Staat zerredet worden... Demgegenüber gilt es, die politische Ordnungsform des Staates, wie sie in

Europa geschichtlich gewachsen ist, als eine der wichtigsten Sicherungen persönlicher und politischer Freiheit zu erkennen und gegenüber den mancherlei Gefährdungen zu behaupten, denen sie von außen wie innen ausgesetzt ist. Die mit diesem Heft beginnende Zeitschrift soll eine solche Stätte der Staatsbesinnung sein...«[1]

Ein derartiges Vorhaben findet den Beifall der Verständigen. Denn die Klage ist ja allgemein, inzwischen mehr denn je, daß es an Staatsbewußtsein fehlt, daß »Staatsverdrossenheit« sich ausbreitet, daß es deshalb eine wichtige Aufgabe ist, die Menschen, die Jugend zumal, an den Staat heranzuführen. Eine »staatsideologische Unterbilanz«[2] mag zwar nach der vorausgegangenen – um nochmals die Herausgeber zu zitieren – »höchst verderblichen Überspannung staatlicher Allmacht« verständlich sein; sie bleibt dennoch ein Not- und Übelstand, den es zu überwinden gilt. In den frühen siebziger Jahren wurden dann hitzig »Legitimationsprobleme« diskutiert: je nach Standpunkt als Probleme des demokratischen Verfassungs- und Parteienstaates, des autoritären Staates, des versteckt oder offen faschistischen und imperialistischen Staates im Spätkapitalismus. Stets aber ging es entscheidend um »den Staat«, sei es um seine Bedrohlichkeit, sei es um seine drohende Unregierbarkeit.

Die Selbstverständlichkeit, mit der bei alledem vom Staat schlechthin gesprochen wird, mutet allerdings seltsam an. Ist denn der Staat an sich, wie die Herausgeber der Zeitschrift es sagen, eine »politische Ordnungsform«? Der Staat umfaßt doch Monarchien und Republiken, Despotien und Demokratien, Verwaltungszentralismus und lokale Selbstverwaltung, totalitäre Gleichschaltung und pluralistische Freiheit – um nur einige der Dimensionen zu nennen, in denen Staat sich als Ordnungsform, »wie sie in Europa geschichtlich gewachsen ist«, entfalten kann. Sind das alles nur Staats-»Formen«, die kommen und gehen, während der Staat selber als die höhere, die eigentliche Einheit bestehen bleibt?

Noch merkwürdiger mutet es an, daß diese pauschale und überhöhende Redeweise vom Staat vom politischen Standpunkt weitgehend unabhängig ist. Die Herausgeber der Zeitschrift mag man als eher konservativ einordnen. Aber auch die doch wohl eher linken Anhänger der Theorie vom »staatsmonopolistischen Kapitalismus« – *Stamokap* – sehen kaum Unterschiede, jedenfalls solange die Besitzverhältnisse an den Produktionsmitteln nicht sozialistisch revolutioniert worden sind. Das Besondere politischer Kulturen gerät dabei aus dem Blick; zum Beispiel wird die Frage unbeantwortbar, warum eigentlich – bei doch gleicher Betroffenheit und ähnlichem Stande der wirtschaftlichen Entwicklung – Deutschland und die Vereinigten Staaten auf die Herausforderung der Weltwirtschaftskrise politisch so verschiedenartig, ja gegensätzlich reagiert haben.

Viele Fragen ließen sich noch stellen: Woher stammt die seltsam selbstverständliche Redeweise vom Staatsbürger statt vom Bürger, so als sei der letztere als politisch minderwertig, unzuverlässig und pflichtvergessen einzustufen? Warum erregte die Bemerkung des Bundespräsidenten Gustav Heinemann so viel Aufsehen, er liebe seine Frau, nicht den Staat? Woher stammt die Neigung der Parteien, nicht nur sich selbst als »staatstragend« zu proklamieren – und damit andere zu diffamieren –, sondern sich auch als quasi-staatliche Organisationen, um nicht zu sagen als Staatsorgane zu legitimieren (und, natürlich, zu finanzieren)? Sarkastisch ausgedrückt: Besteht der Unterschied zwischen Weimar und Bonn etwa darin, daß es in den späten Jahren der ersten Republik nur eine »Deutsche Staatspartei« gab, während wir es jetzt mit dem Kartell der drei oder vier insgesamt staatstragenden Parteien zu tun haben? Und thront ein deutscher Staat so hoch über aller Realität, daß er sogar dann noch rechtsverbindlich fortbesteht, wenn er schon vor Jahrzehnten untergegangen ist, in Grenzen, die noch älteren Datums sind?

In der Summe solcher und ähnlicher Fragen drängt sich der Eindruck auf, daß dies alles tief eingeschliffenen Traditionen entstammen muß. Aber woher sollen die Traditionen denn stammen, wenn nicht aus Preußen, dem »Staat an sich«, der sich selbst höchster und einziger Zweck war?

Alfred Grosser hat aus Anlaß der Verleihung des Friedenspreises des deutschen Buchhandels in der Frankfurter Paulskirche 1975 gesagt: »Was mich etwas beunruhigt, ist, daß in der letzten Zeit in der Bundesrepublik so viel vom Rechtsstaat und von der freiheitlich-demokratischen Grundordnung gesprochen wird. Vielleicht höre ich schlecht. Aber mir scheint, die Betonung liegt etwas zu sehr und immer mehr auf ›Staat‹ und auf ›Ordnung‹ und nicht mehr genug auf der Idee der freien politischen Tätigkeit des einzelnen, den gerade die Begriffe Staat und Ordnung nicht zum politischen autonomen Denken und Handeln auffordern . . . Huldigen nicht manche Bürger der Bundesrepublik dem Staat mehr als dem Recht und erleben die freiheitlich-demokratische Grundordnung als eine Abwandlung der staatlichen Ordnung, die ihren Vätern oder ihnen selbst, im Kaiserreich oder sogar im totalen Staat, den täglichen Frieden sicherte? – Vielleicht bin ich zu sehr Franzose oder ich denke zu sehr an 1933, aber es scheint mir doch, als ob in der Bundesrepublik immer mehr von der Verteidigung der Grundordnung durch den Staat die Rede sei, und immer weniger von der Verteidigung der Grundfreiheiten gegen den Staat.«[3]

Verhalten und taktvoll genug wird damit die Frage aufgeworfen, was denn geschieht, wenn es einmal hart auf hart geht und die Ordnung und die Sicherheit des Staates mit den Prinzipien demokratischer Freiheit zusammenstoßen. Karl Dietrich Bracher – alles andere als ein »Linker« – schrieb dazu schon 1971:

»Die entscheidenden Wendepunkte unserer neueren Geschichte sind wesentlich dadurch bestimmt, daß in der ›herrschenden Lehre‹ und politischen Meinung Staatsbegriff und Demokratieverständnis auseinanderfallen und entweder in Konfrontation oder doch ein scharfes Unterordnungsverhältnis zueinander treten. Nur einmal, nach der Wende von 1945, geschah diese Unterordnung nicht eindeutig zugunsten des Staats- und auf Kosten des Demokratiebegriffs. Die Entscheidungen von 1848 und 1866 bis 1871, aber auch die Begründung der ›halben Demokratie‹ von 1918, vollends die Einigungsproklamationen von 1914 und 1933 stehen im Zeichen der Vorstellung vom Vorrang staatlicher Ordnung und Effizienz vor den individuellen und gesellschaftlichen Ansprüchen und Kräften. Und selbst für die Zeit nach 1945 gilt die Frage, ob nicht die Auffassung vom Primat des Staates vor Demokratie trotz einer vielbemühten Revision des Geschichtsbilds noch immer weithin die Einschätzung bestimmt, ja von Jahr zu Jahr wieder steigenden Kurswert erhält. Der Ruf nach mehr Staatsbewußtsein, das Vordringen einer staatsbezogenen Terminologie in der politischen Rhetorik wie im institutionellen Ausbau der Bundesrepublik, die Auseinandersetzung um die Notstandsgesetzgebung, um das Verhältnis von Staatsschutz und Freiheitsrechten: all dies indiziert eine Fortdauer der alten Problematik auch unter den neuen Verhältnissen der zweiten deutschen Demokratie.«[4]

2. Die Herrschaft der Beamten

Die alte preußische Erfahrung, daß nur der Staatsdienst Sicherheit schaffen kann, ist in den Wechselfällen des 20. Jahrhunderts keineswegs widerlegt und aufgelöst, sondern im Gegenteil neu bestätigt und befestigt worden. Kapitalvermögen wurde durch zwei große Inflationen vernichtet, Grundbesitz durch Enteignung und Vertreibung; in die Häuser regneten die Bomben. Dem Beamten aber blieben Gehalt und Pensionsanspruch, oder er konnte doch bald wieder darüber verfügen. In Artikel 131 des Grundgesetzes heißt es: »Die Rechtsverhältnisse von Personen einschließlich der Flüchtlinge und Vertriebenen, die am 8. Mai 1945 im öffentlichen Dienste standen, aus anderen als beamten- oder tarifrechtlichen Gründen ausgeschieden sind und bisher nicht oder nicht ihrer früheren Stellung entsprechend verwendet werden, sind durch Bundesgesetz zu regeln. Entsprechendes gilt für Personen einschließlich der Flüchtlinge und Vertriebenen, die am 8. Mai 1945 versorgungsberechtigt waren...« Hier wendet sich der Erfahrungssatz ins handfest Praktische: Staatsformen kommen und gehen, aber der Staatsdienst bleibt bestehen.

Noch bemerkenswerter ist der im Grundgesetz folgende Gegenartikel 132, der mit den Worten beginnt: »Beamte und Richter, die im Zeitpunkt des Inkrafttretens dieses Grundgesetzes auf Lebenszeit angestellt sind, können *binnen sechs Monaten* nach dem ersten Zusammentritt des Bundestages in den Ruhestand oder Wartestand oder in ein Amt mit niedrigerem Diensteinkommen versetzt werden, wenn ihnen die persönliche oder fachliche Eignung für ihr Amt fehlt. Auf Angestellte, die in einem unkündbaren Dienstverhältnis stehen, findet diese Vorschrift entsprechende Anwendung.« Sechs Monate nur, um die Riesenarbeit einer Säuberung des öffentlichen Dienstes zu leisten!

Sechs Monate? Absatz vier des Artikels besagt: »Das Nähere regelt eine Verordnung der Bundesregierung, die der Zustimmung des Bundesrates bedarf.« Der erste deutsche Bundestag trat am 7. September 1949 zu seiner konstituierenden Sitzung zusammen; die Frist lief also bis zum 7. März 1950. Um aber überhaupt anfangen zu können, brauchte man die Verordnung und Durchführungsbestimmungen. Die Verordnung erging am 17. Februar 1950, die Durchführungsbestimmungen folgten am 23. Februar!

Politisch kann der Einfluß der Beamtenschaft, besonders der Ministerialbürokratie, kaum hoch genug veranschlagt werden. Gesetzesvorlagen werden den Parlamenten von der Ministerialbürokratie mit ihrer überlegenen Fachkompetenz ohnehin weitgehend vorgeformt. Auf der Bundesebene wird dieser Einfluß durch den Bundesrat noch einmal verstärkt, der als ein Organ von Regierungen, wie man zu Recht gesagt hat, weitgehend von Ministerialdirigenten dirigiert wird. Der Bundestag seinerseits bemüht sich um Konzentration der Fachkompetenz in den Ausschüssen, durch deren Arbeit er mit der Ministerialbürokratie konkurriert, sich ihr aber auch angleicht. Nicht zufällig haben wir es im Unterschied etwa zum britischen Unterhaus mit einem Parlament zu tun, dessen Schwerpunkt und dessen Qualitäten nicht in den politischen Plenardebatten, sondern in der fachlichen – wenn man so will technokratischen – Arbeit der Ausschüsse zu finden sind.

Damit nicht genug: Beamte und Angestellte des öffentlichen Dienstes durchdringen mehr und mehr die Parteien selbst und stellen auf allen Ebenen die bei weitem größte Gruppe der Abgeordneten. Im Bundestag waren mit dem Stand vom 3. 10. 1976 unter insgesamt 518 Abgeordneten 178 Beamte und 36 Angestellte des öffentlichen Dienstes. Rechnet man die 68 »Angestellten politischer und gesellschaftlicher Organisationen« noch hinzu, so ergibt sich eine komfortable »regierungsbildende« Mehrheit. Bei den Länderparlamenten blieb 1976 der Anteil der Beamten und Angestellten des öffentlichen Dienstes nur in Hamburg und Bremen hinter dem Stand des Bundestages zurück; in Baden-Württemberg, Bayern, Hessen, dem Saarland und Schleswig-Holstein erreichte und überschritt er die 50-Prozent-Grenze; in Schleswig-Holstein konnte man bei 71,2 Prozent sogar schon von einer verfassungsändernden Mehrheit sprechen. In Kreistagen und Kommunalparlamenten sieht es in der Regel nicht viel anders aus. Es hat sich, so scheint es, seit den Tagen der Frankfurter Paulskirche und der frühen preußischen Landtage wenig geändert. Genauer gesagt: wir nähern uns diesen frühen Verhältnissen wieder an.

Fragt man nach den Möglichkeiten und den Auswirkungen von Reformen, so mag man über jeden Einzelfall nach Belieben streiten. Für zwei Erfahrungsregeln kann man jedoch nahezu Allgemeingültigkeit beanspruchen: 1. Reformen können nur mit der Bürokratie, aber nicht gegen sie durchgeführt werden.

2. Reformen verstärken den Einfluß der Bürokratie. Oft vermehren sie auch den Verwaltungs- und den Personalaufwand, und nicht selten verbessern sie damit die Aufstiegschancen für Beamte. Diese Erfahrungsregeln lassen sich übrigens schon bis in die Zeit der preußischen Reformen nach 1807 zurückverfolgen, zu deren Zielen Vereinfachungen und Einsparungen bei der Verwaltung gehört hatten.[5]

Um zwei Beispiele aus unserer Zeit zu nennen: Die heiß umkämpften Hochschul- und Bildungsreformen der letzten zehn oder fünfzehn Jahre haben jedenfalls eines bewirkt: daß Universitäten, Schulen und sonstige Bildungseinrichtungen weitaus direkter und fester als zuvor in den reglementierenden Zugriff der Wissenschafts- und Kultusministerien geraten sind. Und die praktisch wichtigsten Reformen der Gegenwart, die Kommunal- und Gebietsreformen, sind zwar seltsam lautlos abgelaufen, wenn man von örtlich begrenzten Ausbrüchen des Bürgerzorns einmal absieht. Aber sie haben bewirkt, daß die nun vergrößerten Gemeindeeinheiten von »oben« her besser administriert werden können. Denn die nun überall benötigten hauptamtlichen Verwaltungskräfte können eher als die nebenamtlichen Dorfbürgermeister alter Art die Verordnungen verstehen und handhaben, die Tag für Tag auf sie herabregnen. Der Preis war freilich eine wachsende Bürgerferne. Zehntausende von Gemeinderäten sind verschwunden, mit denen man sich abends beim Schoppen oder Bier zusammensetzen konnte.

Es dürfte kein Zufall sein, daß in einer Gegenbewegung die Bürgerinitiativen sich wie Buschfeuer ausgebreitet haben. Doch können sie mehr bewirken als allenfalls punktuelle Korrekturen? In der Perspektive der Verwaltungen erzeugen sie ohnehin nur ärgerliche Reibungsverluste, und der bekannte Staatsrechtslehrer Ernst Forsthoff hat längst die Maxime des Beamten- und Verwaltungsstaates verkündet: »Der Dilettantismus, mit dem in Bürgerversammlungen die großen Fragen der Wirtschafts- und Sozialpolitik behandelt zu werden pflegen und auch nur behandelt werden können, ist rührend und steril zugleich. Wenn die Staatsbürger je länger je weniger daran Gefallen finden, so darf man daraus folgern, daß sie inzwischen gelernt haben, die Grenzen ihrer Zuständigkeiten zu erkennen. Sie verhalten sich systemgerecht, wenn sie sich demagogischer Verführung zur Unsachlichkeit verschließen.«[6] Vielleicht sollte man dem noch eine andere Äußerung Forsthoffs hinzufügen: »Staatsgesinnung als Grundlage der Gehorsamsbereitschaft erwächst nicht aus der Freiheit. Die Freiheit isoliert den Menschen – sie distanziert ihn vom Staat. Sie konstituiert nichts an überindividueller Ordnung, auch nicht im Ethischen. Sie bringt keine Staatsgesinnung hervor.«[7]

Damit soll nicht einmal von ferne angedeutet werden, die Beamtenschaft stehe nicht fest »auf dem Boden des Grundgesetzes«. Im Gegenteil! Dies ist *ihr* Staat; sie wird ihn verteidigen, wie sie es vermag – und wie sie aus ihrem beruflichen Ethos und aus ihrer institutionellen Formation oder Deformation heraus ihn versteht.

Hierfür gibt es einen sprechenden Beleg: den »Radikalenerlaß« von 1972 und die daran anschließenden Auseinandersetzungen um »Berufsverbote«. Der Beschluß des Bundeskanzlers und der Ministerpräsidenten der Länder, vergeblich nach einheitlichen Maßstäben strebend und seltsame Erinnerungen an die Zeit der Restauration nach 1819 weckend*, antwortete auf die Herausforderung der »Neuen Linken«, wie sie Dutschke als »langen Marsch durch die Institutionen« proklamiert hatte. Er schuf kein neues Recht, sondern brachte nur die »hergebrachten Grundsätze« und Treuepflichten des Beamtentums in Erinnerung. Doch er setzte einen gewaltigen Überprüfungsapparat in Bewegung.

Sieht man sich das Ergebnis an, so fällt das Mißverhältnis zwischen Aufwand und Ertrag ins Auge. Bis 1978 gab es etwa eine Million Routineüberprüfungen. Dabei lagen in rund 20 000 Fällen »Erkenntnisse«

* Siehe dazu das Zitat von P. G. Hoffmann, oben S. 127.

vor, die Untersuchungen auslösten. Aber nur in ungefähr 2000 Fällen führten diese zu Ablehnungsbescheiden. Die Frage drängt sich auf, ob dies die bitteren Konsequenzen von Konformismusdruck und Angst auf der einen, von Diffamierungen der Bundesrepublik auf der anderen Seite wert war.

Gewiß: Wohl kein Staat der Welt wird darauf verzichten, bestimmte Kernbereiche, von denen seine Sicherheit unmittelbar abhängt, vor Feinden zu schützen. Aber die schiere Ausdehnung des öffentlichen Dienstes und die Starrheit des Dienstrechts führen hierzulande dazu, daß noch der berühmt-berüchtigte Lokomotivführer ins Räderwerk gerät. Außerdem fällt am Tenor vieler Ablehnungsbescheide oder Gerichtsurteile die obrigkeitliche, staatsfixierte Verengung des Verfassungsdenkens auf.

Maurice Duverger hat das französische Demokratieverständnis einmal so beschrieben: »Für die Franzosen ist Demokratie zunächst einmal und vor allen Dingen ein System, in dem der Staatsbürger frei ist, in dem Sinne, daß er die weitestgehende Möglichkeit hat, dem Druck der Autorität, also dem Staat, Widerstand zu leisten... Demokratie, das ist der Staatsbürger gegen die Staatsgewalt, und nicht der Staatsbürger als Teilhaber der Staatsgewalt. Die Abgeordneten, die die Forderungen der Wähler vertreten, und die zentralisierte Verwaltung bilden ein seltsames Gleichgewicht, das ein großes Maß an Freiheit für den einzelnen Bürger und an Leistungsfähigkeit in der Führung der Staatsgeschäfte bedeutet.«[8] Wie immer man dazu stehen mag: ein deutscher Referendar wäre jedenfalls unrettbar verloren, wenn er vor der Anhörungskommission so etwas als sein Demokratieverständnis vortragen wollte.

Schließlich, aber nicht zuletzt: In kaum einem anderen Land der westlichen Welt gab es so viel Stabilität, blieb das Ausmaß radikaler Bewegungen so gering wie in der Bundesrepublik Deutschland. Bei der Bundestagswahl 1976 erreichte die Wahlbeteiligung eine Rekordhöhe von 91 Prozent, und auf die im Bundestag vertretenen Verfassungsparteien entfielen 99,1 Prozent aller abgegebenen Stimmen. Nur in der zweiten Hälfte der sechziger Jahre hatte die NPD einigen Zulauf und konnte in mehrere Landesparlamente einziehen. Doch nicht darauf hat der Radikalenerlaß reagiert.

Man muß nicht unbedingt folgern, daß die staatstragenden Kräfte auf dem einen, dem rechten Auge blind seien. Sobald man indessen unterstellt, daß die Bundesrepublik ein von Beamten beherrschter Staat ist und daß dieser Staat die politischen Vorstellungen prägt, »reimt sich« alles. Denn im Gegensatz zur alten Rechten war die »Neue Linke« im Kern eine akademisch-studentische Bewegung, die dann in die höheren Beamtenberufe, besonders in die Lehrberufe drängte und eben deshalb als Bedrohung erschien. Übrigens läßt sich der Gegensatz auch e contrario demonstrieren, an den wenigen wirklichen »Systemveränderern«, die es gab oder gibt: an ihrer naiven, höchst traditionsbestimmten preußisch-deutschen Empörung darüber, daß, wenn sie den Staat schon umstürzen wollen, sie dies nicht auch mit staatlicher Pensionsberechtigung sollen tun dürfen.

Ein Tscheche hat einmal gesagt: »Ihr Deutschen seid ein sonderbares Volk. Bei euch funktioniert alles: die Monarchie, der Faschismus, die Demokratie – und sogar der Sozialismus.« Damit war natürlich die DDR gemeint. Doch so sonderbar ist das alles keineswegs, sofern man sich nur dazu entschließt, das »Funktionieren« als die in allen Wandlungen und Umbrüchen überdauernde Beamtenherrschaft zu interpretieren. (In der DDR gelten die »hergebrachten Grundsätze des Berufsbeamtentums« zwar nicht mehr. Aber die Herrschaft der bürokratischen Apparate ist dennoch geblieben, ja hat sich noch gesteigert, weil es Gegenkräfte wie zum Beispiel freie Wirtschaftsverbände und Gewerkschaften nicht mehr gibt. Einer der mächtigsten Apparate heißt: Staatssicherheitsdienst.) Die Gegenprobe ist leicht gemacht; der Tscheche vergaß, daß ein »System« *nicht* funktioniert hat: die Weimarer Republik. Sie ist kläglich gescheitert, denn sie hatte die große Mehrheit ihrer Verwaltungsbeamten, Offiziere, Richter, Professoren und Lehrer gegen sich.

3. Der Staat und die Intellektuellen

Eine französische Anekdote berichtet: Als in der bitteren Spätphase des Algerienkrieges Jean Paul Sartre die Soldaten dazu aufforderte, aus der Armee zu desertieren, weil es sich um einen ungerechten Krieg handelte, wurde de Gaulle dazu aufgefordert, gegen Sartre vorzugehen. Daraufhin rief der Staatspräsident entsetzt und abwehrend aus: »Aber Sartre, das ist doch auch Frankreich!« In einer Variante dieser Geschichte soll de Gaulle nur knapp beschieden haben: »Man verhaftet nicht Voltaire.«

Die Gefahr, daß die Bundesrepublik einmal in eine ähnliche Lage geraten könnte wie Frankreich in den fünfziger Jahren in Algerien, liegt gottlob fern. Aber man versuche dennoch, sie sich vorzustellen – und male sich dann die Reaktionen auf einen entsprechenden Aufruf aus, sagen wir: Heinrich Bölls. Schon als er sich darum bemühte, auch in Terroristen noch verirrte Menschen zu erkennen, trafen ihn Haß und Hysterie. Ähnlich erging es einem Landesbischof, der nur seine Christenpflicht als Seelsorger erfüllen wollte.

Doch schon das normale Spannungsverhältnis zwischen »Macht« und »Geist« ist normal eigentlich kaum zu nennen. Über weite Strecken bleibt es gekennzeichnet durch Fremdheit, Verdacht, Verleumdung, Feindseligkeit, ja Haß. Viele Intellektuelle bringen eine »kritische Sympathie« mit dem Staat nicht auf, und so trifft sie die lauernde *Exilierungswut:* »Wenn es dir hier nicht paßt, dann geh' doch in die DDR!« In der Gegenrichtung wird sie ohnehin längst praktiziert.

Der Sachverhalt mag zum Teil damit zusammenhängen, daß der Staat den Intellektuellen noch immer so bedrohlich nahe ist, ja allem Anschein nach ihnen mehr und mehr auf den Leib rückt. Man muß Lehrer oder Hochschullehrer werden; die Rundfunk-

und Fernsehanstalten haben sich zu beamtenähnlich bürokratischen Apparaten entwickelt, auf die die Staatsparteien stets schwerer ihre Hand legen; Theater, Opernhäuser, Museen, Ausstellungen und die »Kunst am Bau« werden von der öffentlichen Hand finanziert. Die Chancen zur Unabhängigkeit bleiben also gering oder schwinden sogar, wie etwa unabhängige Zeitungsredaktionen. Das Stiftungswesen ist nicht sehr hoch entwickelt und unterliegt einem eng und traditionalistisch bestimmten »Gemeinnützigkeits«-Recht.

Bekanntlich schafft an, wer zahlt, und möchte, verständlich genug, für sein gutes Geld etwas anderes zu sehen und zu hören bekommen als nur Kritik und Hohn – oder als alternative Heilslehren, die den Menschen ihren mühsam genug erarbeiteten Wohlstand als banausisch einschwärzen und nach altem, schon von Johann Gottlieb Fichte gesetztem Muster mit beliebigen Inhalten die Gegenwart als ein Zeitalter »der vollendeten Sündhaftigkeit« verketzern, um für die Zukunft um so strahlender »den Stand der vollendeten Rechtfertigung und Heiligung« auszumalen.[9]

Sehr nahe liegt es, aus diesem Sachverhalt gegen kritische Intellektuelle den Vorwurf abzuleiten, sie seien Parasiten der Arbeitsgesellschaft. Helmut Schelsky hat den Vorwurf in System gebracht: »Die Selbstherrlichkeit der Selbstbedienung mit öffentlichen Mitteln ist wohl in keiner beruflichen Gruppe so unbeschränkt möglich wie unter den ›Erziehern‹ und ›Belehrern‹ ... Ökonomisch gesehen leben die Heilsherrscher immer von der Arbeit der anderen, deren Alltagsmühen und -anstrengungen sie gleichzeitig als minderwertige Lebensform verleumden und zugleich ausbeuten.«[10] Dabei ist es sozusagen das Klasseninteresse der Intellektuellen, die bestehenden Verhältnisse schlecht zu machen. Denn je mehr dies gelingt, um so unentbehrlicher werden die Künder neuer, alternativer Heilslehren: »Sie brauchen die Vorstellung, daß es der Bevölkerung schlecht geht, daß sie elend und unfrei, ›entfremdet‹ ist, um ihre Herrschaft und Pläne als das Heilende, Erlösende durchsetzen zu können.«[11] Und da vom allgemeinen Elend in der Bundesrepublik nicht sehr überzeugend gesprochen werden kann, benutzt man »die demonstrative Ausbreitung des geborgten Elends aus aller Welt und die fast einer Gehirnwäsche gleichkommende Überbetonung der ›Randgruppen‹ und was als solche behandelt wird.«[12]

Das Klasseninteresse verdichtet sich zur Klassenherrschaft: »Nicht der ›Besitz der Produktionsmittel‹ im Sinne der Güterproduktion, sondern der ›Besitz der Produktionsmittel‹ im Sinne der Sinnproduktion, der Bewußtseins- und Normbeherrschung einer Bevölkerung, machen heute die Fronten der ›Klassenherrschaft‹ aus... An die Stelle der Krupp und Ballin, der Thyssen und Flick mit ihren Generaldirektoren und Aktionären als personhaften Symbolen der Ausbeutung des ›Reiches der Notwendigkeit‹, also der produktiven Arbeit, sind heute als sozialmächtige Konkurrenz doch längst die Böll und Grass, die Marcuse und Mitscherlich mit ihren intellektuellen ›Showmastern‹, ihren Freizeitverdienern und ihren Agenten unter Ministern und Abgeordneten getreten.«[13]

Daß Intellektuelle Intellektuelle als Intellektuelle beschimpfen, ist freilich nicht gerade originell, sondern eher ein deutsches Muster.[14] Schelsky hebt nur auf intellektuelles Niveau und formt zur Theorie, was sonst sozusagen als Ressentiment auf der Straße liegt und von dem dort angesiedelten Boulevardjournalismus bedient wird. Ironisch könnte man sagen: Es handelt sich nur um die dialektische Variante des intellektuellen Geschäfts, den Massen das Elend ihrer Ausbeutung durch andere vor Augen zu führen. Interessanter ist deshalb die Frage, warum eigentlich Wut, Hysterie und auch Wehleidigkeit in das Spannungsverhältnis von »Macht« und »Geist« so beständig und so penetrant sich einmischen; allein aus der materiellen Abhängigkeit der Intellektuellen vom Staat läßt sich dies doch kaum erklären.

In der preußischen Perspektive müßte die Frage so formuliert werden: Ist vielleicht die Bundesrepublik Deutschland, wie einst Preußen, eine »Großmacht ohne Staatsidee«? Träfe dies zu, dann würde verständlich, daß man auf die intellektuelle Kritik besonders empfindlich reagiert, weil man ihr nichts entgegenzusetzen hat – und sie eben damit, im Mangel an eigenen geistig bindenden Kräften, zugleich herausfordert.

Die Bundesrepublik verfügt über wenig Traditionssubstanz. Sie ist kein Nationalstaat. Sie will den Anspruch auf die Einheit der Nation zwar für eine unbestimmte Zukunft hüten, aber praktisch kann er weder eingelöst werden, noch ist angesichts bitterer Erfahrungen über jeden Zweifel erhaben, daß er eingelöst werden sollte. Müßte die Restauration des Nationalstaates nicht unkalkulierbare innere und äußere Gefährdungen und dazu noch ein Stück Selbstaufgabe mit sich bringen? Doch was bleibt als Zukunftsvision, wenn man die Wiedervereinigung abschreibt wie der Unternehmer eine Investition, die sich als zu riskant und zu kostspielig erweist? Und worauf könnte man sich dann beim Blick in die Geschichte noch berufen – außer auf Preußen?

Natürlich hat sich die Bundesrepublik dem Westen, der Demokratie, der Verteidigung der Freiheit verschrieben. Aber »der Westen« besteht immer noch aus selbstbewußten Nationen; die Demokratie wurde nicht aus eigenem Vermögen erkämpft; der Begriff der Freiheit läßt viele Ausdeutungen zu. Erst recht bleibt »das christliche Abendland« ein eher mittelalterlicher Begriff, der für die politische Modernität so wenig taugt, wie im 19. Jahrhundert eine rückwärts gerichtete Frömmigkeit zur preußischen Staatsideologie.

Natürlich ist dies ein alles in allem ordentlich verwalteter Staat und außerdem ein wirtschaftliches Erfolgsunternehmen, das sich im internationalen Vergleich sehen lassen kann. Und ist es nicht genau dies, worauf das Selbstbewußtsein der Bundesrepublik und seiner Bürger sich gründet, mit all den Tugenden oder Untugenden, die damit zugleich bezeichnet werden? In den Worten des Historikers Rudolf von Thadden: »Es gehört zu den charakteristischen Merkmalen der deutschen Nachkriegsentwicklung, und zwar in beiden Teilen Deutschlands, daß technische und wirtschaftliche Leistung in der Skala der Werte wieder weit obenan stehen. Bis in den Sport hinein gelten die Bundesrepublik und die DDR in der internationalen Öffentlichkeit als die Staaten, in denen andere Werte als Leistungssteigerung und technische Modernität vergleichsweise ein Schattendasein führen. Zwar erheben beide deutsche Staaten den Anspruch, mit ihrem Leistungswillen für übergeordnete Ziele zu stehen, faktisch entwickelt sich jedoch ein Selbstverständnis der Deutschen, das fast ausschließlich vom Stolz auf technische und wirtschaftliche Werte bestimmt wird. D-Mark und Goldmedaillen bilden den Kern des deutschen Nationalbewußtseins.«[15]

Das mag überspitzt, also auch ungerecht formuliert sein. Aber daß »etwas dran« ist, bestätigen nicht nur ausländische Beobachter, denen die deutsche Hypertrophie der sekundären Tugenden »Leistung« und »Disziplin« noch immer auffällt. In der Bundesrepublik selbst entbrannte seit Beginn der siebziger Jahre ein heftiger Kampf für und wider das *Leistungsprinzip*.[16] Die einen sahen darin das Kainsmal eines verruchten, menschenfeindlichen Systems, das es zu überwinden galt. Vom »Leistungsterror« war die Rede und Leistungsverweigerung wurde gefordert; in Berlin fand ein »Tunix«-Kongreß statt, der Tausende von jungen Menschen anzog. Auf der anderen Seite gab es sogar regierungsamtliche »Bekenntnisse« zum Leistungsprinzip, und im Bundestagswahlkampf 1976 warb eine Partei mit dem Motto: »Leistung wählen!« Auch Tarifverträge und Steuergesetze werden ständig daraufhin abgeklopft, ob sie wohl leistungsfördernd oder leistungshemmend sich auswirken.

Die Tatsache, daß so viele, auch und gerade sensible junge Menschen nach Alternativen zur Leistungsgesellschaft suchen und dabei ihre Anti-Leistung des »Aussteigens« als Absage an »das System« deuten, verrät einen richtigen Instinkt. Es *ist* eine, nein: *die* Absage. Das bestätigen die Reaktionen der bürgerlichen Gegenseite mehr als genug. In Schelskys auf die Verführer und »Sinndeuter« bezogenen Worten: »Die geisteswissenschaftlich-literarisch-ästhetische Gruppe verteidigt mit ihrer Leistungsdiffamierung ihr eigenes Unproduktivitätsprivileg und macht daraus einen Klassenherrschaftsanspruch.«[17] Aller Gefühlsaufwand in der Debatte um das Leistungsprinzip demonstriert, daß es sich um etwas für die Gesellschaft der Bundesrepublik zentral Wichtiges, um einen Kern ihres Selbstbewußtseins und Selbstverständnisses handelt.

Um Mißverständnissen nach Möglichkeit vorzubeugen: Gegen das Prinzip Leistung läßt sich im Grunde so wenig etwas vorbringen, wie gegen Disziplin und Pflichtgefühl. Ohne Leistungen kann man nichts verwirklichen, auch nicht und erst recht nicht sich selbst. Und Leistung setzt wiederum Selbstdisziplin voraus. Das Problem beginnt erst, die Hypertrophie der sekundären Tugenden setzt ein, wo man nach dem Zweck, dem Sinnziel der Leistungen gar nicht mehr fragt. Und hierbei bedingt dann eines das andere. Wo es die sinnvolle Zielsetzung, die tragfähige »Idee« nicht gibt, da flüchtet man in die Leistung »an sich«. Indem man sie absolut setzt, übertäubt man im Lärm des Tuns die Frage nach dem Zweck. Dies um so verbissener, als jede Frage, jede Aufklärung, die ins Herz des zu Leistung, Disziplin und Pflichterfüllung erstarrten Lebens eindringen würde, dieses in den Infarkt, in das Nichts seiner Zwecke und Ziele stürzen ließe.

Ganz ähnlich entsteht im kritischen Verhältnis von »Macht« und »Geist« erst aus der neurotischen Überspannung ein fataler Zirkel. Wo ein Gemeinwesen seine Ordnungsmacht Staat zum Selbstzweck überhöht, da schlägt die Stunde der »alternativen Sinnproduzenten«, einschließlich der Scharlatane und falschen Propheten. Aber die Abwehr des Falschen gerät selbst ins Falsche, weil sie anderes als Disziplinierung nicht zu bieten hat.[18] Das Ergebnis von alledem ist der seltsame Kontrast von Sicherheitsstreben und Unsicherheit, den Richard Löwenthal beschrieben hat:

»Die Bundesrepublik Deutschland ist,

dreißig Jahre nach den Bemühungen der Väter ihres Grundgesetzes, an objektiven Maßstäben gemessen der stabilste Großstaat Westeuropas. Nur – ihre Bürger können es nicht glauben. Für den, der immer wieder sein Leben in Deutschland durch längere Auslandsaufenthalte unterbricht, ist dies bei jeder Rückkehr aufs neue der paradoxe Eindruck. Der objektiven Stabilität entspricht keine subjektive Sicherheit, dem Selbstverständnis der Bundesdeutschen fehlt die Selbstverständlichkeit. Was die Umfragen als die Angstlücke beschrieben haben – daß von der großen Mehrheit, der es nach eigenem Befinden gut geht, ein erheblicher Teil Schlimmes erwartet –, erscheint vielen ausländischen Beobachtern geradezu als die deutsche Ideologie von heute oder, wenn man will, als das Grundproblem der kollektiven Psychologie der deutschen Zeitgenossen.«[19]

Die Unsicherheit mag viele Formen finden, sich gleichsam mit wechselnden Masken der Furcht vor sich selbst verstecken und rechtfertigen. Die Skala reicht von der Furcht vor der »linken Gefahr« bei den einen bis zur Furcht vor dem »Atomstaat« bei den anderen. Dem entsprechen die jeweiligen Kreuzzüge, die man führt. Immer geht es ums Ganze, denn man ist ja aufs Ganze, auf den Staat fixiert und vertritt beileibe nicht partielle, banale Interessen. Ein Sieg »der anderen« wäre das Ende: der Untergang Deutschlands, der Freiheit, der letzten Chance zum lebenswerten Leben. So verwandeln sich Gegner abgründig in Feinde, und Polarisierung regiert die politische Szene, obwohl die Sachdifferenzen sich meist eher bescheiden ausnehmen.

4. Das Tabu Gleichheit

Erinnern wir uns: Preußen ist daran gescheitert, daß es auf die Herausforderung von 1789 keine produktive Antwort fand. Diese Herausforderung wurde in ihrem Kern bestimmt durch die égalité: Gleichheit, so wie

Tocqueville sie beschrieben hat. Alles Verzögern, alles Suchen nach Auswegen bleibt vergeblich; der preußisch-deutsche Weg führt in den Abgrund, den die barbarische Konterrevolution der Ungleichheit bezeichnet. Aus der preußischen Perspektive muß die zentrale Frage an die Gegenwart deshalb lauten: *Wie halten wir es mit der Gleichheit?*

Die Frage mag dennoch verwundern, ihre Beantwortung sich dem Anschein nach von selbst verstehen. Wir leben nicht mehr in einem Obrigkeitsstaat, der nur Untertanen kennt, sondern in einem Gemeinwesen freier Bürger; unsere Verfassung proklamiert in Artikel 1 die Würde des Menschen als obersten Wert und in Artikel 3 die Gleichheit als Grundrecht. Auch die gesellschaftlichen Formationen der Bundesrepublik lassen sich mit den preußischen kaum mehr vergleichen. Vielleicht mehr noch: Die Erschütterungen und Umbrüche der nationalsozialistischen Gewaltherrschaft, des Zweiten Weltkriegs und der Nachkriegszeit haben einen sozialen Strukturwandel, einen »Modernitätsschub« bewirkt[20], der die Gesellschaft der Bundesrepublik in vieler Hinsicht offener und egalitärer macht als zum Beipiel die Verhältnisse in Frankreich oder Großbritannien, wo Klassengesellschaft und Klassenkampf noch weit mehr bezeichnen als bloße Rückstände im akademischen Bewußtsein.

Vorsicht bleibt gleichwohl geboten. Schon der Mythos vom Staat und die Herrschaft der Beamten machen ja deutlich, daß in der Bundesrepublik weit mehr Preußisches überlebt hat, als auf den ersten Blick erkennbar wird. Es könnte deshalb sein, daß es sich mit dem Thema Gleichheit gar nicht soviel anders verhält. Als These formuliert: Gleichheit – das ist ein Tabu.

Noch der kleinste Schritt zu etwas mehr Gleichheit löst die heftigsten Reaktionen aus. Als vor einigen Jahren die Gewerkschaft ÖTV bei den Tarifverhandlungen statt der üblichen prozentualen Lohnerhöhung, welche die Einkommensdifferenzen immer weiter wachsen läßt, einen einheitlichen Betrag für alle Lohn- und Gehaltsgruppen forderte, stieß sie auf entrüstete Ablehnung. Von »Gleichmacherei« war die Rede; das Ende der Leistungsgesellschaft schien nahe. Wohlgemerkt: Die Forderung wurde ausdrücklich zur Ausnahme erklärt und im übrigen damit begründet, daß durch die Inflation und viele Formen indirekter Besteuerung die Bezieher niedriger Einkommen härter als andere betroffen würden.

Oder wie verhält es sich mit dem Kampf um mehr Chancengleichheit im Bildungswesen, mit dem Weltanschauungskrieg, zu dem in diesem Zusammenhang der Streit um die Gesamtschule und um die sogenannte Förderstufe entartete? Es mag ja ärgerlich sein, im Einzelfalle sogar bitter, wenn mit dem Anschwellen der Abiturientenzahlen der Konkurrenzkampf um Studienplätze und um die akademischen Berufsmöglichkeiten sich verschärft. Mehr Konkurrenz ist jedoch die unausweichliche Begleiterscheinung von mehr Chancengleichheit. Es war schließlich das klassische Prinzip der bürgerlichen Gesellschaft, auf der Grundlage formeller Gleichheit Konkurrenz zu entfesseln. Damit wurde die Dynamik der neuzeitlichen Wirtschaftsentwicklung in Gang gebracht. Chancengleichheit aber verlängert die formelle Gleichheit nur ins Praktische hinein. Immerhin ist es in den letzten fünfzehn Jahren gelungen, den Anteil der Arbeiterkinder an den Abiturienten zu verdoppeln; kraß unterrepräsentiert bleiben sie nach wie vor. Wie aber ist es dann zu erklären, daß nicht das Positive des Prinzips und seiner Auswirkungen, sondern nur die negativen Begleiterscheinungen ins Bewußtsein einer aufgebrachten Öffentlichkeit dringen?

Die CDU hat in ihrem Grundsatzprogramm von 1978 den Begriff der Chancengleichheit ausdrücklich durch *Chancengerechtigkeit* ersetzt. Suum cuique; jedem das Seine. Es liegt zum mindesten nahe, daß das in der Praxis übersetzt wird mit: »Schuster, bleib bei deinem Leisten!« Aber sogar die SPD tut sich mit dem heißen Eisen Gleichheit schwer; lieber und undeutlicher spricht sie von Solidarität. In der »Grundwerte«-Debatte der Parteien ist in wechselnder Rangfolge und mit unterschiedlichen Akzenten immer von Freiheit, Gerechtigkeit und Solidarität die Rede, nicht von Gleichheit.

Gleichheit, so scheint es, erinnert nun einmal an Gleichmacherei oder an Gleichschaltung, statt an *das Fundament der Freiheit,* das sie doch darstellt. Deshalb gehört es in der Bundesrepublik zu den konditionierten Reflexen, ein Spannungsverhältnis, ja einen Gegensatz von Freiheit und Gleichheit zu unterstellen. »Wer CDU wählt, wählt die Freiheit, auch um den Preis von weniger Gleichheit – und wer mehr Gleichheit haben will, muß wissen, daß er als Preis weniger Freiheit in Kauf nehmen muß«, sagte Helmut Kohl in einer Rede im Vorfeld der Wahlkämpfe von 1976.[21] Doch auch diese Maxime gilt wohl weit über die CDU hinaus. Könnte man sich vorstellen, daß eine unserer etablierten Parteien mit der urbürgerlichen Parole »Mehr Gleichheit!« in die Feldschlacht zöge?

In seinem Aufsatz »Der Streit um die wahre Demokratie« schrieb Kurt Sontheimer: »Es gehört zum eisernen Bestand linker Demokratietheorie, das einst von Tocqueville am Beispiel Amerikas so meisterhaft analysierte, grundlegende Spannungsverhältnis zwischen der Idee der Freiheit und der Idee der Gleichheit prinzipiell zu leugnen.«[22] Sontheimer zitiert Tocqueville: »Unser Ziel kann nicht darin bestehen, unseren Vätern gleich zu werden, sondern wir müssen um die Art von Größe und Glück ringen, die uns angemessen ist.« Damit wird freilich durch Auslassung Tocquevilles Meinung in ihr Gegenteil verkehrt. Denn der Satz vor dem zitierten lautet: »Es handelt sich nicht mehr darum, die besonderen Vorteile, die die Ungleichheit der gesellschaftlichen Bedingungen den Menschen verschafft, zu bewahren, sondern das neue Gute zu sichern, das ihnen die Gleichheit bieten kann.« Erst auf dem Boden der Gleichheit kann sinnvoll der Kampf um Knechtschaft oder Freiheit, um Gesittung oder Barbarei ausgefochten werden.* Eine verblüffen-

* Siehe den Zusammenhang des Zitats oben, S. 146.

de, aber über das Exempel hinaus bezeichnende Umlenkung des Verständnisses bei einem angesehenen, für liberal erachteten Professor der Politikwissenschaft. Und so muß man wohl formulieren: Es gehört zum eisernen Bestand rechter Demokratietheorie, ein grundlegendes Spannungsverhältnis zwischen den Ideen der Freiheit und der Gleichheit zu konstruieren, ihre Wechselbedingtheit aber prinzipiell zu leugnen. Verdrängt wird unter anderem, daß Deutschland im Zweiten Weltkrieg für eine Doktrin und Praxis der radikalen Ungleichheit focht und deshalb im Zweifrontenkrieg den beiden einander polar entgegengesetzten Verwirklichungen von Gleichheit unterlag, deren weltgeschichtliche Heraufkunft und Bedeutung einst Tocqueville so meisterhaft analysierte.

Will man sich den Sachverhalt im Alltag anschaulich vor Augen führen, so sollte man einmal vergleichend amerikanische und deutsche Autobahnen befahren. Die Vereinigten Staaten sind gewiß kein Land, das der linken Gleichmacherei verdächtig werden kann. Aber anders als dort muß hierzulande das Statussymbol des Wohlstandes, also des *Selbstbewußtseins,* offenbar im Geschwindigkeitswettstreit ausgespielt werden; die Bundesrepublik Deutschland ist das inzwischen unter den Industriestaaten von West und Ost wohl einzige Land, in dem die Freiheit auf den Autobahnen verteidigt wird, als sei sie die Freiheit schlechthin und die gleichmacherische Geschwindigkeitsbegrenzung ihr Ende. »Was für eine Mentalität ist das«, hat der Niederländer Sicco Mansholt einmal gefragt, »daß eine solche Maßnahme in Deutschland nicht möglich ist? Das macht mir manchmal bange.«[23] Es ist die Mentalität eines Landes, in dem es eine siegreiche Egalitätsrevolution niemals gab, dafür aber die siegreiche Konterrevolution der Ungleichheit.

5. Selbstbewußtsein

Das Stichwort ist eben schon gefallen. Selbstbewußtsein gehört zum Menschen als Menschen. Es ist buchstäblich lebenswichtig. Ein Mensch, dessen Selbstbewußtsein man zerstört, begeht Selbstmord, sofern er sich nicht in den Wahn rettet – oder Mord, wie der unheimliche Urmythos von der Aggression in der Geschichte von Kain und Abel berichtet.

Selbstbewußtsein hat seine Geschichte und unterliegt sozialen Bedingungen. Es beginnt – oder wird bereits gestört – im Urvertrauen des Kleinkindes zu Menschen, die es lieben; es kann »lebenssatt« ausklingen, wie von Abraham und Isaak gesagt wird, oder in der Einsamkeit und Verzweiflung dessen verenden, den man abschob, weil er seine Leistungskraft verlor. In jedem Falle ist Selbstbewußtsein etwas, was Menschen einander durch Zuwendung ermöglichen oder durch Abwendung vernichten.

Geschichtlich wie gesellschaftlich gibt es zwei Grundformen einer Stabilisierung des Selbstbewußtseins. Die eine ist gekennzeichnet durch *Hierarchie* oder, wie Hegel es in einem tiefsinnigen Kapitel seiner »Phänomenologie des Geistes« dargestellt hat, durch *Herrschaft und Knechtschaft*. Der Herr wird selbstbewußt durch die Macht über andere, die er als Verantwortung für sie deutet; doch der Neid, den er auf sich zieht, stärkt seinen Stolz. Der Knecht gewinnt Selbstbewußtsein teils durch die Identifikation mit dem Herrn, teils aus Verachtung derer, die »anders« und noch unter ihm sind, teils aus der Jagd auf Sündenböcke, die man seiner insgeheim aufgestauten Aggressivität freigibt.Die zweite, alternative Möglichkeit mag viele Namen tragen: Liebe, Freundschaft, Brüderlichkeit, Solidarität. Immer geht es um *Toleranz* nicht bloß als Dulden und Hinnehmen, sondern als Achtung, Bejahung des anderen auch und gerade in seinem Anderssein, welches das meine ergänzt und reicher macht; immer ist Voraussetzung das *Prinzip Gleichheit*.

Es gibt selten reine Typen, fast stets Mischungsverhältnisse. Das gilt auch für Preußen. Der Geist von Potsdam, wie er aus dem Edikt von 1685 spricht, begründet Toleranz in einem Zeitalter der religiös aufgeladenen Intoleranz. Er mag menschenfreundlich aus Erwägungen der Nützlichkeit sein, aber er wächst darüber hinaus. Er begrüßt, beheimatet die Menschen aus der Fremde, er macht große geistige Entwicklungen möglich. Ein Moses Mendelssohn, ein Immanuel Kant, ein Wilhelm von Humboldt sind ohne den preußischen Geist aus Potsdam nicht vorstellbar.

Doch Preußen bedeutet eben auch: Über- und Unterordnung. Die preußische Erziehung im Militärstaat macht »des Königs Rock« zum Maßstab des Geltens. Und diese preußische Erziehung gewinnt die Oberhand. Erst wird sie schlicht praktiziert, dann nach 1819 als Unterdrückung durchgesetzt; nach 1871 wird sie fast allgemein akzeptiert. Sie dringt gleichsam von außen her ins Innere der Menschen vor; sie formt ihr Selbstbewußtsein zum Bewußtsein von Hierarchie. Darin liegt, was Heinrich Heine haßt, was der alte Theodor Fontane und der alte Theodor Mommsen bitter beklagen, was Kurt Tucholsky, Alexander Rüstow und so viele andere anklagen. Das Ende markiert 1933 der »Tag von Potsdam«. Er mag Schmierentheater gewesen sein. Aber daß er überhaupt inszeniert werden konnte, bezeugt schon den Triumph dessen, was Hegel das knechtische Bewußtsein nannte.

Sind wir darüber hinweg? Oder hat nicht die Bundesrepublik von Anbeginn ihre gesellschaftliche und politische Ordnung durch ein hohes Maß von aggressiver Abgrenzung zu stabilisieren versucht: gegenüber der »linken Gefahr«, »dem Osten«, den »Sowjets«, dem Atheismus, der intellektuellen »Zersetzung« und so fort? Warum wird in Wahlfeldzügen ein möglicher Sieg der Gegenpartei wieder und wieder als Ende der Freiheit, des inneren und äußeren Friedens, als Untergang Deutschlands beschworen? Warum ängstigt Gleichheit? Brachte die Herausforderung durch den Terrorismus, die doch im Vergleich zu manchen anderen westlichen Ländern eher begrenzt blieb, nicht unsere Liberalität in Gefahr? Wie stellen wir uns zu Minderheiten, die »anders« sind, mögen sie nun Radikale, Kommunisten, Gastarbeiter, Homosexuelle, Zigeuner oder wie immer heißen? Wie gehen wir mit den Schwachen, mit Alten, Kindern, psychisch Kranken um? Brauchen wir die Leute aus Anatolien womöglich nicht bloß, damit sie bei uns die schwere und schmutzige Arbeit leisten, die sonst niemand mehr auf sich nehmen mag, brauchen wir sie insgeheim vielleicht auch, damit wir an ihnen unser beschädigtes Selbstbewußtsein wieder aufrichten, damit wir mindere Menschen haben, an denen wir unsere Überlegenheit demonstrieren, auf die wir herabsehen, die wir verachten können? Hat gar »die demonstrative Ausbreitung des geborgten Elends aus aller Welt und die fast einer Gehirnwäsche gleichkommende Überbetonung der ›Randgruppen‹« auch noch einen ganz anderen Hintersinn, jedenfalls eine andere Tiefenwirkung, als Schelsky darin vermutet?

Wie also steht es mit unserem Selbstbewußtsein? Das ist die letzte, äußerste all der Fragen, vor die wir in der preußischen Perspektive unserer Geschichte geraten. Wir sollten sie nicht verdrängen, sondern auf die Warnung hören, die aus ihr spricht.

Anmerkungen

Vorwort

1 Zitiert nach Kenneth Attwood, Fontane und das Preußentum, Berlin 1970, S. 78.

2 Die Zeit, 13. 7. 1950. Siehe auch: Hagen Schulze, Otto Braun oder Preußens demokratische Sendung, Frankfurt a. M., Berlin, Wien 1977, S. 31.

3 Als beispielhaft ist zu nennen: Ingrid Mittenzwei, Friedrich II. von Preußen – Eine Biographie, Berlin 1979.

4 Der Nationalstaat und die Volkswirtschaftspolitik, in: Gesammelte Politische Schriften, 2. Aufl. Tübingen 1958, S. 21, 23.

5 Berlin 1912, S. 99 f.

6 Als repräsentativ wäre hier – neben natürlich noch vielem anderen – zu nennen: Karl Dietrich Bracher, Die Auflösung der Weimarer Republik, Villingen 1955.

7 Auslösend wirkte vor allem: Fritz Fischer, Griff nach der Weltmacht, Düsseldorf 1961.

8 Auf der Gründungsversammlung der »Niedersächsischen Landespartei« 1946 hieß es: »Der Erbfeind liegt zerschmettert am Boden. Die achtzigjährige Schmach ist gerächt...« Gemeint war die Kapitulation der hannoverschen Armee vor den Preußen im Jahre 1866 bei Langensalza.

9 Der neue Staat, Berlin 1919, S. 24 f.

1. Ein preußischer Briefwechsel

1 Bd. I, Kap. 8; vgl. Briefwechsel des Generals Leopold von Gerlach mit dem Bundestags-Gesandten Otto von Bismarck, Berlin 1893. S. a.: L. v. Gerlach, Briefe an Otto v. Bismarck, Stuttgart u. Berlin 1912; Bismarck, Briefe an den General Leopold von Gerlach, hrsg. v. H. Kohl, Berlin 1896.

2 Hans Joachim Schoeps, Preußen – Geschichte eines Staates, Berlin o. J., S. 187.

3 I, Kap. 2.

4 Denkwürdigkeiten aus dem Leben Leopold von Gerlachs, 2 Bde., Berlin 1892/93, II, S. 377.

2. Ideenpolitik und Realpolitik –
Alternativen der Ausweglosigkeit

1 Artikel »Krieg und Bundesreform« in der Kreuzzeitung vom 8. 5. 1866, von dem Bismarck erklärte, er habe ihn schwerer getroffen als das gleichzeitige Blindtsche Attentat; am 18. 5. 1866 haben Bismarck und Gerlach ihr letztes persönliches Gespräch geführt, das den Bruch nur bestätigte.

2 Brief an Reinhold von Thadden vom 23. 7. 1866, abgedruckt bei Gerhard Ritter, Die preußischen Konservativen und Bismarcks deutsche Politik 1858–1876, Heidelberg 1913, S. 383 ff.

3 Fünf Reden des Appellationsgerichts-Präsidenten von Gerlach über die Kirchenfrage nach dem stenographischen Bericht, Berlin 1873, S. 21.

4 In seinem Brief an R. v. Thadden hat Gerlach fast sehnsüchtig davon gesprochen, als Märtyrer im Gefolge des Triumphators in Ketten mitgeführt zu werden. Er war nur um zwei Generationen zu früh geboren.

5 Brief an H. Baumgarten vom 27. Januar 1871, zit. nach J. Hyderhoff und P. Wentzke, Deutscher Liberalismus im Zeitalter Bismarcks – Eine politische Briefsammlung, Bonn u. Leipzig 1925, Bd. I, S. 494.

6 München u. Leipzig 1889 ff., bereits 1892–95 in 5. Auflage, 1901 als Volksausgabe.

7 Briefe, Bd. V, Basel 1963, S. 182 f.

8 1908, 7. Auflage 1928, im folgenden zitiert nach der 5. Auflage, München u. Berlin 1919.

9 A.a.O., S. 278.

10 Vgl. hierzu auch Meineckes Bemerkungen in der Einleitung zu Rankes »Politischem Gespräch«, München u. Leipzig 1924, S. 10 f.

11 Hegel und der nationale Machtstaatsgedanke in Deutschland, Leipzig u. Berlin 1921, S. 47 u. 185.

12 Das Hauptwerk der realistischen Schule liegt auch in deutscher Übersetzung vor: Hans J. Morgenthau, Macht und Frieden – Grundlegung einer Theorie der internationalen Politik, Gütersloh 1963.

13 Historische und politische Aufsätze, 5. Auflage, Leipzig 1886, Bd. II, S. 152.

14 Das Wesen des Völkerrechts und die clausula rebus sic stantibus, Tübingen 1911, S. 135.

15 A.a.O., S. 135.

16 S. 146.

17 S. 146.

18 Vgl. Hans Kelsen, Der soziologische und der juristische Staatsbegriff, Tübingen 1922, S. 99 f.

19 In den dreißiger Jahren wurde Erich Kaufmann als Jude in die Niederlande vertrieben, wo er im Zweiten Weltkrieg die nationalsozialistische Gewaltherrschaft im Untergrund überlebte.

20 Auch bei Meinecke handelt es sich ja nicht so sehr um nackte Anbetung der Macht, als vielmehr um die – freilich mit Wertakzenten besetzte – Darstellung einer geschichtlichen Entwicklung. Später hat Meinecke seinen Standpunkt mindestens teilweise revidiert und einen Gegensatz zwischen ethischen Prinzipien und Machtorganisation rekonstruiert: »Die Idee der Staatsraison in der neueren Geschichte«, Berlin 1924. Das ist ihm als Rückfall in den universalistisch-realistischen Dualismus kritisch vorgehalten worden; siehe Carl Schmitt, Zu Meineckes »Idee der Staatsraison«, in: Positionen und Begriffe im Kampf mit Weimar – Genf – Versailles, Hamburg 1940, S. 45 ff. Erst recht hat Hermann Heller sich gewandelt; vgl. u. a. seine Schrift: Rechtsstaat oder Diktatur?, Tübingen 1930.

21 Göttingen 1904; die folgenden Zitate S. 5 u. 6.

22 Das andere Preußen – Konservative Gestalten und Probleme im Zeitalter Friedrich Wilhelms IV., 2. Aufl. Honnef 1957, S. 39.

23 Berichtet bei: Wilhelm von Kügelgen, Lebenserinnerungen des alten Mannes in Briefen an seinen Bruder Gerhard 1840–1867, hrsg. v. P. S. v. Kügelgen u. J. Werner, Leipzig 1923, S. 262 f.

24 Deutschland um Neujahr 1870, Berlin 1870, S. 7.

25 Preußen, Geschichte eines Staates, Berlin o. J., S. 224.

26 Das Wort bezog sich auf die »Schmach von Olmütz«: In der »Punktation von Olmütz« am 29. November 1850 wurde die Kriegsgefahr zwischen Österreich und Preußen beseitigt, jedoch um den Preis der Unterwerfung Preußens unter die österreichischen Forderungen.

27 Preußen, Geschichte eines Staates, S. 224.

28 Restauration der Staats-Wissenschaft, 6 Bde., Winterthur 1816–1834.

29 Schoeps, Das andere Preußen, S. 45.

30 E. L. v. Gerlach, Aufzeichnungen aus seinem Leben und Wirken 1795–1877, hrsg. v. Jakob v. Gerlach, Schwerin 1903, Bd. II, S. 172.

31 Bismarck und die deutsche Revolution, Stuttgart 1939, S. 94.

32 Das andere Preußen, S. 86.

33 Siehe Oldenburgs eigene farbige Schilderung des Vorgangs: Elard v. Oldenburg-Januschau, Erinnerungen, 16.–25. Tsd., Leipzig 1936, S. 110.

34 Schluß eines Gedichts von Wilhelm von Merckel, »Die fünfte Zunft«.

35 Preußische Verfassungs-, Verwaltungs- und Finanzgeschichte, Berlin 1921, S. 215. Dem Buch liegt eine Vorlesung von 1886/87 zugrunde.

36 Nach Justus Hashagen, Das Rheinland und die preußische Herrschaft, Essen 1924, S. 28.

37 Deshalb hat Oldenburg-Januschau noch als hartnäckiger Verteidiger des preußischen Wahlrechts im Ersten Weltkrieg gesagt: »Sicher war das Dreiklassen-Wahlrecht kein ideales Wahlrecht, um so mehr, als durch die Verschiebung in den Vermögensverhältnissen das Wahlrecht ein anderes Gesicht bekommen hatte als zur Zeit seiner Einführung.« (A.a.O., S. 187.)

38 Siehe Fritz Hartung, Studien zur Geschichte der preußischen Verwaltung, Zweiter Teil: Der Oberpräsident, Berlin 1943. (Abhandlungen d. Preuß. Akademie d. Wissenschaften, Jg. 1943, Philosophisch-historische Klasse Nr. 4.)

39 Vgl. Hermann v. Petersdorff, Friedrich von Motz – Eine Biographie, 2 Bde., Berlin 1913.

40 Weltbürgertum und Nationalstaat, S. 326.

41 A.a.O., S. 495.

42 In diesem Sinne ist Meinecke z. B. von Carlo Antoni kritisiert worden: Vom Historismus zur Soziologie, Stuttgart o. J., S. 134f.

43 Hermann Heller, Die Souveränität, Berlin u. Leipzig 1927, S. 97.

44 Heller, a.a.O.: »Das Problem von Staat und Recht im allgemeinen, das der Souveränität aber im besonderen ist das der Verbindung von Wille und Norm, von Sein und Sollen.«

45 Vgl. C. L. v. Haller, Restauration der Staats-Wissenschaft, I, S. XLIX. Haller bringt als Vorkämpfer der Restauration alle Aspekte des Gegensatzes anschaulich zum Ausdruck.

46 Vgl. Erich Kaufmann, Über den Begriff des Organismus in der Staatslehre des 19. Jahrhunderts, Heidelberg 1908, S. 8.

47 Vgl. Wilhelm Hennis, Das Problem der Souveränität, Dissertation, Göttingen 1951, S. 13.

48 Vgl. Heller, a.a.O., S. 59: ». . . die crux unseres Problems in der heutigen Subjektlosigkeit der Souveränität gelegen«.

49 Zit. nach O. Westphal, Welt- und Staatsauffassung des deut-

schen Liberalismus, München und Berlin 1919, S. 214.

50 Konstantin Rössler, zit. nach Otto Nirrnheim, Das erste Jahr des Ministeriums Bismarck und die öffentliche Meinung, Heidelberg 1908, S. 122f.

3. Großmacht ohne Staatsidee

1 Der Begriff stammt von Helmuth Plessner: Die verspätete Nation – Über die politische Verfügbarkeit des deutschen Geistes, Stuttgart 1959, Kap. 2. – Das Buch erschien zuerst unter dem Titel: Das Schicksal deutschen Geistes am Ausgang seiner bürgerlichen Epoche, Zürich 1935.

2 Gegen die seit Ranke unter Historikern mehr und mehr zum Dogma geronnene Lehre vom Primat der Außenpolitik haben bis zu der kritischen Wende, die Fritz Fischer einleitete, eigentlich nur Außenseiter Stellung bezogen, etwa: Eckart Kehr, Der Primat der Innenpolitik – Gesammelte Aufsätze zur preußisch-deutschen Sozialgeschichte im 19. und 20. Jahrhundert, Berlin 1965.

3 Zuerst 1836; Ausg. mit einer Einführung v. F. Meinecke, München u. Leipzig 1924.

4 Philosophie des Rechts, 5. Aufl., Freiburg i. Br. 1870, I, S. 111 u. 117.

5 Vgl. Friedrich Meinecke, Die Entstehung des Historismus, 2. Aufl., München 1946, S. 2: »Der Kern des Historismus besteht in der Ersetzung einer generalisierenden Betrachtungsweise geschichtlich-menschlicher Kräfte durch eine individualisierende Betrachtung.« Vgl. auch Ernst Troeltsch, Der Historismus und seine Probleme (Ges. Schriften III), Tübingen 1922, S. 30.

6 Politisches Gespräch, a.a.O.

7 Dieses Goethesche Motto hat Meinecke seinem Historismus-Buch vorangestellt.

8 Dem Historismus kommt damit in der Entwicklung des allgemeinen Ideologieverdachts eine wesentliche Bedeutung zu. Darauf kann hier nur hingewiesen werden, ebenso wie auf die Tatsache, daß schon Kants »kopernikanische Wende« hierfür entscheidende Vorarbeit geleistet hat.

9 »Man hat der Historie das Amt, die Vergangenheit zu richten, die Mitwelt zum Nutzen künftiger Jahre zu belehren, beigemessen: so hoher Ämter unterwindet sich gegenwärtiger Versuch nicht; er will bloß sagen, wie es eigentlich gewesen.« So heißt es in der Vorrede zu den »Geschichten der romanischen

und germanischen Völker von 1494 bis 1535«, Leipzig u. Berlin 1824.

10 Theoretische Begründungen des Gegensatzes findet man im Neukantianismus bei Wilhelm Windelband und Heinrich Rickert, daneben und vor allem in der Lebensphilosophie Wilhelm Diltheys.

11 Zit. nach Hans Joachim Schoeps, Das andere Preußen, 2. Aufl., Honnef 1957, S. 20.

12 Die Idee des Nationalismus, Heidelberg 1950, S. 397. – Vgl. v. H. Kohn auch: American Nationalism, an Interpretative Essay, New York 1957.

13 Brief an Dr. Priestley, 19. Juni 1802.

14 Brief an R. Rush, 20. Oktober 1820. – Wohl mit Recht heißt es bei Otto Vossler: »Jefferson war nicht der Begründer der amerikanischen Demokratie. Deren Wurzeln reichen weit zurück nach England. Er war aber der Begründer des Bewußtseins der amerikanischen Demokratie, ihres Stolzes und ihrer menschheitlichen Mission. Er hat seinem Volke den Glauben gegeben, der es zu einer Nation gemacht hat.« (Die amerikanischen Revolutionsideale in ihrem Verhältnis zu den europäischen, untersucht an Thomas Jefferson, München 1929, S. 187. Vgl. auch Vossler, Der Nationalgedanke von Rousseau bis Ranke, München u. Berlin 1937, S. 77 ff.)

15 Brief an Dr. Priestley vom 27. Januar 1800.

16 Lenin, Die drohende Katastrophe und wie man sie bekämpfen soll, Ausgew. Werke, Bd. II, Moskau 1947, S. 130.

17 Zit. nach B. Meissner, Rußland im Umbruch – Dokumente und Berichte des Europa-Archivs, Bd. 9, Frankfurt a. M. 1951, S. 13.

18 Vgl. dazu: Richard Nürnberger, Revolution und Tradition – Paris, Moskau, Peking, in: Verhandlungen des 13. Deutschen Soziologentages, Köln u. Opladen 1957, S. 53 ff.

19 Das Wesen des Völkerrechts und die clausula rebus sic stantibus, Tübingen 1911, S. 138 .

20 Die Politische Correspondenz Friedrichs des Großen, Berlin 1879 ff., IV, S. 314.

21 Rudolf Augstein, Preußens Friedrich und die Deutschen, Frankfurt a. M. 1968, S. 353 .

22 Preußen ohne Legende, Hamburg 1978, S. 84.

23 Der Prozeß gegen die Hauptkriegsverbrecher vor dem Internationalen Militärgerichtshof, Sitzungsprotokolle und Beweisurkunden, Nürnberg 1947 ff., Bd. XXIX, S. 145.

24 Siehe als Beispiel – verständlich unter dem Schock von Verfolgung und erzwungener Emigration: S. D. Stirk, The Prus-

sian Spirit – A Survey of German Literature and Politics 1914–1940, London 1941. Unter dem Namen des Autors ist vermerkt: M. A. (Oxon.), Dr. phil (Breslau). Vgl. auch: U. Volkmann, Die preußische Revolution, Stockholm 1940; Anna Siemsen, Preußen – die Gefahr Europas, Paris 1937.

25 Anmerkungen zu Hitler, München 1978, S. 59f.

26 Vgl. hierzu Bernt Engelmann, Preußen – Land der unbegrenzten Möglichkeiten, München 1979, S. 415.

27 Bd. I, Kap. 4.

28 Wo sich vormodern-ständische Verhältnisse und Anschauungen erhalten haben, galt der Sachverhalt noch viel länger. So diente der deutschstämmige baltische Adel bis zuletzt loyal dem Zaren. Heute findet man Vergleichbares allenfalls in der Internationale der Gelehrten, der Künstler oder auch der Wirtschaft, während die Beamten und Angestellten in internationalen Organisationen sich von der Interessenvertretung ihrer Herkunftsländer bisher nur schwer zu lösen vermögen, was auch in den Proporzverhältnissen ihrer Einstellung seinen Ausdruck findet.

29 Siehe Otto Hintze, Die Hohenzollern und ihr Werk – Fünfhundert Jahre vaterländischer Geschichte, Berlin 1915, S. 444.

30 Die Gruß- und Solidaritätsadresse der Elbinger Bürger richtete sich an den Juristen Wilhelm Albrecht, denn dieser war ein gebürtiger Elbinger.

31 Geschichte der sozialen Bewegung, Neudr. Hildesheim 1959, Bd. I, S. 265f. u. 267f.

32 In Anknüpfung an seine frühen Studien über Boyen hat deshalb der späte Friedrich Meinecke das Jahr 1819 mit Recht als ein preußisch-deutsches Schicksals- und Unheilsjahr bezeichnet; siehe von ihm: Erlebtes 1862–1901, Leipzig 1941, S. 208; 1848: Eine Säkularbetrachtung, Bonn 1948, S. 9.

33 Preußen ohne Legende, S. 218.

4. Rache für Sadowa

1 Die Entscheidungsschlacht von 1866 fand zwischen Königgrätz und Sadowa statt; anders als in Deutschland wurde sie in Frankreich nach Sadowa benannt.

2 Zit. nach Hans Goldschmidt, Das Reich und Preußen im Kampf um Deutschlands Führung, Berlin 1931, S. 139.

3 Siehe zu diesen Problemen neben Goldschmidt besonders:
   Fritz Hartung, Preußen und das Deutsche Reich seit 1871 –
   Rede, gehalten bei der Reichsgründungsfeier der Friedrich-
   Wilhelms-Universität Berlin am 18. 1. 1932, Berlin 1932.

4 Es läge zum mindesten nahe, in diesem Sinne auch neuere
   Erscheinungen, wie zum Beispiel die im Vorwort erwähnte
   Staufer-Begeisterung, kritisch zu befragen.

5 Œuvres Complètes, Bd. I, Paris 1947, S. 454 ff.

6 Das Unbehagen wird noch bei dem Westpreußen Oldenburg-
   Januschau deutlich, der sich mit seinen konservativen Partei-
   freunden bemühte, dem Gesetz von 1908 »die Giftzähne
   auszuziehen«. Vgl. seine »Erinnerungen«, 16.–25. Tsd.,
   Leipzig 1936, S. 90 ff.

7 Siehe dazu: Helmuth Plessner, Die verspätete Nation, Stuttgart 1959, Kap. 11.

8 Pallas Athene, Ethik des politischen Volkes, Jena 1935,
   S. 121 f.

9 Gesellschaft und Demokratie in Deutschland, München
   1965, S. 297 et passim.

10 Werner Conze u. Dieter Groh, Die Arbeiterbewegung in der
    nationalen Bewegung – Die deutsche Sozialdemokratie vor,
    während und nach der Reichsgründung, Stuttgart 1966,
    S. 103.

11 German Social Democracy. Da das Buch wegen seiner Kritik
    am orthodoxen Marxismus auch den Sozialdemokraten nicht
    paßte, wurde es kaum rezipiert. So erschien es in deutscher
    Übersetzung erstmals (!) unter dem Titel: Die deutsche So-
    zialdemokratie, hrsg. v. Achim v. Borries, Berlin u. Bonn
    1978. Zitierter Text S. 178 f., hier in etwas abweichender
    Übersetzung nach: B. Russell, Politische Schriften I – Was wir
    tun können, hrsg. v. A. v. Borries, München 1972, S. 59.

12 Rechtsstaat oder Diktatur?, Tübingen 1930, S. 23 f.

13 Politische Schriften I, S. 44.

14 Vgl. hierzu Rudolf von Thadden, Berührung zwischen Ver-
    gangenheit und Zukunft, in: Politik und Kultur, H. 3, 5. Jg.
    1978, S. 60 ff.

15 H. A. Winkler, Bürgerliche Emanzipation und nationale
    Einigung, in: Probleme der Reichsgründungszeit 1848–1879,
    hrsg. v. Helmut Böhme, Köln u. Berlin 1968, S. 226 ff.,
    S. 237.

16 So in seinem »Testament«, erstmals veröffentlicht in: Die
    Wandlung, 3. Jg. H. 1, S. 69 ff.; vgl. dazu: Dolf Sternberger,
    »Ich wünschte, ein Bürger zu sein« – Neun Versuche über den
    Staat, Frankfurt a. M. (ed. suhrkamp 224) 1967, S. 10 ff.

17 Siehe dazu: Wolfgang Marienfeld, Wissenschaft und Schlachtflottenbau 1897–1906, Beiheft 2 d. Marinerundschau (Zeitschr. f. Seewesen), April 1957.

18 Leuthold, 1827–1879, gebürtiger Schweizer, kam 1857 nach München, war Schriftleiter der »Süddeutschen Zeitung« und der »Schwäbischen Zeitung«; er starb in geistiger Umnachtung.

19 Krieges Anfang, in: Deutsche Reden in schwerer Zeit (siehe Anmerkung 22), Bd. I, S. 3 ff. Beispielhaft für das England-Ressentiment sind die Bücher zweier bedeutender Gelehrter: Werner Sombart, Händler und Helden, München u. Leipzig 1915; Max Scheler, Der Genius des Krieges und der deutsche Krieg, Leipzig 1915. Diesem Buch ist als Anhang (S. 385 ff.) eine spezielle Auseinandersetzung mit dem englischen Geist angefügt, die (S. 442 f.) in einer Gegenüberstellung deutscher und englischer »Kategorien« gipfelt – einem einzigen Ausdruck des Ressentiments ausgerechnet bei dem Denker, der dem »Ressentiment im Aufbau der Moralen« eine tiefgründige Studie gewidmet hatte. (Vom Umsturz der Werte, 2. Aufl., Leipzig 1919, Bd. I, S. 43 ff.)

20 In: Der Panther 5 (1917), S. 437.

21 Vgl. Wilhelm Pressel, Die deutsche Kriegspredigt 1914 bis 1918 in der evangelischen Kirche Deutschlands – Arbeiten zur Pastoraltheologie Bd. 5, Göttingen 1967.

22 Zur Professorenideologie des Ersten Weltkriegs beispielhaft: Deutsche Reden in schwerer Zeit, 3 Bde., hrsg. v. d. Zentralstelle für Volkswohlfahrt und dem Verein für volkstümliche Kurse von Berliner Hochschullehrern, Berlin 1915 ff. Siehe ferner: Aufrufe und Reden deutscher Professoren im Ersten Weltkrieg, hrsg. v. Klaus Böhme, Stuttgart 1975 (mit einer Bibliographie S. 244 ff.); Klaus Schwabe, Wissenschaft und Kriegsmoral – Die deutschen Hochschullehrer und die politischen Grundfragen des Ersten Weltkriegs, Göttingen 1969. Zu den nachdenklichen Ausnahmen gehören: Hugo Preuß, Das deutsche Volk und die Politik, Jena 1915; Ernst Troeltsch, Deutscher Geist und Westeuropa – Gesammelte kulturphilosophische Aufsätze und Reden, hrsg. v. H. Baron, Tübingen 1925; für eine etwas spätere Phase siehe von Troeltsch besonders: Spektator-Briefe – Aufsätze über die deutsche Revolution und die Weltpolitik, hrsg. v. H. Baron, Tübingen 1924.

23 Bismarcks Erbe, Berlin 1915, S. 202. Für 1917 siehe von Delbrück: Versöhnungsfriede. Machtfriede. Deutscher Friede, Berlin 1917. Vgl. die von Böhme herausgegebenen »Auf-

sätze und Reden deutscher Professoren ...«, a. a. O., S. 198 ff.

24 Die deutsche Freiheit. In: Die deutsche Freiheit – Fünf Vorträge, hrsg. v. Bund deutscher Gelehrter und Künstler, Gotha 1917, S. 14 ff.

25 Betrachtungen eines Unpolitischen, 19./24. Auflage, Berlin 1922, S. XXXIV, XXXVI.

26 Kaiser Wilhelm I., 5. Aufl., Leipzig 1905, S. 108.

27 Reichstagsrede vom 15. Dezember 1881; vgl. Adalbert von Puttkamer, Staatsminister Robert von Puttkamer – Ein Stück preußischer Vergangenheit 1828–1900, Leipzig o. J. (1928), S. 149.

5. Bauer, Bürger, Edelmann –
Preußens Gesellschaft

1 Human Nature, Kap. 9, Abschn. 21; The English Works, ed. Molesworth, Bd. IV, S. 53.

2 Voraussetzungen und Konsequenzen dieser Verbindung hat der Verfasser eingehender dargestellt in: Sport, Gesellschaft, Politik – Eine Einführung, München 1980, Teil I.

3 Siehe dazu: Louis Hartz, The Liberal Tradition in America, New York 1955.

4 Zur städtischen Selbstverwaltung, ihrem Niedergang und ihrer Unterwerfung durch den Staat siehe vor allem: Gustav Schmoller, Das Städtewesen unter Friedrich Wilhelm I., in: Zeitschr. f. Preußische Geschichte u. Landeskunde, 1871 ff., Bd. VIII, S. 521 ff., X, 275 ff. u. 537 ff., XI, 513 ff., XII, 353 ff. u. 425 ff.

5 Stein – Eine politische Biographie, 3. Aufl., Stuttgart 1958, S. 125 u. 267.

6 Nach J. G. Droysen, Das Leben des Feldmarschalls Grafen Yorck von Wartenburg, 10. Aufl., Leipzig 1890, Bd. I, S. 547.

7 Gustav Schmoller, Preußische Verfassungs-, Verwaltungs- und Finanzgeschichte, Berlin 1921, S. 56.

8 Marginal des Königs zur Instruktion für das Generaldirektorium, Acta Borussica, Behördenorganisation VII, S. 563.

9 Denkwürdigkeiten und Erinnerungen 1771–1813, Stuttgart 1899, Teil I, S. 193.

10 Carl Hinrichs, Preußen als historisches Problem – Gesammelte Abhandlungen, hrsg. v. G. Oestreich, Berlin 1964, S. 212.

11 Die Hohenzollern und ihr Werk – Fünfhundert Jahre vaterländischer Geschichte, Berlin 1915, S. 55.

12 Siehe Reinhart Koselleck, Staat und Gesellschaft im deutschen Vormärz, hrsg. v. W. Conze, Stuttgart 1962, S. 97.

13 Hagen Schulze, Otto Braun oder Preußens demokratische Sendung, Frankfurt a. M., Berlin, Wien 1977, S. 576.
14 A.a.O., S. 56.
15 Briefe an Georg Friedländer, hrsg. v. H. K. Schreinert, Heidelberg 1954, S. 310.

6. Die preußische Erziehung

1 Das Zeitalter der deutschen Erhebung 1795–1815, 3. Aufl., Bielefeld u. Leipzig 1924, S. 623.
2 Zur praktischen Bedeutung von »Bildung« für Beamte siehe: Hans Rosenberg, Bureaucracy, Aristocracy, and Autocracy. The Prussian Experience 1660–1815, Cambridge/Mass. 1958, S. 182 ff. Vgl. in einem weiteren Sinne auch: Hans Weil, Die Entstehung des deutschen Bildungsprinzips, 2. Aufl., Bonn 1967.
3 Nachweise bei Kenneth Attwood, Fontane und das Preußentum, Berlin 1970, S. 266, 267, 269.
4 Zur Bürokratiegeschichte sei besonders auf die Arbeit von Hans Rosenberg verwiesen, die auch fast alle wichtigen Literaturangaben enthält. (Siehe Anmerkung 2.) Zur Militärgeschichte: Gordon A. Craig, Die preußisch-deutsche Armee 1640–1945, Staat im Staate, Düsseldorf 1960, mit ausführlichem Literaturverzeichnis S. 544 ff. Für die Verwaltungs- und Verwaltungsrechtsgeschichte seien noch die folgenden Autorennamen besonders genannt: Siegfried Isaacsohn, Gustav Schmoller, Conrad Bornhak. Als Quellensammlung zentral: Acta Borussica, Denkmäler der preußischen Staatsverwaltung im 18. Jahrhundert, seit 1892, hrsg. von der Preußischen Akademie der Wissenschaften.
5 Bei Mirabeau ist dieser Satz allerdings nicht nachzuweisen. In der zitierten Form findet er sich bei Georg Heinrich von Berenhorst, Aus dem Nachlaß, hrsg. v. E. v. Bülow, Dessau 1845, I., S. 187. – Berenhorst (1733–1814) war ein Sohn des Fürsten Leopold von Dessau, im Siebenjährigen Krieg persönlicher Adjutant Friedrichs des Großen, später ein bedeutender und kritischer Militärschriftsteller.
6 Preußens Friedrich und die Deutschen, Frankfurt a. M. 1968, S. 128.
7 Staatskunst und Kriegshandwerk, 4 Bde., München 1954–1968.
8 Herrschaft oder Freiheit? – Ortsbestimmung der Gegenwart, Bd. 3, Erlenbach-Zürich und Stuttgart 1957, S. 673.

9 A.a.O., S. 411, 410.
10 Craig, a.a.O., S. 409.
11 A.a.O., S. 409.
12 Erinnerungen, 16. bis 25. Tsd., Leipzig 1936, S. 50.
13 Werner Freiherr von Rheinbaben: Kaiser, Kanzler, Präsidenten – Erinnerungen, Mainz 1968, S. 102.
14 Denkwürdigkeiten des Botschafters H. L. v. Schweinitz, hrsg. v. W. v. Schweinitz, Berlin 1927, Bd. I, S. 259.
15 Albrecht Graf von Roon, Denkwürdigkeiten, 5. Aufl., Berlin 1905, Bd. III, S. 390. Im Revolutionsjahr 1848 schrieb Roon an seine Frau: »Das Heer, das ist jetzt unser Vaterland, denn hier allein sind die unreinen, gärenden Elemente, die alles in Frage stellen, noch nicht eingedrungen.« Im Augenblick seien die der Armee zukommenden Vorrechte vergessen, »als sei die preußische National-Armee nichts als ein herdloser Haufen von erkauften Mietlingen, der rechtlos dem souveränen Willen der Spießbürger und Proletarier unterworfen bleiben müsse. Das Heer aber wird und will bei dem Entwicklungsprozesse, in dem wir uns befinden, eine Rolle spielen, es hat ein Recht dazu.« (A.a.O., Bd. I, S. 152 ff.)
16 Da die Panzerwaffe noch nicht entwickelt war, begründeten Schützengraben und Stacheldrahtverhau, Repetier- und Maschinengewehr die vorübergehend besonders starke Überlegenheit der Defensiv- gegenüber der Offensivstrategie. Eine Defensivstrategie im Westen, mit Verzicht auf den Einmarsch nach Belgien, bei gleichzeitiger Offensive im Osten, hätte dem Krieg politisch wie militärisch möglicherweise eine entscheidende Wendung geben können. Aber die Vorkriegs-Kaisermanöver mit ihren schneidigen Kavallerieattacken hatten kein realistisches Kriegsbild vermittelt, die Erfahrungen des russisch-japanischen Krieges wurden kaum ausgewertet, und auch Friedrich von Berhardis einflußreiches Buch »Deutschland und der nächste Krieg« (1912) ging weit mehr von ideologisch bedingten und verzerrten als realistischen Voraussetzungen aus. Konservative Generale bereiten offenbar immer den letzten siegreichen statt den kommenden Krieg vor. Rüstow, a.a.O., weist nach, wie der »Friedensmilitarismus« sich bis in den technischen Bereich hinein auswirkte: Überbetonung der kostspieligen, aber weitgehend wertlos gewordenen Kavallerie, aber Vernachlässigung der »unstandesgemäßen« Feldartillerie usw.
17 Siehe von Treitschke, neben vielem anderen: »Die Gerechtigkeit des Krieges beruht einfach auf dem Bewußtsein einer sittlichen Notwendigkeit. Da es über den großen nationalen

Persönlichkeiten eine Zwangsgewalt nicht geben kann und darf, da die Geschichte in ewigem Fluß sein muß, so ist auch der Krieg gerechtfertigt; man muß ihn als eine von Gott gesetzte Ordnung auffassen.« (Politik – Vorlesungen, hrsg. v. M. Cornicelius, 2 Bde., Leipzig 1897/8, Bd. II, S. 552.)

18 Auch dieser Denkfigur hat übrigens schon Treitschke vorgearbeitet, wenn er etwa sagt: »In den großen Prüfungsstunden des Völkerlebens sehen wir, wie die kriegerischen Tugenden das Entscheidende sind. Ganz richtig nennt ein altes Wort den Krieg das examen rigorosum der Staaten; im Kriege zeigen die Staaten was sie vermögen, nicht nur an physischen Kräften, sondern auch an sittlichen und in gewissem Grade auch an Kräften der Intelligenz.« (A.a.O., S. 362.)

19 Solche Vabanquespiele haben eine im Rückblick verklärte preußisch-deutsche Tradition. Augstein hat ketzerisch von einer literarischen Figur gesprochen, die schon bei Friedrich dem Großen ein stilisiertes Eigenleben gewinnt und »die der preußisch-deutschen Geschichte das Merkmal einer Schauer-Mär aufgeprägt hat: das Motiv des Alles oder Nichts, des Alles-auf-eine-Karte-setzens, des Auf-den-Stufen-des-Thrones-mit-dem-Degen-in-der-Faust-fallens, das Motiv des Pillen- und Ampullen-Schluckens, des Sich-unter-den-Trümmern-des-Vaterlandes-(oder der Reichskanzlei-)Begrabenlassens«. (A.a.O., S. 68.)

20 Siehe Siegfried Isaacsohn, Geschichte des Preußischen Beamtentums vom Anfang des 15. Jahrhunderts bis auf die Gegenwart, Bd. I, Berlin 1874, S. 336.

21 Zitiert nach Isaacsohn, a.a.O., Bd. III, 1884, S. 8.

22 Carl Hinrichs, Preußentum und Pietismus – Der Pietismus in Brandenburg-Preußen als religiös-soziale Reformbewegung, Göttingen 1971, S. 311.

23 Siehe Kurt Hinze, Die Arbeiterfrage zu Beginn des modernen Kapitalismus in Brandenburg-Preußen 1685–1806, Berlin 1927, S. 158 ff. u. 248.

24 Das 1716 begründete preußische Kadettenkorps verzweigt sich später in verschiedene Voranstalten und die Hauptanstalt in Berlin-Lichterfelde. Die Kadettenanstalten werden 1919 aufgehoben. Ihr Geist lebt aber in manchen »feudalen« Internatsschulen noch bis 1945 fort.

25 Heinrich v. Mühler, Geschichte der evangelischen Kirchenverfassung in der Mark Brandenburg, Weimar 1846, S. 231.

26 Isaacsohn, a.a.O., Bd. III: Das Beamtentum unter Friedrich Wilhelm I. und während der Anfänge Friedrichs des Großen, Berlin 1884, S. 21.

27 Noch für eine späte Zeit, aber durchaus typisch und sehr anschaulich schildert diese militärisch-gutsherrliche Laufbahn Oldenburg-Januschau in seinen »Erinnerungen«, a.a.O.

28 Norbert Elias hat diesen Prozeß umfassend analysiert und anschaulich dargestellt in seinem grundlegenden Werk: Über den Prozeß der Zivilisation – Soziogenetische und psychogenetische Untersuchungen, 2 Bde., 2. Aufl., Bern u. München 1969.

29 Politik a.a.O., Bd. I, S. 50 f.

30 Das Leben des Feldmarschalls Hermann von Boyen, Bd. II, Stuttgart 1899, S. 511 f.

31 Fritz Haller, Aus dem Leben des Fürsten Philipp zu Eulenburg-Hartefeld, Berlin 1924, S. 245.

32 Wortlaut der Rede vom 23. November 1891 nach dem »Breslauer Lokalanzeiger« vom 8. Dezember 1891. Nach der Version der »Neißer Zeitung« sagte der Kaiser: »... Ihr habt Mir Treue geschworen, das – Kinder Meiner Garde – heißt, Ihr seid jetzt Meine Soldaten, ihr habt euch Mir mit Leib und Seele ergeben; es gibt für euch nur einen Feind und der ist Mein Feind. Bei den jetzigen sozialistischen Umtrieben kann es vorkommen, daß ich Euch befehle, eure eignen Verwandten, Brüder, ja Eltern niederzuschießen, was ja Gott verhüten möge –, aber auch dann müßt ihr Meine Befehle ohne Murren befolgen.«

Solche Sätze rufen die Eindrücke herauf, mit denen Harry Graf Kessler im Dezember 1918 das Berliner Schloß durchwanderte: »Die Nippesschränke des Kaisers sind leer, die Glasscheiben zerschlagen. Was den Matrosen an den Plünderungen zuschulden kommt, scheint nicht festzustellen. Die Privaträume, Möbel, Gebrauchsgegenstände, übrig gebliebene Andenken und Kunstobjekte der Kaiserin und des Kaisers sind aber so spießbürgerlich nüchtern und geschmacklos, daß man keine große Entrüstung gegen die Plünderer aufbringt, nur Staunen, daß die armen, verschreckten, phantasielosen Wesen, die diesen Plunder bevorzugten, im kostbaren Gehäuse des Schlosses zwischen Lakaien und schemenhaften Schranzen nichtig dahinlebend weltgeschichtlich wirken konnten. Aus dieser Umwelt stammt der Weltkrieg oder was an Schuld am Weltkrieg den Kaiser trifft: aus dieser kitschigen, kleinlichen, mit lauter falschen Werten sich und andere betrügenden Scheinwelt seine Urteile, Pläne, Kombinationen und Entschlüsse. Ein kranker Geschmack, eine pathologische Aufregung die allzu gut geölte Staatsmaschine lenkend! Jetzt liegt diese nichtige Seele hier herumgestreut als sinnloser

Kram. Ich empfinde kein Mitleid, nur, wenn ich nachdenke, Grauen und ein Gefühl der Mitschuld, daß diese Welt nicht schon längst zerstört war, im Gegenteil in etwas andren Formen überall noch weiterlebt.« (Aus den Tagebüchern 1918–1937, hrsg. v. Wolfgang Pfeiffer-Belli, Taschenbuchausg., München 1965, S. 34.)

33 A.a.O., S. 543.

7. Das Ethos der Beamten

1 Die Untersuchung bildet das Kernstück der Abhandlung »Parlament und Regierung im neugeordneten Deutschland«, entworfen 1917, zuerst veröffentlicht im Sommer 1918. In: Gesammelte Politische Schriften, hrsg. v. J. Winckelmann, 2. Aufl., Tübingen 1958, S. 308 ff.

2 Grundlinien der Philosophie des Rechts, §§ 291, 303.

3 A.a.O., § 297.

4 P. G. Hoffmann, Monarchisches Prinzip und Ministerverantwortlichkeit – Eine politische Studie, Jena 1911, S. 17.

5 Vgl. Reinhart Koselleck, Preußen zwischen Reform und Revolution – Allgemeines Landrecht, Verwaltung und soziale Bewegung von 1791 bis 1848, Stuttgart 1967, S. 393.

6 Band I, Kap. 2.

7 Hoffmann, a.a.O., S. 19.

8 Hoffmann, S. 33.

9 »Die Tür«, in: Ausgewählte Werke, Reinbek 1965, Bd. I, S. 186.

10 Dieser traditionelle, im Preußentum noch einmal verstärkte Obrigkeitsgedanke ist vor zwanzig Jahren durch den Landesbischof Otto Dibelius gleichsam posthum zur Debatte gestellt worden: »Obrigkeit«, Stuttgart 1963. Vgl. dazu: Dokumente zur Frage der Obrigkeit – Violett-Buch zur Obrigkeitsschrift von Bischof D. Dibelius, Frankfurt a. M. 1963.

11 Siehe dazu: Rudolf von Thadden, Die Brandenburgisch-Preußischen Hofprediger im 17. und 18. Jahrhundert. Ein Beitrag zur Geschichte der absolutistischen Staatsgesellschaft in Brandenburg-Preußen, Berlin 1959.

12 Die protestantische Ethik und der Geist des Kapitalismus in: Gesammelte Aufsätze zur Religionssoziologie, 5. Aufl., Tübingen 1963, Bd. I. Aus nachfolgenden Forschungen sei noch genannt: R. H. Tawney, Religion und Frühkapitalismus, Bern, 1946.

13 Carl Hinrichs, Preußen als historisches Problem – Gesammel-

te Abhandlungen, hrsg. v. G. Oestreich, Berlin 1964, S. 23.
14 Hinrichs, a.a.O., S. 31 f.
15 Carl Hinrichs, Preußentum und Pietismus – Der Pietismus in Brandenburg-Preußen als religiös-soziale Reformbewegung, Göttingen 1971, S. 17. – Dies ist die grundlegende Untersuchung zum Thema, mit weiteren Hinweisen zur Literatur.
16 A.a.O., S. 175.
17 Hinrichs, Preußen als historisches Problem, S. 53.
18 Hinrichs, Preußentum und Pietismus, S. 343.
19 Hinrichs, Preußen als historisches Problem, S. 53.
20 Hinrichs, Preußentum und Pietismus, S. 100.

8. Die Herrschaft der Beamten

1 Siehe die drastische Schilderung bei Rudolf Augstein, Preußens Friedrich und die Deutschen, Frankfurt a. M. 1968, S. 241 ff.
2 Siehe die Hinweise zur Literatur in Kapitel 6, Anmerkung 4.
3 Hermann Conrad, Das ALR als Grundgesetz des deutschen Staates, Berlin 1965. Siehe außerdem: Max Springer, Die Coccejische Justizreform, München und Leipzig 1914; Adolf Stölzel, Carl Gottlieb Svarez, Berlin 1885; zur Bedeutung des ALR im Übergang vom absolutistischen zum neueren Staat vor allem: Reinhart Koselleck, Preußen zwischen Reform und Revolution – Allgemeines Landrecht, Verwaltung und soziale Bewegung von 1791 bis 1848, Stuttgart 1967.
4 Siehe dazu: Otto Uhlitz, Der König als gerechter Richter – Friedrich der Große und die Müller-Arnold-Prozesse. Eine preußische Justizkrise vor zweihundert Jahren. In: Der Herold, Vierteljahrsschr. f. Heraldik, Genealogie u. verwandte Wissenschaften, Bd. 9, 22. Jg., 1979, H. 8, S. 225 ff.
5 Marwitz, zitiert nach Reinhard Höhn, Scharnhorsts Vermächtnis, Bonn 1952, S. 367. – Friedrich August Ludwig von der Marwitz, 1777–1837, General und Politiker, war einer der konservativen Reformgegner, dem sein heftiger Widerstand 1811 sogar eine Festungshaft eintrug.
6 Wilhelm Treue, Wirtschafts- und Sozialgeschichte Deutschlands im 19. Jahrhundert, in: B. Gebhardt (Hrsg.), Handbuch der deutschen Geschichte, Bd. 3, 8. Aufl., Stuttgart 1960, S. 317.
7 Preußen zwischen Reform und Revolution – Allgemeines Landrecht, Verwaltung und soziale Bewegung von 1791 bis 1848, Stuttgart 1967, S. 14. Zum Einfluß von Adam Smith

siehe auch: Wilhelm Roscher, Die Ein- und Durchführung des Adam-Smithschen Systems in Deutschland, Leipzig 1867; Wilhelm Treue, Smith in Deutschland – Zum Problem des »politischen Professors« zwischen 1776 und 1810, in: Deutschland und Europa, Festschrift f. H. Rothfels, Düsseldorf 1951.

8 Zur »Entmythologisierung« haben vor allem zwei neuere Untersuchungen beigetragen: Kosellecks schon zitiertes Werk »Preußen zwischen Reform und Revolution«, 1967, und: Rudolf Ibbeken, Preußen 1807–1813. Staat und Volk als Idee und Wirklichkeit (Veröffentlichungen aus den Archiven Preußischer Kulturbesitz, Bd. 5), Köln u. Berlin 1970.

9 A.a.O., S. 319.

10 A.a.O., S. 162 u. 153.

11 Bd. I, Kap. 1.

12 Koselleck, S. 324.

13 Koselleck, S. 422.

14 Koselleck, S. 434f.

15 Koselleck, S. 403 f. u. 419.

16 Koselleck, S. 486.

17 Diese Aspekte in Friedrichs Herrschaft hat kritisch vor allem herausgearbeitet: Rudolf Augstein, Preußens Friedrich und die Deutschen, Frankfurt a. M. 1968. Im Ergebnis ähnlich: Ingrid Mittenzwei, Friedrich von Preußen, Berlin 1979.

18 Gustav Schmoller, Preußische Verfassungs-, Verwaltungs- und Finanzgeschichte, Berlin 1921, S. 197.

19 Koselleck, S. 282f.

20 Über die Demokratie in Amerika, Bd. I, Stuttgart 1959, S. 363. – Daraus leitet Tocqueville – 1835! – zugleich seine erstaunliche Vorhersage über die alternativen Möglichkeiten ab, die er bei Russen und Amerikanern angelegt sieht: »Ihr Ausgangspunkt ist verschieden, ihre Wege sind ungleich; dennoch scheint jeder von ihnen nach einem geheimen Plan der Vorsehung berufen, dereinst die Geschicke der halben Erde in seiner Hand zu halten.« (S. 479.)

21 Bd. II, Stuttgart 1962, S. 357f.

22 Nach Heinrich und Amalie Beguelin, Denkwürdigkeiten aus den Jahren 1807 bis 1813, hrsg. v. A. Ernst, Berlin 1892, S. 43.

23 Beamtenherrschaft und politisches Führertum, in: Gesammelte Politische Schriften, 2. Aufl. Tübingen, 1958, S. 339 u. 322.

24 A.a.O., S. 322f.

9. Der Geist von Potsdam

1 Zitiert nach Eduard Bernstein, Sozialismus und Demokratie in der großen englischen Revolution, 2. Aufl., Stuttgart 1908, S. 67.

2 Preußen ohne Legende, Hamburg 1978, S. 84.

3 Siehe die Confessio Sigismundi, abgedruckt b. H. Th. Wangermann, Johann Sigismundt und Paulus Gerhardt, Berlin 1884, S. 80f.

4 Randbemerkungen Friedrichs des Großen, hrsg. v. Borchardt, Potsdam 1937, S. 83f.

5 Zitiert nach Ludwig Reiners, Friedrich, Ausgabe München 1980, S. 293.

6 Der moderne Kapitalismus, 6. Aufl., München u. Leipzig 1924, Bd. I, S. 886.

7 Briefe Friedrichs des Großen, hrsg. v. Max Hein, Berlin 1914, Bd. II, S. 179f.

8 Belege und sozialgeschichtliche Deutung findet man vor allem bei Norbert Elias, Über den Prozeß der Zivilisation – Soziogenetische und psychogenetische Untersuchungen, Bd. I: Wandlungen des Verhaltens in den weltlichen Oberschichten des Abendlandes, 2. Aufl., Bern u. München 1969, S. 1ff.

9 Großes vollständiges Universal-Lexikon aller Wissenschaften und Künste, Leipzig und Halle 1736, verlegt bei Joh. H. Zedler.

10 Bruno Dreßler, Geschichte der englischen Erziehung, Leipzig 1929, S. 122.

11 Herbert Schöffler, England das Land des Sportes, eine kultursoziologische Erklärung; Hefte zur Englandkunde 9, Leipzig 1935, S. 61.

12 Schöffler, S. 56.

13 Siehe zu diesen hier nur flüchtig berührten Fragen vom Verfasser: Sport, Gesellschaft, Politik – Eine Einführung, München 1980.

14 Martin Greiffenhagen, Die Rolle der Sprache in der Politik, in: Kampf um Wörter? Hrsg. v. M. Greiffenhagen, Bonn 1980, S. 23. (Schriftenreihe d. Bundeszentrale f. Politische Bildung, 163.)

15 Vorlesungen über die Philosophie der Geschichte, 4. Teil, 3. Abschnitt, 3. Kapitel: Die Aufklärung und die Revolution.

16 Beantwortung der Frage: Was ist Aufklärung? – Politische Schriften, hrsg. v. O. H. v. d. Gablentz, Köln u. Opladen 1965, S. 7.

17 Es handelte sich um das Wartburgfest von 1817; Jakob Friedrich Fries wurde deshalb vorübergehend aus Staatsdienst und Professorenamt entlassen.

18 Grundlinien der Philosophie des Rechts, Vorrede.

19 Preußen ohne Legende, Hamburg 1978, S. 218.

20 Siehe dazu Fritz J. Raddatz, Karl Marx, eine politische Biographie, Hamburg 1975, S. 36 ff.

21 Der alte Staat und die Revolution, Drittes Buch, Erstes Kapitel.

22 Man denke an die Affäre Dreyfus am Ende des 19. und zu Beginn des 20. Jahrhunderts. Aber sie endete mit einem Sieg der republikanischen über die konservativen Kräfte.

23 Die Frühschriften, hrsg. v. S. Landshut, Stuttgart 1953, S. 342 f.

24 Vgl. zur Literatur: David Kaufmann, Die letzte Vertreibung der Juden aus Wien und Niederösterreich, ihre Vorgeschichte und ihre Opfer, Wien 1889, S. 209 ff.; Selma Stern, Der preußische Staat und die Juden, Tübingen 1962, I. Teil, I. Abteilung.

25 Hans Joachim Schoeps, Preußen – Geschichte eines Staates, Berlin o. J., S. 87.

26 Vgl. Alfred Stern, Abhandlungen und Aktenstücke zur Geschichte der preußischen Reformzeit 1807–1815, Leipzig 1885, S. 245 ff.: Die Entstehung des Edikts vom 11. März 1812, betreffend die bürgerlichen Verhältnisse der Juden in dem preußischen Staat. Hier: S. 251.

27 Es entstand an der Jahreswende 1894/95, Erstdruck in der Zeitschrift »Pan«, 5. Jg., 1899, H. 112, S. 7 f. Jetzt u. a. in: Fontane, Autobiographisches – Gedichte, Neuausg. München 1978 (Nymphenburger Tb-Ausgabe, Bd. 15), S. 371 f.

28 Deutschland. Ein Wintermärchen, Caput III.

29 Leopold Schwarzschild, Der rote Preuße – Leben und Legende von Karl Marx, Stuttgart 1954.

30 An dieses »andere«, kritische, progressive Preußen erinnert: Bernt Engelmann, Preußen, Land der unbegrenzten Möglichkeiten, München 1979.

31 Siehe Eberhard Zeller, Geist der Freiheit. Der 20. Juli 1944, 2. Aufl., München 1954, S. 112 ff.

1 Der Staat, I/1962, S. 1.
2 Ernst Forsthoff, Zur Problematik der Verfassungsauslegung, Stuttgart 1961, S. 11 ff.
3 Frankfurter Allgemeine Zeitung v. 13.10.1975, Nr. 237, S. 5.
4 Staatsbegriff und Demokratie in Deutschland, in: Das deutsche Dilemma – Leidenswege der politischen Emanzipation, München 1971, S. 11.
5 Zum angewachsenen Kosten- und Personalaufwand der Verwaltungen: Friedrich Bülau, Die Behörden in Staat und Gemeinde, Leipzig 1836; zu den Chancen rascher Karriere: Heinrich und Amalie von Beguelin, Denkwürdigkeiten aus den Jahren 1807–1813, hrsg. v. A. Ernst, Berlin 1892, S. 23 ff. u. 74.
6 Rechtsstaat im Wandel – Verfassungsrechtliche Abhandlungen, 1950–1964, Stuttgart 1964, S. 206.
7 A.a.O., S. 66.
8 Die Entwicklung der Demokratie in Frankreich, in: Die Demokratie im Wandel der Gesellschaft, hrsg. v. R. Löwenthal, Berlin 1963, S. 69 u. 72.
9 Siehe von Fichte: Die Grundzüge des gegenwärtigen Zeitalters, zuerst Berlin 1806.
10 Die Arbeit tun die anderen – Klassenkampf und Priesterherrschaft der Intellektuellen, Opladen 1975, S. 230 u. 48.
11 A.a.O., S. 368.
12 S. 371.
13 S. 210 u. 214. – Schelsky nennt in diesem Zusammenhang das Verhältnis von Grass zum Kanzler Willy Brandt »weitgehend strukturgleich« zu dem von Ballin zu Kaiser Wilhelm II. Ein besonderer Exkurs ist dem »Kardinal und Märtyrer« Böll gewidmet, siehe S. 342 ff.
14 Als Beispiel aus der neueren Literatur sei nur noch genannt: Kurt Sontheimer, Das Elend unserer Intellektuellen – Linke Theorie in der Bundesrepublik Deutschland, Hamburg 1976.
15 Berührung zwischen Vergangenheit und Zukunft, in: Politik und Kultur, 5. Jh., 1978, H. 3, S. 62 f
16 Siehe zu diesem komplexen Thema, das hier nur berührt wird, vom Verfasser: Sport - Eine Soziologie und Philosophie des Leistungsprinzips, Hamburg 1974.
17 A.a.O., S. 185.
18 Auch Schelsky bleibt verzweifelt konsequent, wenn er für die

eigene Disziplin nahelegt, was nur zu sehr an ein Metternich-Rezept erinnert: »Von diesem Standpunkt aus wird die Soziologie nicht nur in bestimmten Lehren oder Richtungen kritisiert, sondern die Soziologie wird als wissenschaftliches Fach schlechthin ihrer unwissenschaftlichen Wirkungen wegen bezweifelt und abgelehnt... Ihre heils- und klassenherrschaftlichen Auswirkungen werden erst aufhören, wenn die Soziologie ihre große Zeitwirkung verliert und in die Stellung eines ›esoterischen‹ Fachs zurückgedrängt, also auf einen Personenkreis wieder beschränkt worden ist, der seinen Welterfahrungen nach den Verführungen der Soziologie gewachsen ist.« (A.a.O., S. 255.) Das Metternich-Rezept bedingt die Metternich-Stimmung: »Ich habe wenig Hoffnung, daß dieses Vordringen einer neuen religiösen Bewegung aufzuhalten ist; die Erweiterung der sozialen Horizonte... schafft Abhängigkeiten, Ängste und Ignoranzen, die das neue ›Heidentum‹ der Rationalität nicht mehr befriedigen kann und die den Siegeszug der sozialen Heilsreligionen verbürgt. Das einzige, was zu erreichen ist, sind geschichtliche Verzögerungen, die immerhin politische Ordnungen und von ihnen abhängige persönliche Existenzformen noch ein bis zwei Generationen erhalten können...« (S. 76 f.)

19 Stabilität ohne Sicherheit – Vom Selbstverständnis der Bundesrepublik Deutschland, in: Der Monat, H. 1/1978, S. 75.

20 Darauf hat u. a. Ralf Dahrendorf eindringlich hingewiesen: Gesellschaft und Demokratie in Deutschland, München 1965. Und schon Theodor Geiger hatte es ironisch als einen »Witz der Weltgeschichte« notiert, daß Hitler in zwölf Jahren mehr zum Ruin jener Schichten beigetragen hat, deren Panik ihm zur Macht verhalf, als ein ganzes Jahrhundert des Kapitalismus: Die Klassengesellschaft im Schmelztiegel, Köln und Hagen 1949, S. 167 f.

21 Rede in Witten, zitiert nach: Die Welt, 8. 12. 1975.

22 Der Streit um die wahre Demokratie – Geht es um Gleichheit oder um Freiheit? Bilanz einer Theoriedebatte, in: DIE ZEIT, 9. Januar 1976, Nr. 3, S. 40.

23 Die Krise – Europa und die Grenzen des Wachstums, Reinbek 1974, S. 101.

Das Umschlagfoto aus dem Jahre 1951 zeigt das Reiterstandbild Friedrichs II. Unter den Linden bei der Überführung in den Park von Sanssouci.

Umwelthinweis:
Alle bedruckten Materialien dieses Taschenbuchs
sind chlorfrei und umweltschonend.

Siedler Taschenbücher erscheinen im Goldmann Verlag,
einem Unternehmen der Verlagsgruppe Bertelsmann.

1. Auflage
Vollständige Taschenbuchausgabe Juni 1999
Copyright © 1993 Wolf Jobst Siedler Verlag GmbH, Berlin
Erweiterte Neuausgabe des 1981 erstmals
veröffentlichten Bandes
Satz: Bongé+Partner, Berlin
Umschlaggestaltung: Design Team München
Umschlagabbildung: Gruner+Jahr/Berliner Verlag
Made in Germany 1999
ISBN 3-442-75575-1